Grüne Markenführung

Oliver Errichiello · Arnd Zschiesche

Grüne Markenführung

Grundlagen, Erfolgsfaktoren und
Instrumente für ein nachhaltiges
Brand- und Innovationsmanagement

2., überarbeitete Auflage

Oliver Errichiello
Büro für Markenentwicklung
Hamburg, Deutschland

Arnd Zschiesche
Büro für Markenentwicklung
Hamburg, Deutschland

ISBN 978-3-658-33541-0   ISBN 978-3-658-33542-7 (eBook)
https://doi.org/10.1007/978-3-658-33542-7

Die Deutsche Nationalbibliothek verzeichnet diese Publikation in der Deutschen Nationalbibliografie; detaillierte bibliografische Daten sind im Internet über http://dnb.d-nb.de abrufbar.

Planung/Lektorat: Manuela Eckstein
Springer Gabler ist ein Imprint der eingetragenen Gesellschaft Springer Fachmedien Wiesbaden GmbH und ist ein Teil von Springer Nature.
Die Anschrift der Gesellschaft ist: Abraham-Lincoln-Str. 46, 65189 Wiesbaden, Germany

„Es wäre ein Trost für unsere schwachen Seelen und unsere Werke, wenn alle Dinge so langsam vergehen würden, wie sie entstehen; aber wie dem so ist, das Wachstum schreitet langsam voran, während der Weg zum Ruin schnell verläuft."

Lucius Annaeus Seneca (91. Brief an seinen Freund Lucilius)

Für Morten Jacob und Bent Jonathan

O.E.

Für Leander, Leonas und Xena

A.Z.

Vorwort zur zweiten Auflage

Seit 2016 hat sich die Erstauflage der „Grünen Markenführung" eines überaus resonanzstarken Zuspruchs erfreut. Wir danken Unternehmern, Wissenschaftlern und Studierenden für ihre wertvolle Unterstützung und den ein oder anderen Hinweis. Darüberhinaus ließen gesellschaftliche Entwicklungen und neue politische Rahmensetzungen es sinnvoll erscheinen, die Erstauflage nochmals gründlich zu bearbeiten. Im Ergebnis steht die aktualisierte und kritisch überarbeitete Ausgabe der „Grünen Markenführung".

„Grüne Wirtschaft" bleibt ein spannendes Thema und eine schwierige Herausforderung: Auf den Teppichetagen dieser Welt heißt es seit einiger Zeit: Was ist eigentlich unser „Purpose"? Ausreichend Studien haben eindeutig ergeben, dass Unternehmen wirtschaftliche Vorteile davon haben, wenn sie sich „höhere" Ziele setzen als nur den wirtschaftlichen Erfolg. Profitstreben, Nachhaltigkeit und gesellschaftliches Engagement müssen zwecks Profitstreben vereint werden. Wer den Planeten und die Gesellschaft überzeugend genug rettet und die Ethik nach vorne stellt, der erhält öffentliches Wohlwollen … und am Ende des Tages vielleicht ein ganz klein wenig Geld dafür. Was man nicht alles so tut, um dem profanen Stigma von Verkauf, Absatz und Vertriebsmaßnahmen zu entkommen.

Und dann schlug auch noch Corona auf dem Planeten ein. Der Wettbewerb um das „Guteste" Unternehmen war eröffnet. Wer ist die *most purposeful organization on our planet*? All die vielen Werbespots und Plakate der großen Marken in dieser Zeit, die uns wahlweise „Gesundheit" wünschten, uns motivierten, „zu Hause zu bleiben" oder einfach ein emotionales Sittengemälde des liebenswert-chaotischen Alltags im Homeoffice zeichneten: Die Family ist das letzte verbliebene Abenteuer der Moderne … Unternehmen verstanden uns und unseren Alltag, sie waren emotional ganz nah bei uns. Der riesenhafte Volvo-SUV stand leer vor dem hyggelig erleuchteten Riesenhaus, die Marke sprach dazu Ungeheuerliches aus:

„Right now the safest place to be isn't in a Volvo." Die Outdoor-Marke Schöf-
fel änderte sogleich ihren ganzen Claim von „Ich bin raus" zu „Ich bin drin".
Und niemals vergaßen wir, irgendwo ein # in die Kommunikation zu packen:
#FlattenTheCurve!

Das alles wird unter „Purpose" gefasst, also einen wirklich relevanten (höheren) Zweck, den heutzutage eine Marke enthalten sollte, will sie überhaupt noch
für die Öffentlichkeit relevant sein. Dahinter steckt eine zeitgeistige Überzeugung: Die Leistung eines Unternehmens selbst ist zutiefst austauschbar und daher
nicht berichtenswert. Retten kann uns nur der „added value". Zweck heißt ausschließlich eine ethische Zweckhaftigkeit. Der zutiefst ernsthafte Mensch der
Hyper-Moderne will auch den Verzehr einer Runkelrübe mit Sinnhaftigkeit verknüpfen. Nicht die Sättigung steht im Vordergrund, sondern vor allem das sehr
gute Gefühl, etwas überaus Richtiges zu denken und zu tun. Schließlich verdeutlicht jede Kaufentscheidung, wie wir uns selbst sehen und gesehen werden wollen.
Und wir sind besser, viel besser als alle zuvor. Das „gute Gefühl" wirkt also als
Schlüssel zu den Herzen und quasi nebenbei zu den Portemonnaies der Menschen.
Was drollig anmutet, steigerte sich über die Jahre zu einem immer umfassenderen
Anspruch: Heute müssen Produkte und Dienstleistungen die ganze Welt retten.

Dass alle in der identischen Emotional-Boullion rühren, scheint nebensäch-
lich. Hauptsache, kurze, heftige Effekte, die sich nicht unbedingt in der Kasse
niederschlagen müssen. „Ist ja nur eine Imagewerbung", lautet dann die akzeptierte Ausrede. Mal ganz ehrlich: Haben Sie einen einzigen der Emotionalspots
der letzten Jahre dauerhaft mit einer Marke verknüpft? Vermutlich nicht. Denn
wenn es wirklich darauf ankommt, wenn es wirklich relevant wird, zählt stets
einzig und allein die konkrete Leistung und nicht das Gefühl.

Wenn wir wirklich ehrlich sind, dann ist der werblich-unternehmerische Griff
nach dem Guten umso bösartiger: Purpose-Kampagnen haben den Effekt, dass
sie schnell und plakativ den Eindruck von „Aktivität" wecken und viel billiger
sind als eine grundsätzliche strategische Anpassung des Geschäftsmodells hin zu
mehr Gerechtigkeit, Fairness oder Nachhaltigkeit. Sie sind Kommunikationsinseln
ohne Anbindung – Blendwerk. Sie bleiben an der Oberfläche, passen also perfekt
zum Zeitgeist. Aber sie werden eifrig quer durch alle Netzwerke geteilt, und ihr
Urheber kann somit für sich proklamieren, dass er die Awareness für die Marke
massiv erhöhen konnte, weil der Spot 2,4 Mio. Mal geteilt wurde. Dass kein
einziger Mensch von den 2,4 Mio. die Marke dahinter eindeutig zuordnen kann,
die zum Spot gehörte? Geschenkt!

Wahrer Gemeinsinn ist, wenn Kunden, Lieferanten und Rohstofferzeuger
auf allen Ebenen für ihre Leistungen einen adäquaten Gegenwert erhalten und
gemeinsam versuchen, in ihrem Tagesgeschäft für Menschen, Tiere und Umwelt

bessere Lösungen zu finden. Aber all dies beruht auf echter Arbeit und nicht auf „grüner Show".

Es bleibt dabei: Der entscheidende und einzige Purpose eines seriösen Unternehmens ist es, das Vertrauen von Kundschaft und erweiterter Öffentlichkeit in die eigenen Leistungen zu erhalten – und zwar primär durch richtig gute Leistungen, nicht durch Kommunikation. Dies zeigt Gemeinsinn, denn der beständige Kreislauf von Geld im Austausch gegen Vertrauen in die Qualität der Produkte sorgt dafür, dass der Unternehmer seine Angestellten bezahlen und Menschen von einer sinnvollen Wirtschaft überzeugen kann, sie dafür begeistert und Beiträge zum Gemeinwohl leistet – nicht nur in Form von Steuern. Das ist weitsichtiger Gemein- und Umweltsinn.

Hamburg   Oliver Errichiello
im Januar 2021   Arnd Zschiesche

Worum geht es in diesem Buch?

In diesem Buch geht es um Leistungen, die Mensch und Natur stärken. Das entscheidende Werkzeug, um diese Leistungen im Wettbewerb deutlich zu kräftigen, ist weder das eigene schlechte Gewissen noch ein ethischer Antrieb: Es ist die Marke. Die Marke? Sind wir es nicht gewohnt, dass Marken böse sind, dass sie uns verführen und manipulieren? Den Menschen von seiner wahren Bestimmung und seinen wahren Wünschen ablenken? Marke begeistert Menschen für Dinge, die sie überhaupt nicht benötigen – allein zum Zweck der Gewinnmaximierung. So lautet ein üblicher Pauschalvorwurf.

Ist es nicht ein soziales Drama, wahlweise auch ein Pädagogen-Trauma, dass Kinder bereits die Logos multinationaler Konzerne kennen, aber ein Eichen- nicht von einem Ahornblatt unterscheiden können? Dass die soziale Akzeptanz im Klassenraum mancherorts vom Symbol auf den Sportschuhen oder dem T-Shirt abhängt? Noch bedenklicher: Viele erwachsene Menschen scheinen sich (immer) noch über Zeichen und Schriftzüge auf ihren Armbanduhren, Handtaschen und Motorhauben zu definieren – der „neue Luxus" hin oder her – die Luxusindustrie schreibt so gute Zahlen wie noch nie. Zudem sind es gerade bei „gesellschaftlichen Leistungsträgern" in den üblichen Branchen bisher nicht primär grüne Produkte, mit denen man den eigenen Status untermauert. Eher rollende ressourcenverschlingende Edelpanzer mit 500 PS und einem Benzinverbrauch, der sich Hubschraubern annähert. Was also hat das eine mit dem anderen zu tun?

Markensoziologisch, d. h. strikt strukturell betrachtet, macht es keinerlei Unterschied, ob man von Porsche, Shell, McDonald's oder Greenpeace, Alnatura und den Armedangels spricht. Alle diese Unternehmungen interpretieren und gestalten die Welt auf ihre ureigene Weise – sie ziehen dadurch bestimmte Menschen an und stoßen andere ab, oftmals aus exakt denselben Gründen. Spontane Aussprüche wie „Da würde ich mich niemals hineinsetzen" oder „Das essen nur

Ökospinner" sind brachiale Verdichtungen lange bestehender Erfahrungswerte, die wir noch nicht einmal selbst vollzogen haben müssen. Marken sind Leistungskörper, um die sich Menschen versammeln, weil sie diese eine spezifische Leistung attraktiv empfinden und weil solche Markenkörper absehbar handeln. Sie strukturieren damit die komplexe Welt und vereinfachen sie an einem Punkt des Alltags für uns. Starke Marken besitzen sozialen Magnetismus – manche von ihnen können uns magisch anziehen, andere von uns zum Feindbild erkoren werden. In beiden Fällen wird soziale Energie in uns aktiviert: „typisch BMW-Fahrer" oder „geniales Auto, toller Typ". Die meisten Markenleistungen konsumieren wir tagtäglich nahezu unbewusst, ihr Kauf ist uns zur guten Gewohnheit geworden, über die wir nicht mehr nachdenken (wollen). Der menschliche Hang zur Gewöhnung und Gewohnheit ist für Marken ein wirtschaftlicher Segen – und Existenzgrund. Der ebenso menschliche Hang dazu, Grenzen zu anderen Menschen zu ziehen – bewusst oder unbewusst – ein weiterer. Kurzum: Marke ist aus jeder Perspektive zutiefst menschlich.

Der sozioökonomische Blick macht deutlich, dass Menschen sich seit jeher um besondere Leistungen gruppieren. Daraus folgt, dass auch „grüne Angebote" – so sie möglichst viele Kaufinteressenten erreichen wollen – definierten Regeln der sozialen Gemeinschaftsbildung unterliegen. Die Wirkgesetze für die erfolgreiche Durchsetzung einer Leistung in der Öffentlichkeit sind universell: Egal, ob es sich um eine kleine Sozialeinrichtung oder einen riesigen Freizeitpark handelt.

Liegt damit wieder einer der zahlreichen Markenratgeber oder eine neue trendige LOHA-Charakterisierung vor (zwei Bucharten, die inzwischen gefühlt monatlich publiziert werden)? Nein! Dies ist kein „Ich-bin-erfahrener-Berater-und-so-macht-man-das"-Werk, das die einzigartige Identität einer Marke zugunsten vermeintlicher eherner Markt- und Branchenregeln zerstört. Im Gegenteil: Sie erhalten eine höchst individuelle und direkt einsetzbare Praxishilfe für Gesamtstrategie und Tagesgeschäft auf soziologischer Basis – mit Langzeitgarantie: Die Markensoziologie entlehnt ihre Grundlage aus dem Wissen über die gleichbleibenden Verhaltensmuster der einzelnen Menschen, aber vor allem des menschlichen Miteinanders. Gesetzmäßigkeiten, die im Zeitalter sozialer Medien und Netzwerke genauso Bestand haben wie vor Hunderten von Jahren. Dieser wissenschaftliche Zugriff geht bewusst gegen die grassierende Wertevernichtung bei grünen Unternehmen vor und will die dort weit verbreitete Unsicherheit in Bezug auf Marke, Markenmanagement und Markenführung entkräften. Gerade erfolgreiche grüne Unternehmen sind unserer Erfahrung nach oft verunsichert, weil sie ab einem gewissen Grad des Erfolgs von außen suggeriert bekommen, dass es doch an der Zeit wäre, jetzt einmal „richtig" Marketing und „richtig" Marke zu machen. Meist führt die Befolgung des Ratschlags zum Gegenteil.

Als wir im Jahr 2006 das Projekt „wooden radio" als „Herzensangelegenheit" neben unserem Hauptberuf als Markenberater starteten – sozusagen als praktische Überprüfung unserer theoretischen Fähigkeiten am konkreten Objekt –, war uns nicht klar, dass wir Teil einer Entwicklung wurden, die zu dieser Zeit intensiv an Fahrt aufnahm: Ansprechendes Design und grüne Unternehmensphilosophie waren plötzlich geflügelte Begriffe, über die medial berichtet wurde: „Ecodesign" war das Schlagwort, unter dem die Entwicklungen subsummiert wurden. Produktkategorien, Auszeichnungen und Geschäftsmodelle entstanden Jahr um Jahr neu und halfen uns, ein kleines Holzradio des indonesischen Designers Singgih Kartono zu einer kleinen, aber feinen „weltweiten Ikone" zu machen. Wir bauten eine Marke schrittweise auf – Umsetzung unserer markensoziologischen Beraterpraxis: Vertrieb, Markenführung, Kommunikation. Alles galt es von Null an zu definieren – ohne Venture-Kapital oder Geldgeber, allein aus den Erlösen des Tagesgeschäfts. Zwischen den Jahren 2008 bis 2010 führten wir seitenlange Wartelisten für den Bezug eines handgebauten, analogen Radios. Journalisten machten sich nicht nur auf den Weg zu uns nach Hamburg, um das Phänomen „wooden radio" zu verstehen, sondern sie reisten mit Kamerateams nach Java, um Singgih Kartono und seine Arbeits- und Produktphilosophie vor Ort kennen und verstehen zu lernen. Inzwischen sind die Wartelisten abgearbeitet, das wooden radio ist aus den großen Magazinen verschwunden, aber die Marke lebt und gilt als Blaupause für eine funktionierende grüne Ökonomie.

Als Markensoziologen haben wir uns gefragt, ob wir Muster erkennen können: Wer agiert als grüne Marke langfristig erfolgreich und warum? Aus dieser Fragestellung entwickelte sich die Beschäftigung mit grünen Marken weit über unser hölzernes Radio hinaus. Wir stellten fest, dass es zahlreiche Analysen zum „LOHA-Marketing", also zur vermeintlichen Zielgruppe gab, aber keinerlei fundierte Beschäftigung mit den sozialen Dynamiken grüner Markenführung. So ist dieses Buch nunmehr der zweite Schritt: Zunächst galt es, eine „grüne Marke" markensoziologisch aufzubauen und zu stabilisieren. Jetzt geht es darum, die gewonnenen Erkenntnisse, gepaart mit unserer Expertise für grüne Unternehmen, allgemein nutzbar zu machen. Um dies nachvollziehbar aufzubereiten, enthält dieses Buch folgende Themenschwerpunkte:

- Eine pointierte Analyse über den grünen Markt und seine Akteure.
- Eine Einführung in die Markensoziologie als praxisorientierte Wissenschaft.
- Eine exemplarische Anwendung der theoretischen Erkenntnisse am Beispiel der Marke wooden radio, um auf dieser Basis Handlungsempfehlungen für die Entwicklung und den Aufbau grüner Marken zu geben.

- Sechs Gesetzmäßigkeiten grüner Markenführung verdichten die Ergebnisse abschließend.

Dabei wissen wir, dass die hier vorgenommene Analyse grüner Konsumkultur nur verkürzt Entwicklungen und ihre Protagonisten wiedergeben kann: Das Themengebiet „Grüne Konsumkultur" würde eine eigene fundierte Publikation erfordern, die es überraschenderweise bis heute nicht gibt, obwohl der Markt insgesamt wächst. Hier sei auf das Hamburger Magazin „enorm" hingewiesen, das die deutschsprachige grüne Wirtschaftsszene umfassend beobachtet. Uns war es in diesem Rahmen wichtig, die gründungsgeschichtlichen Ursprünge grüner Produkte und ihre vergleichsweise junge Historie darzulegen, um aktuelle Erfolge, Widerstände wie auch Missverständnisse besser zu verstehen.

Mit den Ausführungen zur konkreten Anwendung erhält der Leser einen Einblick in die soziologisch fundierte Markenanalyse, die ihrer Struktur nach auf jedes Unternehmen übertragen werden kann. In Zeiten, in denen viele Marken der durch das eigene Management verursachten Zerfaserung zum Opfer fallen, um für jede Person auf dem Erdball attraktiv zu sein und allgemeine Marketingtrends ohne Überprüfung auf individuelle Markenstimmigkeit übernommen werden, bietet das „Erfolgsprofil der Marke" die Definition eines genetischen Markencodes, d. h. eines eindeutigen Koordinatensystems. Es bildet den Gegenpol zur oft gestaltzerstörerischen 24/7-Wettbewerbsbeobachtung, fremdähnlichen Benchmarks und kontextloser Zahlenhörigkeit. Eine markensoziologische Grundregel lautet: Marken werden immer von innen zerstört, nie von außen.

Wir stellen, seit wir in diesem Bereich arbeiten, branchenunabhängig fest, wie verzweifelt Unternehmens- und Markenverantwortliche nach fundierten Parametern suchen, um Fragen der Vertriebsgestaltung oder auch nur der Gestaltung eines Werbeplakats auf Basis anderer „Werte" zu entscheiden als der Beobachtung, dass die Konkurrenz „das auch schon supererfolgreich macht" (scheinbar). Und dabei sind Entscheider einem babylonischen Angebotswirrwarr im Bereich der Markenführung ausgesetzt: Aktuell gibt es allein im deutschsprachigen Raum 88 Markenbewertungsmodelle. Jedes behauptet von sich, das einzig Vernünftige zu sein. Sicher ist: In vielen anderen Bereichen der Wissenschaft gibt es immer nur ein einziges Modell. Ergo: 87 existierende Markenmodelle scheinen falsch zu liegen, sonst hätte ja irgendwann eines ausgereicht. Die Markensoziologie ist kein Modell, sondern ein strikt wissenschaftlicher Analysezusammenhang von Ursache und Wirkung.

Last but not least: Es gibt Menschen, die soziales Talent besitzen und deren Beruf es ihnen ermöglicht, ganz konkret für andere Menschen oder für die Natur

Gutes zu tun. In der Markensoziologe ist dieser Zusammenhang nicht automatisch gegeben bzw. erkennbar, wie es beispielsweise bei einem engagierten Lehrer, Arzt oder Sozialarbeiter der Fall ist. Die Aufgabe, das wooden radio europaweit zur Marke aufzubauen, ermöglichte uns die einmalige Chance, unsere Profession besonders sinnvoll einzusetzen: Heute haben mehr als 30 Jugendliche auf Java eine zukunftssichere Arbeit, und einige Menschen in Europa wissen, dass Ecodesign nicht unbedingt aus Stockholm, New York oder Paris, sondern auch aus einem kleinen indonesischen Dorf kommen und dabei höchste internationale ästhetische Ansprüche erfüllen kann. Was den manchmal steinigen Weg zur europaweiten Durchsetzung dieser Idee betrifft, der uns nahezu um den gesamten Erdball führte und uns viele sehr besondere, sehr engagierte Menschen kennenlernen ließ, sind wir dankbar und in ruhigen Momenten ein wenig stolz.

Die Arbeit am Projekt wooden radio hat uns einen tiefen und umfangreichen Einblick in die grüne Branche gegeben. Glücklicherweise entwickelte sich das kleine Unternehmen als persönliches „passion project" wirtschaftlich positiv, sodass es möglich war, über viele Jahre horizonterweiternde Gespräche mit grünen Überzeugungstätern, Aktivisten der ersten Stunde und jungen Enthusiasten zu führen. Alle kennzeichnete eine starke persönliche Überzeugung und Geschichte, die sie mit ihrem Projekt verbanden. In diesem Buch wird es vor diesem Hintergrund auch darum gehen, die Markenstrategie von wooden radio zu verdeutlichen und an diesem Beispiel „typische" Strategiefragen markensoziologisch zu beleuchten. Die wooden-radio-Story nimmt daher einen besonderen Platz in den nachfolgenden Überlegungen ein – als idealer und fachlicher Ausgangs- und Endpunkt.

Auch wenn die Markensoziologie jedem Unternehmer Strukturen und Dynamiken zur Verankerung seiner Leistung zur Verfügung stellt, so kennzeichnet den Markenursprung immer, dass Menschen etwas unbedingt wollen – trotz oder gerade, weil alles und alle dagegensprechen. Dass ein handgebautes Radio sich in Zeiten „galaktisch" funktionierender High-End-Technik, die oft deutlich günstiger zu erwerben ist, wirtschaftlich gesund entwickelt, ist ein eindrücklicher Beleg für die Kraft des individuellen menschlichen Gestaltungswillens: Singgih Kartono wollte dieses Radio unbedingt in eine Welt voller Radios setzen, wir durften ihm bei der „Geburt" des wooden radios helfen. Es bleibt hinzuzufügen, dass jede gute, d. h. strikt langfristig orientierte Markenführung einen wichtigen Beitrag zu einer gesunden Wirtschaft leistet. Solche Unternehmungen sorgen dafür, dass Menschen für ihre Arbeit mit einem anständigen Lohn bezahlt werden, um ihre Familien ernähren zu können – überall auf der Welt.

Inhaltsverzeichnis

Über die Autoren

Prof. Dr. Oliver Errichiello ist Professor für Markensoziologie und Brand-Management an der Hochschule Mittweida, Dozent für Brand-Management und Markensoziologie an der Hochschule Luzern und Akademieleiter der Europäischen Medien- und Business-Akademie (EMBA) in Hamburg. Er ist Mitbegründer und Geschäftsführer des *Büro für Markenentwicklung* Hamburg. Als Direktor leitet er das Innovationslabor der Deutschen Seereederei, einem mittelständischen Touristik- und Hospitalityunternehmen (A-Rosa, aja und Henri Hotels).

Oliver Errichiello hat zahlreiche Fachbücher zum Thema Markenführung verfasst, gilt als versierter Berater für Fragen der wertschöpfungsorientierten Werbung und als Spezialist in Fragen des „Grünen Marken-Innovationsmanagements".

Dr. Arnd Zschiesche ist Markensoziologe und Fachmann für die strategische Führung und langfristig orientierte Durchsetzung von Marken. Er ist Mitbegründer und seit 15 Jahren Geschäftsführer des *Büro für Markenentwicklung* Hamburg. Seit 2006 wurden dort 82 Marken analysiert und operative Empfehlungen für 122 Marken ausgesprochen. Zudem ist Arnd Zschiesche seit 2011 Inhaber einer Dozentur für Markensoziologie und Brand-Management an der Hochschule Luzern Wirtschaft.

Er ist Autor von 16 Sach- und Fachbüchern zur Markenführung sowie kontinuierlich als Experte und Interviewpartner in den Medien vertreten (u. a. ARD Markencheck, Plusminus). In seinen Keynotes nimmt er plakativ Stellung zu allem, was in der Markenführung verkehrt läuft.

www.buero-fuer-markenentwicklung.com.

Herausforderungen grüner Markenführung

1

Zusammenfassung

Auch grüne Unternehmen müssen betriebswirtschaftlich erfolgreich handeln, wollen sie langfristig in hochkompetitiven Märkten bestehen. Vor diesem Hintergrund stellt sich die Frage, in welchem Verhältnis heute Ökonomie und Ökologie im Tagesgeschäft stehen und wie sich Unternehmen professionell „verkaufen", ohne aber ihre grüne Herkunft zur Disposition zu stellen. Hinzukommen zahlreiche Unternehmen, die „grünes Engagement" als sogenannten „Hygienefaktor" oberflächlich nutzen, aber ihr Handeln nicht strukturell verändern. Umso wichtiger ist es für grüne Unternehmen, ihr authentisches Handeln und ihre Leistungsgeschichte gekonnt zu instrumentieren, um sich in Zeiten unüberschaubarer Angebote und des ökosozialen Mainstreams klar zu differenzieren. Instrumente für diese Form eines zusageverlässlichen Marketings bietet die Markensoziologie. Marken sind bei einer wissenschaftlichen Analyse keine frei aufladbaren Produkte, sondern Kulturkörper, die eindeutigen Wirkgesetzen der Stärkung und Schwächung unterliegen. Ausgerüstet mit diesem Instrumentarium kann eine Marke planvoll „grün" gesteuert werden und damit ihre Wertschöpfungskraft vollständig entfalten.◄

Als wir 2016 an der Erstausgabe dieses Buches arbeiteten und recherchierten, waren einige Jahre zuvor die besten „grünen Marken" durch eine weltweit agierende Strategieberatung gekürt worden. Automarken – ausgerechnet Automarken – führten seinerzeit die Liste der Best Global Green Brands an. Nun mag der Leser dabei an ein innovatives Unternehmen wie beispielsweise Tesla oder den einst medial gefeierten (und nunmehr eingestellten) Streetscooter der Deutschen

Post denken und weniger an die altbekannten Verbrennungsdinosaurier der Branche. Jedoch: Ford, Toyota, Honda waren 2014 die „umweltfreundlichsten Marken der Welt" (Eigenbeschreibung). Gewinner waren tatsächlich Autohersteller, also Unternehmen, die massenhaft Dinge produzieren, die nicht umhinkommen – zumindest bis heute –, wertvolle Ressourcen zu verbrauchen und die Umwelt erheblich zu belasten. Nach 2014 wurde diese Auszeichnung eingestellt – über die Gründe dafür ist nichts zu erfahren. Man kann sie nur erahnen. Bereits damals stellte sich die Frage: Reicht eine vorbildlich organisierte Mülltrennung in der Firmenzentrale für eine grüne Positionierung, wenn in der Hauptsache benzingetriebene Autos gebaut werden? Was wäre dann mit Waffen oder Pelzfarmen, deren Produktion CO_2-neutral verläuft?

2019 vermeldete das US-amerikanische Wirtschaftsmagazin Forbes die nachhaltigsten Unternehmen. Ergebnis: Das dänische Unternehmen Hansen Holding auf Platz 1, gefolgt von der Kering SA aus Frankreich sowie drittplatziert die Neste Cooperation aus Finnland (vgl. Forbes 2019). Sie kennen alle drei Unternehmen nicht? Wahrscheinlich macht nahezu jeder Leser diese Erfahrung (Hansen ist ein Biotech-Unternehmen, Kering ist die Holding, hinter der sich so bekannte Publikumsmarken wie Gucci oder Alexander McQueen verbergen und Neste ist eine Ölraffinerie). Die Kriterien, die zu dieser Auszeichnung geführt haben, sind vielfältig: Sie reichen von einem ausgeglichenen Verhältnis von Männern und Frauen in der Führungsetage, dem Bezug von Rohstoffen aus verantwortungsvollen Quellen oder einer technischen Transformation weg von herkömmlichen Methoden, hin zu ressourcenschonenden Maschinen und technischen Lösungen. Auch hier mag Irritation angebracht sein.

Die Kernfrage lautet daher: Wie definiert sich „grün" in der Wirtschaft? Was genau ist eigentlich ein „grünes" Unternehmen? Es klingt wie eine simple Frage, gerade auch vor dem Hintergrund, dass sich heutzutage kaum noch ein Unternehmen, unabhängig von seiner wirtschaftlichen Bedeutung, „grünen Werten" verschließen kann. Inzwischen lesen sich die Who-is-Whos der bedeutenden nationalen und internationalen Umweltpreise wie die Mitgliedsliste einschlägiger Markenverbände. Sind SAP, Vaillant oder Otto, Kärcher, Fischer Dübel, Deutsche Telekom, TUI, Tchibo, Procter & Gamble (allesamt Gewinner des deutschen Nachhaltigkeitspreises) wirklich ebenso „grün" wie beispielsweise ein Alnatura-Biosupermarkt, die GLS Bank oder der biologische Trockenfrüchteanbieter Keimling? Warum wird der alle zwei Jahre vergebene, international angesehene Umweltdesignpreis INDEX vom dänischen Kronprinzen vornehmlich an große multinationale Unternehmen wie Philips verliehen?

Der Wirtschaftswissenschaftler und Gründer des Alternativen Nobelpreises, Jakob von Uexküll, macht darauf aufmerksam, dass entscheidende grüne Innovationen selten ihren Ursprung in Großunternehmen haben. Eher gilt:

> „Mittelständische Unternehmen schauen in der Regel viel eher über den Tellerrand hinaus und wirtschaften mit einer längerfristigen Perspektive. Das liegt auch daran, dass die Führung der Unternehmen näher am Menschen ist. Sowohl an der Realität ihrer Mitarbeiter als auch an der des Kunden. Der Druck, jedes Quartal riesige, geradezu irreale Wachstumsraten präsentieren zu müssen und den ‚Shareholder Value' zu steigern, herrscht vor allem bei multinationalen Konzernen. Wichtig ist aber, dass jedes Marketing nur so grün sein kann wie das Produkt, für welches es steht." (Peymani 2009, S. 22)

Grüne Unternehmensaktivitäten haben in so manchen Unternehmen auch eine psychologische Rolle für die Mitarbeiterschaft: „Wir machen auch Gutes" – so kann das klassische, weniger grüne Geschäft ungestört und besseren Gewissens weitergeführt werden. Auch kleine Unternehmen, die als Protagonisten für artgerechte Tierhaltung und chemiefreie Landwirtschaft stehen, müssen nicht per se vollständig gut handeln. Denn es besteht bei so manchem Betrieb ein merkwürdiger Gegensatz zwischen einem hohen „Bioanspruch" und einer rücksichtslosen Ausbeutung engagierter Mitarbeiter (vgl. Bergmann und Lang 2016).

1.1 Grüne Artenvielfalt

Unter dem Begriff „grün" scheint ein Vielerlei unterschiedlicher Vorstellungen zu existieren. Die Farbe steht diffus für: gut zur Umwelt, zu den Pflanzen und Tieren. Und: darauf bedacht, die Umwelt möglichst wenig zu belasten. Was genau das impliziert, bleibt strittig. Sicher, auch große Unternehmen haben in den vergangenen drei Jahrzehnten „grüne Markenpolitik" betrieben und maßgeblich zur verstärkten Durchsetzung umwelt- und menschenfreundlicher Technologien und Herstellungsmethoden beigetragen, und doch offenbart die zuvor unternommene Zusammenstellung äußerst unterschiedlicher „grüner" Firmen die große Spannbreite nachhaltiger Markenpolitik. Das Problem: Wenn heute mit grün, ökologisch oder nachhaltig so viel Verschiedenes ausgedrückt wird, dann resultiert daraus im Effekt eben kein klares öffentliches Bild und keine eindeutige kollektive Vorstellung über den Sachverhalt Grün. Dies ist umso erstaunlicher, weil grünes Gedankengut inzwischen in der gern herbeizitierten „Mitte der Gesellschaft" angekommen ist und zum „guten Ton" gehört. Oftmals bleibt es langfristig

auch nur beim „guten Ton" oder, wie es ein Geschäftsführer in einer Klau-
surtagung formulierte: „Je dicker der Nachhaltigkeitsbericht, desto mehr Dreck
dahinter ...". Klar ist: Nachhaltigkeitsberichte sind immer Legitimationsschrif-
ten. Die Geschäftsführerin eines Milliardenunternehmens formulierte es einmal
so: „Umweltschutz ist heute ein Hygienefaktor ..." – nicht nur in Hinblick
auf die Öffentlichkeit, sondern auch als ernstzunehmender Faktor für den sog.
„War of Talents", d. h. die Mitarbeitergewinnung, da das gleichsam zertifizierte
Bekenntnis, ein nachhaltiges Unternehmen zu sein, eher sozial erwünscht ist und
potenzielle (junge) Mitarbeiter anzieht als Unternehmen, die einen zweifelhaften
Ruf haben.

Und doch: 2016 beschloss die Vollversammlung der Vereinten Nationen
die 17 Ziele für nachhaltige Entwicklung, die bis 2030 in unterschiedlichen
Bereichen (Frieden, Ernährungssicherheit, Klimawandel und Umwelt) die Leit-
linien für Politik und Wirtschaft definieren – mit flankierenden Förderungen und
wirtschaftlichen Anreizen.

Der sog. „grüne Umbau der Gesellschaft" wird auch auf europäischer Ebene
politisch forciert: Im Dezember 2019 verkündete EU-Kommissionspräsidentin
Ursula von der Leyen den „European Green New Deal". Kernpunkt: Europa
wird bis 2050 ein klimaneutraler Kontinent, indem regenerative Energieträger,
eine hoch innovative Grundlagenforschung und der Schutz regionaler Ökosysteme
Leitmotiv von Wirtschaft und Politik sind – durch Förder- und Investitionspro-
gramme kräftig unterstützt. Auch wenn die Auswirkungen der Corona-Pandemie
diese Ankündigungen in unmittelbarer zeitlicher Folge wieder abgeschwächt
und den Zeitplan verschoben haben, so bleibt der „Deal" als solcher weiterhin
erklärtes Ziel.

Exakt die beschriebene Vielschichtigkeit der Vorstellungen von „Grün" ist
Fluch und Segen zugleich. Zum einen führt die hohe Bandbreite der Vorstellungen
über eine grüne Welt dazu, dass Unternehmen diesbezüglich nicht mehr tun können, was sie wollen. Die umweltgesetzlichen Regelungen der letzten 30 Jahre
lassen heutzutage zumindest in Europa offiziell kaum noch Schlupflöcher für
umweltschädliches Verhalten. Es ist zu einem feststellbaren institutionalisierten
Kulturwandel gekommen. Umweltwirkungen sind eben nicht mehr Privat- oder
Unternehmenssache, sondern müssen sich heute auch mit den sensibel geschärf-
ten Vorstellungen der Kundschaften und der Öffentlichkeit auseinandersetzen
– manchmal sogar mit ungerechtfertigten Öko-Hysterien: Selbst einige der von
den Medien als bösartig identifizierten Unternehmen können dem Beobachter
bei einer ausufernden „Empörungswelle" tatsächlich leidtun. Psychologisch ist
dies nur noch mit einer kollektiven Verschiebung eines individuellen schlechten
Gewissens an einen externen Akteur zu erklären.

Zudem macht die individuelle Bandbreite innerhalb der Vorstellungen deutlich, dass aktuell nahezu jeder von sich behaupten kann, er betreibe ein „grünes Unternehmen" – vielleicht schon deshalb, weil es täglich Biogemüse in der Betriebskantine gibt. Der VW-Skandal um manipulierte Abgaswerte hat offenbart, wie sehr „grüne Gedanken" genutzt werden, um Marktvorteile zu erringen – ohne aber tatsächlich „grün" zu agieren (im kurz vor Offenlegung des Skandals erschienenen Nachhaltigkeitsbericht schrieb VW, als Zielsetzung bis 2018 der nachhaltigste Automobilhersteller der Welt werden zu wollen). Mit der Konsequenz, das innerhalb von Generationen mühsam erarbeitete Markenvertrauen verantwortungslos aufs Spiel zu setzen. Bei asiatischen Zulieferern von europäischen Unternehmen ist es Mode, sich ein „Eco" vor den Namen zu schreiben, das Logo grün zu färben oder zumindest ein possierliches Tierchen in die werbliche Gestaltung zu integrieren. Es ist bekannt: Das mag der europäische Einkäufer. Was man in Europa als „Greenwashing" bezeichnet, wissen findige asiatische Unternehmer sehr gut auf ihre eigene umsatzfördernde Weise umzusetzen.

Kurzum: Grün steht heute für alles und ist somit eine Nullaussage. Beispielsweise wenn McDonald's urplötzlich sein seit 1968 rot unterlegtes M-Logo auf Grün umschaltet. Oder wenn sich AIDA Cruises als „Green Cruising"-Unternehmen bezeichnet, obwohl nur eines von 13 Schiffen von Schweröl auf (Fracking-) Gas umgestellt wurde. Oder auf den Plastiktüten der Firma Tengelmann plötzlich „I'm green" steht. H&M-Manager „produzieren" mit Selbstverständlichkeit Stanzsätze wie „Nachhaltigkeit ist kein Trend, sondern das Wesen von H&M" und bieten begleitend dazu ihre in Bezug auf PR perfekt ausgeschlachtete „Conscious Exclusive Collection" in 150 der 3500 H&M-Filialen an … ein Tröpfchen Grün. Ähnliches unternimmt der öffentlich stark ob seiner „Nachhaltigkeits- und Sozialpolitik" gebeutelte Konzern KiK: Neben Nachhaltigkeits- und Sustainability-Berichten wird ohne Ironie auf den CO_2-neutralen Versand der Firmenpost hingewiesen. Auch die Umrüstung von 50 Filialen in sogenannte „Green Buildings" (von insgesamt 3200 Filialen) soll öffentlichkeitswirksam verdeutlichen, dass die Marke einen massiven Veränderungsprozess einleitet. Gerne mag man diese Form der Argumentation als dubiose Spitzfindigkeiten abtun, aber die Diskussion um genverändertes Saatgut macht die Zielkonflikte deutlich: Ist es „grün", wenn genverändertes Saatgut resistenter gegenüber Krankheiten wird, was zu einer Reduktion von beispielsweise Fungiziden in der Landwirtschaft führen würde?

1.1.1 Grünes Wunschkonzert?

Vermeintlich klar ist unter dem Label „Grün" demnach nur sehr wenig klar. Und jenes, was scheinbar klar ist, unterliegt einem beeindruckenden Vergessensdruck. Der Soziologe Joachim Radkau macht darauf aufmerksam: „Die Geschichte der Öko-Ära ist nicht nur die Geschichte einer neuen Aufklärung, nicht nur eine Wissens-, sondern auch eine Vergessensgeschichte. Viele Namen, die einst die Zukunft zu verkörpern schienen, sind heute selbst innerhalb der Öko-Szene unbekannt; zahllose Bücher, die für kurze Zeit die Menschen bewegten, sind längst im Ramsch gelandet." (Radkau 2011, S. 614)

Besonders deutlich wurde uns diese Unschärfe, als die Arbeit an dem Projekt „Magno wooden radio", dem in umfassender Handarbeit gefertigten Radio, begann: Was darf ein „grünes" Produkt? Was erwartet das Publikum? Wer legt fest, wann man „richtig" im Sinne der Menschen und der Umwelt handelt? Ist ein „Umweltzertifikat" der Königsweg und entlastet es das Gewissen öffentlichkeitswirksam? Fragen, auf die es gefühlt tausend Antworten gibt, die allerdings in der Gesamtschau nur Folgendes belegen: Es gibt keinen einheitlichen Weg, ein grünes Unternehmen zu führen. Getreu dem Sprichwort, dass „Erfahrungen immer gemachte Fehler sind", ist es nur möglich, über ständiges Testen von Möglichkeiten und Optionen eine eigene Vorstellung davon zu entwickeln, wie (m)eine Marke so aufgebaut werden kann, dass sie Umwelt und Menschen in einen positiven Bezug zu einem Produkt setzt.

1.1.2 Geldverdienen als grünes Problem

Das gesellschaftliche Spannungsfeld scheint eigentlich geklärt und ist Teil jeder ministerialen Sonntagsrede: Ökonomie und Ökologie müssen und dürfen sich in Zeiten spürbarer Umweltschädigungen nicht ausschließen. Eigentlich eine Selbstverständlichkeit, und doch sind gerade bei umweltbewegten Menschen immer noch Vorbehalte spürbar, sofern ein Unternehmen wirtschaftlich prosperiert, dabei aber gleichzeitig grüne Aktivitäten offensiv an die Öffentlichkeit kommuniziert. Diese Erfahrung macht auch Stefan Schulze-Hausmann. In einem Beitrag führt der Vorsitzende der Stiftung Deutscher Nachhaltigkeitspreis aus:

> „Wer mit Nachhaltigkeit Geld verdient, ist manchem Vertreter der reinen Lehre suspekt. Wer mit Nachhaltigkeit richtig viel Geld verdient, ist außerdem noch all jenen ein Dorn im Auge, die das auch wollen, aber nicht so schnell oder so gut sind. Und Unternehmen, denen Nachhaltigkeitsthemen gar nicht oder nur bedingt wichtig sind, haben kein

Interesse, Leistungen anzuerkennen, die sie selbst rückständig erscheinen lassen. Und dann sind da noch die Ressentiments der aktiven Kleinen gegen die aktiven Großen, die Wertschätzung für deren – im Verhältnis zur Größe vermeintliches überschaubares – Engagement missachten. Die Großen wiederum ignorieren die ‚minimalen' Schritte der Kleinen." (Schulze-Hausmann 2013, S. 46)

Der Geschäftsleiter der Wala Heilmittel GmbH, unter deren Dach die Kosmetikmarke Dr. Hauschka produziert wird, stellt zusammenfassend fest: „Wir brauchen Gewinn. Eine Aversion gegen Gewinn ist Quatsch." (Muuß 2011, S. 72)

In der wissenschaftlich-ökonomischen Diskussion hat vor diesem Hintergrund der „Suffizienz-Gedanke", wie er vom Volkswirtschaftler Niko Paech vertreten wird, eine bedeutende Rolle eingenommen: Suffizienz stellt die Frage, was das richtige Maß, was ausreichend ist, um ein gutes bzw. gelungenes Leben zu führen. Reicht es aus, die Wirtschaft „umzupositionieren", indem wir statt konventioneller auf grünere Herstellungs- und Vertriebsmethoden umstellen? Löst es die globalen Probleme tatsächlich, wenn wir statt Coca-Cola nunmehr die gleiche Menge an Bionade trinken? Ist es besser, einen Bioapfel aus Neuseeland zu kaufen als einen konventionellen Apfel aus dem Alten Land bei Hamburg? Wird die Umwelt gerettet, wenn sieben Milliarden Menschen ein Fairphone besitzen? Der Suffizienz-Gedanke stellt das allgegenwärtige Diktum des ständigen ökonomischen Wachstums infrage. Die Frage der individuellen Selbstverwirklichung wird in dieser Debatte von materiellen Entfaltungsmöglichkeiten auf immaterielle Ebenen transferiert – und erschüttert immer noch die kulturellen Grundwerte der modernen Gesellschaft (vgl. Paech 2012).

Noch heute scheint es so, dass viele grüne Unternehmen ungern über ihr Tun berichten. Entscheiden sie sich schließlich doch dazu, so ist die wenig erbauliche Erfahrung, dass namhafte externe Marketingprofis hinzugezogen werden, die zwar ihr Konzern-Know-how und ihre internationalen Netzwerkbeziehungen einbringen, aber kaum etwas von der eigenständig-individuellen Kultur des ihnen anvertrauten Unternehmens wahrnehmen, geschweige denn es in der Strategieführung sensibel berücksichtigen (wollen). Der unter Profis gern verwendete Spruch, man arbeite „auf" einer Marke statt „in" ihr, ist nicht nur eine kompetent klingende Redensart, sondern leider inhaltlich genauso zu verstehen. Das Wesen einer Marke wird nicht erfasst – allenfalls ihre Hülle. Im Ergebnis stehen grüne Unternehmen, die sich kommunikationstechnisch perfekt, aber seelenlos und austauschbar darstellen – Unternehmen, die eine Kommunikation betreiben, die nichts mit dem realen Tun zu tun hat. Kurz gesagt: Marketing findet abgetrennt von der Wertschöpfungskette statt. Marketing als eine Kommunikationsinsel im

Unternehmen. Marketing im luftleeren Raum. Marken, die dank dieses Vorgehens ihren entscheidenden Wert verlieren: ihre Authentizität.

Die wirtschaftlichen Folgen sind in der Regel fundamental: Die grüne Stammkundschaft erkennt ihre Marke aufgrund des sorgsam bis zur Perfektion professionalisierten Auftritts nicht mehr wieder, und die angepeilte, in zahlreichen Befragungen perfekt analysierte neue Zielgruppe glaubt dem andersartigen Auftritt nicht, weil er mit der vorhandenen Erwartungshaltung, mit dem Positiven Vorurteil der eingeführten Marke gegenüber, kollidiert. Am Ende zerstört die Marke ihren eigenen Existenzgrund: ihre einmalige und mit klaren Grenzen versehene Markengestalt – denn Marke ist immer Bekenntnis. So kam die grüne Markenikone „Weleda" im Zuge einer Neuausrichtung, die die Neuorientierung an „jüngeren Zielgruppen" zum Ziel hatte (verbunden mit dem Einkauf erfahrener Manager aus der klassischen Konsumgüterindustrie), dazu, Werbekampagnen zu initiieren, die höchst professionell und modern waren, aber bedauerlicherweise gar nichts mehr mit dem eigentlichen genetischen Code der Marke und somit der Erwartungshaltung der Kundschaft zu tun hatten. Mit dem griffigen Slogan „Dusch mit mir" sollte die Marke modern, erotisch und attraktiv auftreten – so wie alle anderen Duschgel-Marken auch. Die Kundschaft hatte keine Chance mehr, ihre Marke wiederzuerkennen: Die Marke macht sich für ihre Geldgeber(!) unkenntlich. Vor der „Professionalisierung" wurde intuitiv bei vielen dieser Unternehmungen vieles richtig gemacht – oft erreichte die Marke überhaupt erst aus diesem Grund jene kritische Größe, bei der die Eigner sich dazu gezwungen sahen, diese Art der Professionalisierung von außen einzuführen.

1.2   Marke ist moderne Heimat

Ebenso wie die Charakterisierung „grün", ist bedauerlicherweise auch der Begriff Marke vielerorts ein gedankliches Wunschkonzert: Seit gut 20 Jahren ist die professionelle Steuerung von Marken mittlerweile über die Fachöffentlichkeit hinaus en vogue. Buchveröffentlichungen zum Thema sowie Suchanfragen bei Google unter dem Stichwort „Marke" steigen seit den 1990er Jahren exponentiell an. Warum? Jedes Unternehmen möchte gerne eine starke Marke sein. Selbst Verbände, Parteien und inzwischen sogar Kirchen führen Workshops wie Analysen zum Thema „Markenstärkung" durch und wünschen sich, „in den Köpfen der Menschen" verankert zu sein. „Der Mensch als Marke" ist nicht nur Titel zahlreicher Seminare, sondern auch Inhalt von Bewerbungsschulungen. Keine Frage: Marke gilt in Zeiten, in denen familiäre Beziehungen nur noch „Lebensabschnitte" umfassen (inkl. Lebensabschnittspartner, sogenannte LAPs), Religion bis auf die Weihnachtsmesse kaum noch eine identitäts- bzw. gemeinschaftsstiftende Funktion erfüllt, als letzte Bastion des Stabilen. Traurig oder nicht: Coca-Cola und Apple statt katholisch, daher spricht man auch vom Apple-Jünger. Traditionelle Hierarchien und Wertvorstellungen lösen sich zunehmend auf. Weder haben die Familie noch die Kontinuität der klassischen Ehe Bestand. Die Bedrohungen sind global geworden, ökologische Katastrophen etwa wie Tschernobyl oder Fukushima oder Pandemien wie Covid-19 haben die Welt als Weltgemeinschaft in ihrem Technikglauben – zumindest zeitweise – erschüttert.

Marken sind genau deshalb absichernde Orientierungsbojen in einer verwirrenden Welt – für viele Menschen sogar die einzigen, wie es mancherorts z. B. in Kitzbühel oder Kampen beim Ablesen der großflächig beschilderten Bekleidungsutensilien erscheint. Bekleidung scheint als Markenträger besonders plakativ, aber auch im Segment der sog. „schnelldrehenden Konsumgüter" wie beispielsweise Getränke lässt sich beobachten, dass der profane Konsum eines Wassers oder einer Limonade ein politisches Statement ist: Coca-Cola oder Fritz Kola? Lemonaid oder Sprite? Bereits der simple Genuss eines Fläschchens macht uns zu gefühlten Weltrettern (Zitat des Drogeriemarkts Budnikowsky: „Jeder Kauf ist eine Klimaentscheidung") und Menschenfreunden („Trinken gegen Rassismus"/„Mit Hopfen, Herz und Haltung" – Slogans von Littfassbrause). In Zeiten der Beschleunigung kostet ein gutes Karma damit ein wenig mehr als einen Euro.

Aber es geht um mehr als nur um Abgrenzung und Zugehörigkeit zu einer Gruppe: Die bekannte Tageszeitung, die Konfitüre auf dem Frühstückstisch oder das gute Geschirr zu Festtagen – alles von uns angelegt, um zu bleiben, um uns ein Gefühl von Daheim zu schaffen. Zu Hause ist dort, wo wir die Menschen und die Dinge kennen, wo wir uns ohne nachzudenken fallen lassen können, weil alles hoffnungslos-freudig bekannt ist: ein Dank der Langeweile.

Gleichzeitig wird immer wieder suggeriert, der moderne Mensch konsumiere täglich neu und anders und zutiefst individuell. Der „produzierende Verbraucher" (neudeutsch: Prosumer) habe längst die Wirtschaft übernommen. Alles wandelt sich, nichts steht still. Bei näherer Betrachtung ist das alles nur ein Mythos, der die Marketing-Maschinerie allerdings dauerhaft befeuert und somit antreibt. In der Realität sind ca. 80 % der Produkte, die sich in unserem Einkaufswagen befinden, dieselben Produkte, die auch schon vor einem Jahr dort lagen. Von 500 neuen Produkten, die jedes Jahr im Bereich der „Fast moving consumer goods" (der schnelldrehenden Konsumgüter) auf den Markt kommen, überleben 95 % nicht das erste Jahr. Ein Blick in den Kleiderschrank offenbart Merkwürdiges: Wir tragen 80 % der Zeit nur 20 % unserer Bekleidung. Der Werbeexperte Klaus Brandmeyer bemerkte bereits 1995: „Die Kommunikation mit der Zielgruppe wird sich immer schwierig gestalten, wenn die Marketing- und

Verkaufsmanager aus den Elfenbeintürmen ihrer Konzernzentralen nicht mehr herauskommen." (Brandmeyer 1995, S. 22) Vieles, was beiläufig als gesellschaftlicher Veränderungsprozess charakterisiert wird, stellt sich bei näherer Betrachtung als Wunschdenken einer hippen (Marketing-)Elite und eines ebensolchen Besser-Bürgertums in Hamburg, Berlin, Düsseldorf, München, Zürich und Wien heraus, die ihre Green-Smoothies an blanken Edelstahltresen schlürfen, Kresse ziehen und Pastinaken häckseln.

Die Bereitschaft, sich auf Neues einzulassen, ist auch im 21. Jahrhundert keine anthropologische Konstante. Stattdessen gilt: Wähle, was Du kennst. Starke Marken sind Erinnerungsanker, Identitätsstifter und im besten Fall eine greifbare Heimat in einer Zeit, in der das Weltwissen von 10 Uhr um 16 Uhr bereits veraltet sei, wie der Soziologe Hartmut Rosa schreibt. Er macht auf eine dramatische soziale Entwicklung aufmerksam: „Die Erfahrungen, Praktiken und Wissensbestände der Elterngeneration werden für die Jungen zunehmend anachronistisch und bedeutungslos, ja, insofern Wissen an partizipatorische Praxis gebunden ist, sogar unverständlich – und vice versa. Die Welt der Gameboys, des Internets und der SMS-Nachrichten ist für viele Eltern, erst recht aber für viele Großeltern, so unverständlich und fremdartig wie die Sitten und Praktiken einer geografisch weit entfernten Kultur." (Rosa 2005, S. 187) Dies führt zu einer Änderung des Generationenverständnisses: „Die für traditionelle Gesellschaften selbstverständliche Institution der ‚Weisen Alten', denen ein herausragender Status deshalb zukommt, weil sie ‚alles gesehen' haben und kennen und daher von keiner Unbill des Lebens mehr überrascht werden können, ist in der spätmodernen Gesellschaft praktisch verschwunden: Die Alten sind vielmehr dadurch stigmatisiert, dass sie sich nicht mehr auskennen und das sie nicht mehr mitkommen." (Rosa 2005, S. 188)

Veränderung und Unruhe sind spätestens seit dem 19. Jahrhundert Imperative der Lebenswirklichkeit geworden. Selbst unsere Auszeiten – ob Wochenende oder Sabbatjahr (neudeutsch: Sabbatical) – haben heutzutage nicht die Aufgabe, uns zum Müßiggang einzuladen, sondern sollen helfen, Perspektiven zu ändern, Raum zu schaffen, um neue Projekte anzugehen bzw. uns für kommende Aufgaben zu regenerieren. Der Philosoph Ralf Konersmann weist nach, dass die Sichtweise, Unruhe und Aktivität als sozial erwünscht im Gegensatz zum Müßiggang zu sehen, nicht älter als 200 Jahre ist: „Auf der einen Seite ist die Unruhe ein Übel, weil sie maßlos ist und all unsere Bemühungen hintertreibt, eins mit uns selbst zu sein und in Frieden zu leben. Es ist die Unruhe, die uns einredet, dass der Stillstand ein Rückschlag sei und das Behagen verdächtig. Andererseits ist die Unruhe unsere Chance, denn nach dem Ausfall der überirdischen Mächte bürgt allein sie für das Versprechen des Aufbruchs und der Vollendung." (Konersmann 2015, S. 239)

1.2.1 Ruhe- und heimatlos durch das Leben

Kritisch betrachtet, kennzeichnet unsere Epoche, dass die traditionelle Vorstellung vom gemeinsamen Erleben verkümmert: Der unaufhaltsame globale Aufstieg der Markenware lässt sich soziologisch u. a. dadurch erklären, dass durch das Wegbrechen tradierter Kultursysteme, das markierte Produkt deren Aufgabe übernahm. Die Anthropologen Ryan Mathews und Watts Wacker unterstreichen: „Der Zusammenbruch des traditionellen Verständnisses von Gemeinschaft hat unser Bedürfnis nach sozialer Einbindung nicht vermindert. Vielmehr hat es neotribalistische Marketingstrategen die Tür geöffnet, Unternehmen wie Harley-Davidson oder Starbucks, die begriffen haben, wie wichtig es ist, Gemeinschaften zu bilden." (Mathews und Wacker 2003, S. 255)

Der Wunsch nach Gemeinschaft ist transkulturell und immanent im Wesen des Menschen verankert. Psychologisch ist dies rückführbar auf das intuitiv-unterbewusste Wissen des Einzelnen, dass er Zeit seines Lebens immer getrennt und allein ist – gerade dann, wenn wir uns am meisten mit anderen verbunden fühlen. Georg Simmel, einer der Gründerväter der deutschen Soziologie, fasste das Empfinden von Einsamkeit (noch vor Beginn der modernen Haltlosigkeit einer globalisierten Welt ebenso drastisch) wissenschaftlich gewendet zusammen: „Einmal in seiner tiefsten Persönlichkeitsschicht, von der ein jeder, unbeweisbar, aber unwiderleglich empfindet, dass er sie mit niemandem teilen und niemandem mitteilen kann, die qualitative Einsamkeit des persönlichen Lebens, deren Brückenlosigkeit in dem Maße der Selbstbesinnung fühlbar wird" (Simmel 1987, S. 223).

Die Besonderheit der Spätmoderne ist nicht nur eine strukturelle Bindungslosigkeit, sondern gleichzeitig eine unüberschaubare Menge an (kurz- oder langfristigen) Bindungsoptionen: Vor gar nicht langer Zeit gab es in der westlich geprägten Kultur einen Gott, eine Kirche, einen Glauben. Heutzutage haben Menschen die Möglichkeit, Anhänger fast jeder Religion zu werden. Zuvor wählten die Menschen zwischen Rollbraten und Gänsekeule, heute werden Teriyaki-Sauce, Chicken Masala und Jam-Wurzeln mit in die Entscheidungsfindung einbezogen. Alle Bereiche des menschlichen Lebens sind relativ und werden sogar im Rahmen einer Gleichberechtigungsideologie gesetzlich gleichgesetzt, d. h. sie sind demnach gleich orientierend und – soziologisch gewendet – deshalb desorientierend (vgl. Errichiello 2019). Das Ergebnis ist fatal: Das 21. Jahrhundert bietet aufgrund der unüberschaubaren Menge an Angeboten keine festen Strukturen und Fixierungen an. In der Regel kann jetzt alles und jedes Zentrum sein. Der Philosoph Peter Sloterdijk formuliert deshalb:

„Wo alles Zentrum geworden ist, gibt es kein gültiges Zentrum mehr; wo alles sendet, verliert sich der vermeintlich zentrale Absender im Gewirr der Botschaften. Wir sehen, wie und warum das Zeitalter des einen, größten, allumschließenden Einheits-Kreises und seine gebeugten Exegeten unwiederbringlich abgelaufen ist. Das morphologische Leitbild der polysphärischen Welt, die wir bewohnen, ist nicht länger die Kugel, sondern der Schaum. Die aktuelle erdumspannende Vernetzung – mit all ihren Ausstülpungen ins Virtuelle – bedeutet daher strukturell nicht so sehr eine Globalisierung, sondern eine Verschäumung. In Schaum-Welten werden die einzelnen Blasen nicht, wie im metaphysischen Weltgedanken, in eine einzige, integrierende Hyper-Kugel hineingenommen, sondern zu unregelmäßigen Bergen zusammengezogen" (Sloterdijk 1998, S. 72).

Gerade um ein Gefühl größter Einsamkeit zu verdecken, unternehmen wir permanent Versuche, diesen Zustand zu überwinden, bekommen Kinder, die uns an das Ende unserer Kräfte bringen, aber dafür willenlos lieben – und heiraten erneut, wenn man sich in (s)einer Beziehung irgendwann einsamer fühlt als jemals zuvor. Die meist zum Scheitern verurteilten Versuche kreieren allerdings permanent neue Formen der Gemeinschaft. Auf eine interessante Analogie weist der Philosoph Alexander Pschera hin, wenn er in Bezug auf das Internet schreibt: „Wir werden nicht zu Einsamen, weil wir zu oft online sind, sondern wir sind permanent online, weil uns die Einsamkeit des Lebens plagt." (Pschera 2011, S. 47)

1.2.2 Grünes Vertrauen entsteht nur über Zusageverlässlichkeit

Gerade „Grün" kann Heimat sein, den sozialen Kern von Gemeinschaft bilden und individueller Identitätsbestandteil werden. Es gibt viele Menschen, die ihre Alnatura-Jutebeutel stolz und gut sichtbar tragen und ihren Voelkel-Saft bei wichtigem Besuch auf dem Tisch drapieren. Jedem Bekenntnis wohnt dabei auch sozialer Ausschluss inne: Ich bin so – erkenne das an meinen Produkten. Der tägliche Besuch eines Supermarkts ist – soziologisch betrachtet – nur oberflächlich auf eine Lebensmittelversorgung zurückzuführen, denn er ist auch eine kollektiv verankerte Selbstvergewisserung. Wer mich mag, der mag auch … Bei manchen Partnerschaftsbörsen im Internet kann man sich über seine Lieblingsmarken mit dem anderen Geschlecht „matchen". Alles besitzt eine Aussage: Nicht nur die Wahl eines Rolls-Royce, auch die Wahl eines besonders günstigen Autos der Marke Dacia ist ein soziales Statement. Kunden ergreifen auch immer Besitz von ihren Marken und bezeichnen dann den Supermarkt als „ihren Supermarkt", das Restaurant als „ihr Restaurant" oder den Saft als „ihren Saft". Damit sprechen sie auch immer von sich selbst: Indem das Erwählte herausgehoben wird, wird auch der Entdecker relevant und besonders. Gerade deshalb sind Kunden immer noch das effizienteste Werbemittel (siehe auch Abschn. 4.2.2).

Und doch: Selbst, wenn die ökologisch-soziale Orientierung für Markenwaren immer wichtiger wird, so ist „Grün" als alleinige Leistung nicht ausreichend. Ein ökologisch korrekter Orangensaft, der nicht schmeckt, kann auf Dauer nicht bestehen. Und allein vom Engagement für eine gute Sache kann kein Unternehmen leben. Am Ende muss auch das ökologisch oder sozial engagierteste Globalprojekt ganz simpel seine den Ansprüchen und Vorlieben der Zeit angemessene Leistung erbringen. Auch für grüne Marken gilt, dass Anteilnahme per se noch keine seriöse Geschäftsgrundlage ist: Ca. 80 % aller Geschäftsideen scheitern. Erst wenn die Leistung sichergestellt ist, greift zusätzlich (aber dann umso mehr) das Argument einer grünen Unternehmenspolitik – niemals umgekehrt.

Eine wissenschaftlich fundierte Beschäftigung mit dem Thema „Grüne Markenführung" steht vor der Herausforderung, die eigentlichen sozialen Zusammenhänge herauszuarbeiten, die aus einer Ware oder einer Dienstleistung nicht nur eine Marke, sondern in diesem besonderen Falle eine grüne Marke machen. Grüne Marken sind eben nicht Ergebnis eines bestimmten grafischen Erscheinungsbildes, einer CI (Corporate Identity) oder Werbung (nur Werber interessieren sich für Werbung), einer behutsam formulierten und demokratisch entwickelten Unternehmensphilosophie oder einer durchdachten Kommunikationsstrategie. Sie sind Ergebnis eines sozialen Prozesses, der am Ende sicherstellt, dass Menschen kollektives Vertrauen zu einem bestimmten Namen entwickeln. Dazu muss klargestellt werden, was Menschen dazu bewegt, einem Angebot langfristig oder gar „blind" ihr Vertrauen zu schenken. In aller Deutlichkeit: Vertrauen entsteht in Warenmärkten nicht „irgendwie" und nicht über die Verdeutlichung von „Vertrauen" im Sinne schöner Bilder. Vertrauen ist ein normativer Verpflichtungszusammenhang – ein sozialer Prozess: Es entsteht nur, wenn ein Unternehmen zusageverlässlich handelt und die prognostizierten Leistungen immer wieder konsequent einlöst. So simpel, so schwer.

▶ **Ergo** Die soziale Dynamik der Vertrauensbildung steht im Zentrum jeder fundierten d. h. langfristigen Markenentwicklung. Ein solches Vorgehen setzt an den Ursachen grüner Markenbildung an und versucht sich nicht an Moden oder Trends. Markensoziologisch fundierte Markenführung ist zeitlos, weil die zugrundeliegenden komplexen sozialen Dynamiken Kulturgesetze sind.

1.2.3 Langfristig orientierte Marken setzen keine (Werbe-)Lügen in die Welt: Green- und Bluewashing

Das immer wieder zurecht kritisierte Vorgehen von Unternehmen, sich „grün" zu gerieren, allerdings im Kern weiterhin ausschließlich nach klassischen ökonomischen Kennzahlen zu arbeiten, ist nicht allein mit Bösartigkeit erklärbar. Als „Greenwashing" bezeichnet man eine Form der Produkt- und Werbekommunikation, mit der ein Umweltengagement überbetont wird, negative Auswirkungen des Kerngeschäfts unterschlagen oder soziale Aktivitäten behauptet werden – ohne faktische Einlösung. Anders gewendet: Der Begriff „Greenwashing" definiert Aktivitäten von Unternehmen, durch Instrumente des Marketings oder der Öffentlichkeitsarbeit ein ökologisches Image zu erzeugen, ohne sich dabei faktisch für den Schutz der Umwelt zu engagieren. Es handelt sich also um ein opportunistisches Täuschungsverhalten, das die mangelnden Informationsmöglichkeiten der Öffentlichkeit ausnutzt (Beispiele veröffentlicht regelmäßig der Verein „Lobby Control"). Darüber hinaus wird auch der Begriff „Bluewashing" genutzt. Hier geht es um Schönfärberei sozialer Bedingungen. Bluewashing bezieht sich auf die blaue Farbe der UNO, womit moralische Ablenkungsmanöver hinsichtlich sozialen Engagements bezeichnet werden. Freiwillige Initiativen (z. B. Global Impact Initiative der UNO) fördern zwar das Bekenntnis zu sozialem und gesetzeskonformem Verhalten durch Unternehmen. In der Regel wird die Einhaltung jedoch nicht kontrolliert und zieht keine rechtlichen Verpflichtungen nach sich, wird aber zu Werbezwecken von Unternehmen offensiv genutzt.

Als Lidl vor einigen Jahren behauptete, sich für „weltweit faire Arbeitsbedingungen" einzusetzen, wies die Hamburger Verbraucherschutzzentrale dem Unternehmen umgehend die real-katastrophalen Lidl-Arbeitsbedingungen nach. Lidl unterzeichnete daraufhin eine Unterlassungserklärung. Das „Greenwashing" ist Ausdruck einer Marketinghörigkeit, die glaubt, Marken seien frei aufladbare Sozialoberflächen, die heute für Lifestyle und morgen für Ökologie stehen könnten. Alles eine Frage der Kommunikationsstrategie. Der sorgsam kultivierte Irrglaube an die wundersame Bekehrung von Unternehmen zu grünen Pionieren ist ein übergreifendes Phänomen, wenn man z. B. die immer neuen Versuche von Firmen betrachtet, urplötzlich mit kommunikativer Brechzange eine neue Zielgruppe zu erreichen: C&A verkauft plötzlich Lagerfeld und Lidl geriert sich als megahipper Mode- und Feinkosttempel. Explizit auf den Bereich Nachhaltigkeit bezogen, bildet C&A ein unrühmliches Vorbild: Zwar versteht sich das Unternehmen als größter Anbieter für Biobaumwolle, aber es bedeutet nicht, dass das gesamte Sortiment aus Biobaumwolle hergestellt wird. Zurzeit werden lediglich Unterwäsche, Basic-Ware sowie Baby-Bekleidung aus Biobaumwolle hergestellt und dabei der Begriff „nachhaltige Baumwolle" verwendet. Dies umfasst allerdings nicht den ökologischen Premium-Standard, sondern eine weniger strenge Lizenz unter dem Titel „Better Cotton". Dabei wird die Rubriküberschrift „Bio Cotton" kommuniziert, wobei billigend in Kauf genommen wird, dass Konsumenten den Begriff „nachhaltige Baumwolle" mit „Biobaumwolle" gleichsetzen. Alles tatsächlich geschehen, von Spezialisten aufwendig entwickelt und von Marktforschern plausibel hergeleitet. Plötzlich ist eine Marke – zumindest gemäß dieser Management-Denke – auf PR-Knopfdruck cool, jung oder eben grün, es kommt nur auf den nötigen Werbedruck dahinter an.

Gute Markenführung hat immer viel mit Anstand und Ehrlichkeit zu tun (nicht nur im grünen Bereich): Auch ein Biosiegel macht noch keine „grüne" Marke, sofern nicht die gesamte unternehmerische Wertschöpfungskette einem umfassenden grünen Leistungskatalog unterliegt. Dieser Glaube ist zwar in den Marketingetagen der Welt weit verbreitet (und ernährt diese Branche), ist aber markensoziologisch betrachtet falsch. Denn die eigentliche Markenkraft liegt nie in den Händen der juristischen Markeneigner, sondern in den Köpfen der Menschen, die im Optimalfall gleichsam automatisiert bei Nennung eines Namens über gleichgerichtete positive Assoziationen verfügen. Dass dies so ist, hat meist am wenigsten mit Werbung zu tun: Die meisten Marken sind nicht wegen ihrer Werbung stark, sondern trotz ihrer Werbung.

▶ **Es gilt** Werbung ist eine von vielen unterschiedlichen Komponenten der Markenarbeit – zumeist ist sie sogar die unbedeutendste. Kein Unternehmen verändert sein Image (markensoziologisch: Positives Vorurteil) allein durch Werbung oder eine sorgsam formulierte Unternehmensphilosophie.

Markenarbeit bedeutet vor allem die Beschäftigung und Analyse der Leistungsebene, und zwar in allen Facetten, die direkt und indirekt für die Kunden erfahrbar sind. Diese Leistungsebene gilt es *en detail* zu kennen, um überhaupt bewerten zu können, ob das Potenzial für eine „grüne Marke" existiert. Mitunter bestehen diese Voraussetzungen nicht – dann muss sich ein Unternehmen entweder entscheiden, weiterhin andere reale bzw. aktuell relevante Leistungsmerkmale in den Fokus zu rücken oder aber einen strukturierten Prozess zu initiieren, der grüne Leistungsmerkmale kontrolliert einschleicht und so langfristig diesen Aspekt verankert.

Ausgerüstet mit einem grundsätzlichen Verständnis kollektiver Überzeugungsstrategien und einem konkreten Anwendungs-Instrumentarium kann eine Marke „grün" gesteuert werden, und zwar frei von nebulösen Absichtserklärungen, die meist den Charakter unternehmerischer Wunschkonzerte haben und im besten Fall intern für kurzfristige Mitarbeitermotivation sorgen, aber nicht das Unternehmen „begrünen". Grüne Unternehmensphilosophien oder in ambitionierten Workshops ausgearbeitete *Codes of Conduct* sind löblich, agieren allerdings oft nur an der Oberfläche. Meist sind es harmlose Philosophien, die austauschbar sind und z. B. für eine Traktorenfabrik genauso wie ein Öko-Schuhputzmittel gelten können.

1.2.4 Purpose-Konzepte als „added value"

Im klassischen Marketing gilt die Auffassung, dass Produkte und Dienstleistungen leistungsspezifisch kaum noch unterscheidbar wären. Der besondere Wert einer Marke läge nicht mehr in ihrer Leistung, sondern vor allem an gefühlten Werten und Zuschreibungen – Image und Destinktion machten Marken in der modernen Welt. Diese Zuschreibung, auch als „added value" bezeichnet, bedingt, dass nicht mehr die eigentlichen Leistungen im Zentrum der Kommunikationsarbeit stehen, sondern „Wohlfühlwerte" oder „Emotionen", die ein Image erzeugen sollten. Emotionen sind allerdings hochgradig universell und abstrakt (deshalb verstehen wir sie) – Marke dagegen ist spezifisch. Im Kern vertrauen wir Marken, weil sie in der Lage sind, ein Problem oder eine Aufgabe in charakteristischer Weise zu lösen. Kein Mensch käme auf die Idee, die Wahl eines Produkts damit zu begründen, dass es so „ein gutes Gefühl" erzeugen würde. Die schwindende Markenrelevanz hat ihre Ursache unter anderem in einem Verständnis, das die Überzeugungsleistung einer Marke außerhalb ihres Aufgabenterritoriums sucht. Wenn Marken nicht mehr über ihr Können berichten, warum sollten dann die Kunden darüber sprechen?

Eine weitere Verstärkung dieses „Added value"-Konzepts liegt seit einigen Jahren in der Auffassung, dass Marken sich nur noch durchsetzen könnten, sofern sie einen Beitrag zur Verbesserung der Welt leisten würden. Unter dem Begriff des „Purpose" sollten Unternehmen vornehmlich dazu beitragen, die großen Herausforderungen der Zeit (Umweltschutz, Rassismus, Gendergerechtigkeit) zu lösen. Pepsi macht Peace-Kampagnen (vor Ausstrahlung gescheitert), Fritz Kola thematisiert G20, Gillette den neuen Mann (nach Ausstrahlung gescheitert), Dove das natürliche Aussehen der Frau (massive Umsatzeinbrüche), Coca-Cola sponsert Christopher Street Days („Hate can't celebrate."), um nur einige große Akteure aufzuführen.

Das ist nicht neu: In den 1980er Jahren sorgte das mit ernster Miene vorgetragene Credo des italienischen Werbers Oliviero Toscani (er veröffentlichte ein Buch unter dem vielsagenden Titel „Die Werbung ist ein lächelndes Aas", Toscani

1997) für den ersten Purpose: In seiner Benetton-Kampagne thematisierte Toscani Kinderarbeit, Umweltverschmutzung oder AIDS als Werbemotive für Pullis. Das war so ehrenhaft, dass die Marke dem Untergang geweiht war, an den Folgen laboriert sie bis heute.

▶ **Halten wir fest** Eines dürfen Unternehmen auf kommunikativer Ebene nicht mehr: Einfach ihren Zweck erfüllen und damit seriös Geld verdienen: Profit-Shaming.

Die markensoziologische Position hinsichtlich des sich en vogue befindlichen „Brand Purpose", der danach fragt, ob und wie die Sozialität durch die Marke ein „besserer Ort" wird (vgl. de Chernatony 2001, S. 35) ist kritisch. Die Kommunikationswissenschaftlerin Julia Frohne unterscheidet die beiden Begriffe „Purpose" und „Brand Purpose" in Bezug auf die involvierten Gruppen: „Einen Ansatzpunkt für die Unterscheidung beider Begrifflichkeiten bietet eine Ausdifferenzierung der Stakeholder-Orientierung. Während Purpose als umfassender Begriff alle Interessensgruppen des Unternehmens, also Kunden, Mitarbeiter, Lieferanten, lokale Gemeinschaften und Anteilseigner umfasst, fokussiert Brand Purpose auf die Ausgestaltung der Kundenbeziehung zwischen Marke und Konsumenten (Frohne 2020, S. 29). Frohne konkretisiert und definiert Brand Purpose

„[…] als die sinnhafte Existenzberechtigung einer Marke, die sich in der inneren Haltung widerspiegelt, mit der die Marke auf die Umwelt reagiert. Er umfasst die grundlegenden Werte und ethischen Überzeugungen, wie die Marke produziert, distribuiert und konsumiert werden sollte. Die Marke lebt ihre Haltung, indem sie sich aktiv für die Verbesserung oder Veränderung gesellschaftlicher, wirtschaftlicher oder politischer Zustände einsetzt und fordert ihre Kunden dazu auf, sich an diesem Engagement zu beteiligen" (Frohne 2020, S. 29).

Es ist offenkundig, dass nach einer Phase der „Emotionalisierung" der Marke bzw. der Imageorientierung (vgl. Burmann 2018, S. 10), nun die Anziehungskraft einer Marke vor allem in ihrer „Sinnfunktion" vermutet wird (vgl. Kilian und Miklis 2020, S. 58–65). Zwar übernimmt auch in der markensoziologischen Forschung die Marke über ihre Leistungsfunktion hinaus die Rolle eines individuellen Identitätsstifters, jedoch nur, wenn die Inhalte über lange Zeit in selbstähnlicher und originärer Weise reproduziert wurden und zur Konstituierung eines Positiven Vorurteils geführt haben (vgl. Errichiello 2019). Ein generalisierendes „Sinnprinzip" vor dem Hintergrund sozial erwünschter Haltungen, Einstellungen und Bewegungen (bspw. Umweltschutz, Minderheitenrechte) ist nicht geeignet, unverwechselbare Positive Vorurteile und damit Resonanzperspektiven in einem unüberschaubaren Gewirr von segmentierten Kommunikationskanälen zu setzen. Dabei kommt der leistungsspezifischen und nicht imageorientierten Marke der soziale Strukturwandel in Hinblick auf die Werthaltigkeit von Produkten und Dienstleistungen zugute. In seinen Überlegungen zur Spätmoderne diagnostiziert der Soziologe Andreas Reckwitz, dass ein Strukturwandel stattfände, der an die Stelle einer Standardisierung die „Logik des Besonderen" sämtlicher Lebensbereiche setze (vgl. Reckwitz 2017, S. 11). Dieses Besondere umfasse die Suche nach dem Einzigartigem, Authentischem und Außerordentlichem. Reckwitz bezeichnet dies als „Singularisierung". Seit den 1970ern und 1980ern entwickele sich eine Dynamik, die die Realisierung dieses Anspruches auf allen Ebenen des Sozialen beinhalte: „Singularisiert werden gewiss auch, aber keineswegs nur menschliche Subjekte, weshalb der klassische, für Menschen reservierte Begriff der Individualität nicht mehr passt. Die Singularisierung umfasst eben auch und in ganz besonderem Maße die Fabrikation und Aneignung von Dingen und Objekten. Sie betrifft die Gestaltung und Wahrnehmung von Räumlichkeiten ebenso wie die von Zeitlichkeiten und nicht zuletzt von Kollektiven" (Reckwitz 2017, S. 12).

Das Kollektivwesen Mensch hat sich nicht verändert, sondern allenfalls sind die Ausprägungen und Personalisierungen feiner und detailreicher geworden. Auch die Dinge können Heimat sein – gerade in Zeiten, in denen gelernte und tradierte Heimaten (Familie, geografischer Ort) zunehmend brüchiger werden. Voraussetzung: Ihr Botschaftscharakter muss einheitlich sein und geteilt werden, damit eine kollektive Orientierungsfunktion erfüllt werden kann (vgl. Errichiello 2019).

1.2.5 Markenarbeit ist immer Ursachenarbeit

Markenarbeit beginnt dort, wo die konkreten Ursachen für die kollektiven Vorurteile einer Gruppe ihren realen Ursprung haben. Das ist Arbeit, keine Philosophie. Grundsätzlich gilt: Auch der Mythos eines emissionsfreien Tesla-Elektrosportwagens entsteht immer noch in einer Werkshalle in Palo Alto oder in Grünheide (vgl. Abb. 2.1). Und der ökologische Ziegenkäse schmeckt deshalb besonders, weil bestimmte Ziegen auf einer bestimmten Weide stehen, bestimmtes Gras essen und gut behandelt werden. Das heißt: Markenführung als Kernbereich der gesamten Unternehmenssteuerung setzt immer auf der Ursachenebene an. Dies erfordert eine dezidierte Beschäftigung mit sämtlichen Leistungsebenen und den unbedingten Willen, etwaige Abweichungen vom Markenversprechen sofort

Abb. 1.1 Nicht Palo Alto, sondern München: Das Elektroauto BMW 1602. Transport- und Begleitfahrzeug sowie Kamerawagen während der Olympischen Spiele 1972. Foto: Gudrun Muschalla. (Mit freundlicher Genehmigung von © BMW 2020. All Rights Reserved)

abzustellen. Aus dem oftmals mit dem Thema Marke verbundenen Umgang mit „Soft Facts" wird auf diese Weise harte Arbeit mit „Hard Facts" (Abb. 1.1).

Das ist ausgesprochen wichtig, da das Trendthema „Grün" zahlreiche vermeintliche Experten auf den Plan ruft, die nur allzu oft versprechen, dass man mit einigen witzigen Werbungen und einer grünfarbigen Website eine Marke umpositionieren könnte (leider keine ironische Übertreibung, gilt auch für das Thema Marke). Dies ist in den allermeisten Fällen mehr als zweifelhaft: Wie schwer es ist, ein einmal bestehendes Vorurteil durch eine neue Sichtweise zu ersetzen, ist durch die Vorurteilsforschung bewiesen. Marken als äußerst stabile Kulturkörper lassen sich kaum und wenn, dann nur über lange Zeitspannen behutsam verändern, aber dazu bedarf es einer genauen Analyse der Markengeschichte vom Tag der Gründung bis heute.

▶   **Auf den Punkt gebracht** Grüne Markenführung bedeutet Ursachenmanagement statt Oberflächenpflege. Auf dem Weg dorthin begleitet Sie dieses Buch.

Literatur

Bergmann L, Lang AS (2016) Glückliche Kühe, traurige Menschen. Die Zeit vom 17. März 201613/2016. https://www.zeit.de/2016/13/landwirtschaft-oekobauer-mitarbeiterausbeute. Zugegriffen: 4. Nov. 2020

Brandmeyer K (1995) Schweinebraten ist der Deutschen Lieblingsspeise. Frankfurter Allgemeine Sonntagszeitung 15.10.1995

Burmann C et al (2018) Identitätsgeleitete Markenführung. Springer Gabler, Wiesbaden

De Chernatony L (2001) A model for strategically building brands. J Brand Manag 9(1):2001

Errichiello O (2019) Einsamkeit und die Kraft der Marke. Springer Nature, Wiesbaden

Frohne J (2020) Brand Purpose in aller Munde. Was gilt es in der werthaltigen Kommunikation von Marken zu beachten? Transfer 66, 06. New Business Verlag, Hamburg

Konersmann R (2015) Die Unruhe der Welt. S. Fischer, Frankfurt

Kilian K, Miklis MA (2019) Die Evolution des Purpose. In: Transfer 04/2019

Mathews R, Wacker W (2003) Bunte Hunde. Mit abseitigen Ideen zum Erfolg. Europa Verlag, Hamburg

Muuß CS (2011) Garten Eden in Bad Boll. enorm: 2, Enorm Verlag, Hamburg

Paech N (2012) Befreiung vom Überfluss. Auf dem Weg in die Postwachstumsökonomie. Oekom, München

Peymani B (2009) Vieles ist heiße Luft. Interview mit Jakob von Uexküll. Acquisa 07, Gräfelfing

Pschera A (2011) 800 Millionen. Apologie der sozialen Medien. Matthes & Seitz, Berlin

Radkau J (2011) Die Ära der Ökologie. Eine Weltgeschichte. München, C.H, Beck

Reckwitz A (2018) Die Gesellschaft der Singularitäten. Suhrkamp, Berlin

Rosa H (2005) Beschleunigung. Die Veränderung der Zeitstrukturen in der Moderne. Suhrkamp, Frankfurt/Main

Schulze-Hausmann S (2012/13) Wertschätzung ist Wertschöpfung. enorm 6, Hamburg

Simmel G (1987) Das individuelle Gesetz. In: Das individuelle Gesetz. Philosophische Exkurse. Suhrkamp, Frankfurt/Main

Sloterdijk P (1998) Blasen. Suhrkamp, Frankfurt/Main

Strauss K The most sustainable companies in 2019. In: Forbes 22. Januar 2019. https://www.forbes.com/sites/karstenstrauss/2019/01/22/the-most-sustainable-companies-in-2019. Zugegriffen: 25. Aug. 2020

Toscani O (1997) Die Werbung ist ein lächelndes Aas. Fischer Taschenbuch-Verlag, Frankfurt a. M.

Grüner Konsum 2

Zusammenfassung

In diesem Kapitel wird die kaum überschaubare Vielzahl von Schlüsselbegriffen und Definitionen im Segment ökologisch und sozial fairer Produkte und Dienstleistungen beschrieben. Vor diesem Hintergrund werden die generellen Eigenschaften grüner Marken über verschiedene Segmente hinweg dokumentiert und der Begriff der „grünen Markenführung" erklärt. Die gesamtgesellschaftlichen Veränderungsbewegungen von Massenproduktion und Konsumbeschleunigung, über Produktindividualisierung und Lohas der letzten Jahrzehnte hin zu einer „nachhaltigen Ökonomie" werden nachvollzogen und wissenschaftlich im Hinblick auf ihre ökonomische Relevanz untersucht. Dabei wird anhand vieler konkreter Fallbeispiele verdeutlicht, wie die ersten grünen Unternehmen pionierhaft ökofaire Warenmärkte schufen und ihre Marktpositionierung entwickelten bzw. ihre Strategien und Angebote einer sensibilisierten Bevölkerung in den Bereichen Lebensmittel, Bekleidung und Dienstleistungen in Deutschland, Österreich und der Schweiz anpassten.◄

2.1 Begriffsklärung: Was bedeutet „Grün"?

Im Bereich grüner Markenführung wird mit einer Vielzahl von Begrifflichkeiten hantiert. Dabei sind sämtliche Begriffe (auch heute noch) selbst für Experten nicht eindeutig und für breite Bevölkerungsteile unklar oder sogar unbekannt.

O. Errichiello und A. Zschiesche, *Grüne Markenführung*, https://doi.org/10.1007/978-3-658-33542-7_2

Gerade um das eigene Tun bzw. den eigenen Wissensstand nicht überzubewer-
ten und falsche Schlüsse abzuleiten, sollte klar sein, dass grüne Begrifflichkeiten
zwar innerhalb einer Fachöffentlichkeit inflationär genutzt werden, aber für viele
Menschen bzw. eine erweiterte Öffentlichkeit eine diffuse Bedeutung haben. In
der Allenbacher Markt- und Werbeträgeranalyse für Deutschland von 2020 ist
deutlich geworden, dass der Anteil der Menschen, die bereit sind, für „umweltfreundliche Produkte" mehr zu zahlen, bei rund 25,5 Mio. Menschen liegt
(Grundgesamtheit der deutschen Bevölkerung ab 14 Jahren) – das ist nicht einmal die Hälfte aller potenziellen Käufer (vgl. Institut für Demoskopie Allensbach
2020).

Analysiert man das Thema im wissenschaftlichen Kontext, so fällt eine erste,
eher unscheinbare Publikation aus dem Jahr 1992 ins Auge. Der Brite Ken Peattie von der Universität Wales veröffentlichte unter dem Titel „Green Marketing"
ein erstes Lehrbuch für den studentischen Gebrauch. Er verweist darauf, dass
bereits Ende der 1980er Jahre der Begriff des „Green Marketing" zum „buzz
word" geworden sei, ohne dass eine fundierte wissenschaftliche Definition vor-
läge. In seiner Publikation schließt er diese Lücke mit folgender Annäherung an
den Untersuchungsgegenstand. Green Marketing sei „The management process
responsible for identifying, anticipating and satisfying the requirements of custo-
mers and society, in a profitable way." (Peattie 1992, S. VI) Folgende Begriffe
scheinen essenziell für Aktivitäten im grünen Bereich: Nachhaltigkeit, Corporate
Social Responsibility, öko- und biologisch, fairer Handel.

2.1.1 Nachhaltigkeit

Der umfassendste Begriff innerhalb der grünen Branche kommt allein bei einer
Google-Suchanfrage auf über 127 Mio. Ergebnisse (Stand 2020). Geprägt durch
den Club of Rome-Bericht „Die Grenzen des Wachstums" von 1972 (Meadows
et al. 1972) sowie den sogenannten „Brundtland-Bericht" von 1987 definiert
Nachhaltigkeit folgende Inhalte: „Nachhaltige Entwicklung erfüllt die Bedürfnisse
der Gegenwart und die Notwendigkeiten zukünftiger Generationen" (Hauff 1987).
Joachim Zentes von der Universität des Saarlandes führt aus, dass diese Vorstellung drei Nachhaltigkeitsdimensionen erfasst: Ökonomie, Ökologie und Soziales
(Zentes et al. 2014). Alle drei Aspekte müssen zur Realisierung der Nachhaltigkeit
im Unternehmensumfeld in einem ausgewogenen Verhältnis zueinander gedacht
und in der Unternehmensstrategie umgesetzt werden:

- Ökonomisch nachhaltig ist, wenn Unternehmen nicht den kurzen Profit auf Kosten von Umwelt und Menschen suchen, sondern auf Basis langfristiger Unternehmensziele agieren.
- Die ökologische Komponente erfordert den sinnvollen und sparsamen Umgang zugänglicher Ressourcen, um auch in Zukunft bearbeitbares Material vorrätig zu haben. Die Belastungen durch Herstellung und Verbrauch sind zu reduzieren und eine Regenerationsfähigkeit sollte ermöglicht werden.
- Sozial nachhaltig handeln heißt, alle an der Herstellung beteiligten Akteure angemessen zu berücksichtigen.

Das o. g. Modell ist in besonderer Weise durch die Enquete-Kommission „Schutz des Menschen und der Umwelt" des Deutschen Bundestags aus dem Jahr 1998 geprägt worden. Die drei Dimensionen Ökologie, Ökonomie und Soziales werden gleichrangig betrachtet und vor dem Hintergrund der komplexen Wechselwirkungen zueinander integrativ behandelt. Das Drei-Säulen-Modell der Nachhaltigkeit gilt als das meist verwendete Instrument von Politik und Wirtschaft. Daneben bestehen Weiterentwicklungen dieses Modells in Gestalt des sog. „Schnittmengenmodells der Nachhaltigkeit" sowie das „Nachhaltigkeitsdreieck" (vgl. Pufé 2017).

2.1.2 Corporate Social Responsibility

Ein weiterer Kernbegriff ist im grünen Unternehmensmanagement der Themenbereich Corporate Social Responsibility, kurz CSR. Erste Wissenschaftler, die die gesellschaftliche Verantwortung des Managements thematisierten (und den Schlüsselbegriff sustainabilty nutzten) waren die US-Amerikaner E. Merrick Dodd (1932) und Chester Barnard (1938). Weiterentwickelt nach dem zweiten Weltkrieg vom US-Wissenschaftler Howard Bowen (1953) fällt der Begriff „CSR" erstmalig. Kerngedanke ist, dass Führungskräfte und nicht Organisationen Verantwortung tragen sollten. Denn Verantwortungsbewusstsein sei vor allem eine persönliche Neigung und Aktivität. Die Vereinbarkeit von unternehmerischem Handeln und Verantwortungsbewusstsein sind für Bowen zentral. Unternehmen sollen mit ihren Profiten mehr Verantwortung übernehmen als lediglich für die Schaffung von Arbeitsplätzen zu sorgen. Mehr als 20 Jahre später führt Archie B. Carroll diesen Grundgedanken weiter und formuliert: „The social responsability of business encompasses the economic, legal, ethnical, and discretionary expectations that society has of organizations at a given point in time" (Carroll

1979, S. 500). Auf dieser Basis entsteht das dreidimensionale Corporate-Social-Performance-Modell (CSP-Modell). Das Aufkommen des CSR-Gedankens in den USA lässt sich vor allem auf die schwach entwickelten sozialstaatlichen Ordnungssysteme zurückführen, die eigenständiges unternehmerisches Engagement voraussetzte.

CSR bezeichnet heute eine Unternehmensverantwortung und -strategie, bei der ökologische sowie soziale Aspekte von Beginn an in die ökonomischen Belange und Entscheidungen miteinbezogen werden (enorm 4/2011, S. 128). In der Vielfältigkeit der zeitgenössischen Ansätze und Definitionen umfasst CSR heute die Dimensionen der Ökonomie, Ökologie, des Sozialen, der Freiwilligkeit sowie des Stakeholders. Im Grünbuch der Europäischen Kommission wurde definiert:

▶   „Die CSR ist ein Konzept, das den Unternehmen als Grundlage dient, auf freiwilliger Basis soziale Belange und Umweltbelange in ihre Unternehmenstätigkeit und in die Wechselbeziehungen mit den Stakeholdern zu integrieren." (Kommission der Europäischen Gemeinschaften 2001, S. 5):

Heute löst der Begriff immer wieder Verständnisschwierigkeiten aus. Denn „social" kann mit „sozial" oder „gesellschaftlich" übersetzt werden. Während das erste Verständnis vor allem die isolierte Verantwortung eines Unternehmens meint, impliziert „gesellschaftliche" Verantwortung ökologische und ökonomische Ebenen. Vor diesem Hintergrund sind einige Unternehmen dazu übergegangen, mit dem Begriff „Corporate Responsability" (CR) zu arbeiten.

2.1.3 Öko- und biologisch

Ökologischer Landbau bedeutet „Wirtschaften im Einklang mit der Natur" (Bundesministerium für Ernährung und Landwirtschaft 2020). Es wird zwischen organisch-biologischen, biologisch-dynamischen und naturgemäßem Landbau unterschieden. Ziele aller drei Ausprägungen sind der Erhalt der Bodenfruchtbarkeit, der artgerechten Tierhaltung und der Aufbau eines möglichst kleinen Nährstoffkreislaufs. Zur Erreichung dieser Hauptziele wird auf chemisch-synthetische Pflanzenschutzmittel verzichtet.

Über die Fachöffentlichkeit hinaus und in das allgemeine Sprach- und Kommunikationsverständnis eingegangen, sind die Begriffe „ökologisch" sowie „bio". Sie scheinen am massengängigsten und sind folgendermaßen gekennzeichnet:

- Bio gilt vor allem als Begrifflichkeit für Nahrungsmittel aus ökologischer Landwirtschaft.
- Der Begriff „Bio" ist ein durch EU-Recht europaweit geschützter Begriff. Gleiches gilt für die Bezeichnungen „Aus kontrolliert biologischem Anbau" und „Öko".
- Produkte, die als „Bio" beschrieben werden, müssen den Kriterien des Biosiegels entsprechen, das Siegel-Logo selber aber nicht zwingend tragen.
- Auf chemisch-synthetische Pflanzenschutzmittel, Mineraldünger und Gentechnik wird verzichtet.
- Die Nutztierhaltung erfolgt artgerecht, es werden keine vorbeugenden Medikamente eingesetzt – auf Tiermehl wird ebenfalls verzichtet.
- Meist sind Biobetriebe kontrolliert: Bioland, Demeter, Naturland, Biokreis sind die wichtigsten Kontrollinstanzen.

2.1.4 Fairer Handel

Mit „Fairem Handel" ist eine Warenwirtschaftsinitiative gemeint, die sich für mehr Gerechtigkeit einsetzt. Die Idee des fairen Handels entwickelte sich zu Beginn der 1970er Jahre. Die ersten „Dritte-Welt-Läden" entstanden zu diesem Zeitpunkt in Deutschland. 1975 nimmt die heute noch bekannteste Importorganisation für faire Produkte GEPA ihre Arbeit auf. Faire Preise für die Hersteller sollen sicherstellen, dass Menschen von ihrer Arbeit in Würde leben können. Ausbeuterische Beschäftigungsverhältnisse – teilweise unter Inkaufnahme von Kinderarbeit – vor allem in der Textilindustrie sorgen für Armut, denn ca. 90 % aller Textilien werden in sogenannten Billiglohnländern produziert. Die Vereinten Nationen bezeichnen diese Menschen als „working poor". Der faire Handel weist auf diese Missstände hin und setzt sich für Gerechtigkeit und nachhaltige Entwicklungschancen ein. Durch die Entwicklung besserer Handelsbedingungen und die Durchsetzung sozialer Mindeststandards sollen Wirtschaftsbeziehungen nachhaltig gerechter gestaltet werden. Mittlerweile werden fair gehandelte Produkte in Deutschland in 42.000 Supermärkten, Discountern, Bioläden, Bäckereien und Tankstellen sowie in 800 Weltläden verkauft und erzielten im Jahr 2018 einen Gesamtumsatz von 1,6 Mrd. € (Fairtrade Deutschland 2019).

Es wird deutlich, dass nachhaltige Unternehmen auf Basis einer Vielzahl unterschiedlicher Definitionen agieren. Hinzukommt, dass innerhalb dieser Kategorien Abstufungen und individuelle Festlegungen gelten. So ist die Frage, wann ein Lebensmittel tatsächlich biologisch oder ein Kleidungsstück fair ist, von Zertifizierungssiegel zu Zertifizierungssiegel unterschiedlich zu beantworten.

Jedes Zertifikat umfasst unterschiedliche Kriterien und Parameter, was immer wieder zu Diskussionen führt, welches Zertifikat „authentisch" gegenüber den ausschließlich „marketingrelevanten Firmierungen" ist. Insgesamt gab es nach Einschätzung der Nachhaltigkeitsplattform Utopia, bereits im Jahr 2010 etwa 800 unterschiedliche Öko-, Bio- und Nachhaltigkeitssiegel – allein in Deutschland. Nach Utopia-Auffassung sind fünf davon vertrauenswürdig und erfüllen einen strengen Kriterienkatalog. Zahlreiche (große) Unternehmen nutzen die vertrauenswürdige Ausstrahlung eines Siegelsymbols, um zweifelhafte Privatsiegel mit ebenso privaten inhaltlichen Vorstellungen zu entwickeln. Die eigentliche Aufgabe des Siegels wird mit solchen „Privatfirmensiegeln" torpediert, nämlich in der Unübersichtlichkeit der Warenmärkte durch das Siegel Übersicht zu ermöglichen und potenzielle Kunden in ihrer „guten", d. h. grünen Entscheidung abzusichern.

Was bleibt? Eine kurze Übersicht macht die Schwierigkeit und den Begriffsschungel im grünen Markt deutlich. Alle und alles möchte „grün" sein und benennt sich demensprechend. Zum Zweck der Orientierung sind viele dieser Selbstbezeichnungen daher kaum oder gar nicht (mehr) nutzbar. Da Marke jedoch bedeutet, für bestimmte Werte einzustehen, kann die bloße Firmierung unter „Bio" oder „Fair" etc. immer weniger Zugkraft entwickeln – der aktuelle Siegeszug „regionaler Labels" ist ein Resultat dieser Entwicklung.

> **Bio versus regional**
> Nach einer Studie der Entwicklungsexperten Rudolf Buntzel und Francisco Marí, die von der Organisation „Brot für die Welt" gefördert wurde, führen Labels zunehmend zu einem Ausschluss lokaler Erzeuger: „Höchst unfreiwillig" würden kritische Verbraucher zu Verbündeten einer Ernährungswirtschaft, die „mit Standards die Nahrungsmittel beherrscht". Und die dabei die Armut nur punktuell beseitigt, argumentieren die Autoren. […] Doch je mehr globale Handelsketten und Supermarktriesen mit eigener Herstellung ihre Rohstoffgrundlagen in Entwicklungsländern sichern und sich zugleich als nachhaltig profilieren wollen, desto mehr Marktmacht üben sie dort auch mithilfe ihrer Standards aus (vgl. Grefe 2016, S. 33).

Ein Siegel ist allenfalls ein Basisinstrument zur schnellen Absicherung des „grünen" Anspruchs. Markenkraft entsteht dagegen erst, wenn bestimmte Vorstellungen kollektiv klar verankert sind. Umso wichtiger wird es in Zukunft für ein Unternehmen sein, die Differenzierung nicht über „grüne Kategorisierungen"

wie typische Schlüsselbegriffe oder Siegel, sondern über konkrete und unkopier-
bare Leistungsbeweise zu sichern. Anders formuliert: Die Unternehmen sollten
einfach gute Markenarbeit betreiben.

Begriffsdefinition „Grün"

Gerade um die Vielfältigkeit der Ansätze und Kriterien in diesem kleinen,
aber offensichtlich höchst zersplitterten Markt praktikabel abbilden zu können, werden die zuvor genannten Ansätze im Folgenden unter dem Begriff
„Grün" zusammengefasst. Unter ihm soll eine Form unternehmerischen
Handels und gezieltem Konsums verstanden werden, der

1. Ressourcen so verbraucht, dass sie im Optimalfall reproduziert werden können oder aber einen Zugriff für nachfolgende Generationen
   ermöglichen,
2. Umwelt, Tiere und Menschen kaum oder gar keinen Schadstoffbelastun-
   gen aussetzt,
3. Tiere nicht als Mittel zum wirtschaftlichen Zweck begreift, sondern eine
   artgerechte Haltung sicherstellt,
4. Menschen nicht unredlich ausbeutet und den involvierten Menschen
   einen fairen Lohn sowie Schutz und Sicherheit am Arbeitsplatz gewährleistet sowie Kinderarbeit ausschließt,
5. langfristige ökonomische Ziele verfolgt, die nicht auf Kosten von
   Mitarbeitern generiert werden.

Sicherlich enthält auch diese Definition Lücken, allerdings soll auf diese Weise
ein übergreifender Rahmen geschaffen werden, um nachhaltige Strategien von
Unternehmen hinsichtlich markensoziologischer Dynamiken bewerten zu können.
In dem Sinne handelt es sich nicht um eine zusätzliche Definition innerhalb
der nachhaltigen Branche, sondern um eine inhaltliche Zusammenfassung, die
ein Koordinatensystem für die Bewertung grüner Aktivitäten sicherstellt. Der aus
dieser Definition resultierende Anspruch bildet die inhaltliche Klammer für den
Einsatz und die strukturelle Stoßrichtung der vorgestellten Analyseinstrumente.

2.2   Sozialhistorische Entwicklung: Von der anonymen Menge zur individuellen Masse

Grüne Unternehmenspolitik steht am Ende einer ca. 150-jährigen industriege-
schichtlichen Entwicklung, die in der Mitte des 19. Jahrhunderts ihren Anfang

nahm. Durch die Gewährung der Gewerbefreiheit um 1810 in Preußen, die Entwicklung leistungsfähiger Maschinen und schneller Verkehrsmittel kam es zu
einer Ausweitung der Distributionsfelder und mit ihnen zur Möglichkeit einer
immer schnelleren Produktion großer Mengen, die in den sprunghaft wachsenden
Metropolen und deren konzentrierter Nachfrage schnell abgesetzt werden konnten. Die Industrialisierung bedingte fundamentale Veränderungen der Lebensverhältnisse. Innerhalb weniger Jahrzehnte wurden die Menschen massenhaft von
Land- zu Fabrikarbeitern. Die Steigerung der durchschnittlichen Kaufkraft um
1850 machte es Unternehmern möglich, nicht nur auf Abruf herzustellen, sondern von einer kontinuierlichen Nachfrage auszugehen und somit standardisierte
Mengen auf Vorrat zu produzieren. Für immer breitere Teile der Bevölkerung
ging es nicht mehr nur um die Befriedigung existenzerhaltender Bedürfnisse,
sondern um erste Formen von „Luxus". Die langsam entstehende Mittelschicht
und deren Konsumverhalten bildete die gesellschaftliche Blaupause für die
Masse der Arbeiter und wurde auf diese Weise zu einer gesamtgesellschaftlichen
Idealvorstellung.

Auch arbeitsgesellschaftlich hatte die neue Zeit drastische Auswirkungen: Vor
der Industrialisierung wurde kaum zwischen Arbeit und Freizeit unterschieden.
Freizeit als zweckfreie Zeitspanne war dem Bürgertum und Adel vorbehalten.
Dieser Zustand änderte sich in der Epoche und schlug sich auf Produktion und
Konsum nieder. Der Historiker Kaspar Maase führt aus: „Millionen verließen die
Landwirtschaft, die dörfliche Welt, die Lebensordnung der Zünfte oder die relative
Ungebundenheit einer Tagelöhnerexistenz. Ganz gleich, ob Not oder Neugier sie
trieb – nun mussten sie sich mit dem strikten Reglement der Industrie auseinan-
dersetzen. Nicht mehr der Stand der Sonne und die Anforderungen von Vieh und
Feld, sondern Fabriksirenen und Uhren bestimmten fortan ihren Tagesrhythmus
und setzen die Heere der Arbeit, wie sie zeitgenössisch angesprochen wurden, in
Bewegung." (Maase 1997, S. 41).

Fragen nach Art und Weise der Produktion spielten um die Jahrhundertwende
kaum eine Rolle. Umweltressourcen schienen zu Beginn der Industrialisierung
unerschöpflich. Allein die sogenannte *Soziale Frage* geriet durch die äußerst
unterschiedlichen Lebensverhältnisse zwischen Kapitaleignern und Arbeiterschaft
immer mehr in den Fokus politisch-sozialer Auseinandersetzungen. Die Frage
danach, ob es ethisch vertretbar ist, Kinder arbeiten zu lassen oder eine unge-
regelte Arbeitszeit festzulegen, die im Ergebnis doch nur das Lebensnotwendigste erlaubte, gehörte zu den entscheidenden Auseinandersetzungen dieser Zeit.
Gerade weil die Ungleichheit extrem ausgeprägt war, ging es den mittellosen
Schichten der Jahrhundertwende vor allem darum, am steigenden Wohlstand

zu partizipieren. Dabei kam es zu einer interessanten Verknüpfung der Interessen von Arbeitern und Produzenten: Denn für das Unternehmertum bedeutete die Ausweitung von potenziellen Kundschaften gleichzeitig Ankurbelung des Absatzes. Das heißt: Die Berücksichtigung der sozialen Anliegen der Masse der arbeitenden Bevölkerung und das Gewinnstreben der Unternehmen standen strukturell nicht im Widerspruch zueinander. Im Gegenteil: Um die Gewinnorientierung der Unternehmen zu erhöhen, musste die Kaufkraft der Bevölkerung durchgängig gestärkt werden. Das nunmehr frei verfügbare Geld sollte über die Ankurbelung des Absatzes mittels Werbung in den Konsum fließen. Diese Entwicklung war erst möglich, nachdem die durchschnittliche Wochenarbeitszeit von 70 bis 100 h (allenfalls handwerkliche ausgebildete männliche Arbeitskräfte arbeiteten in der Regel 60 h) einen ernsthaften Widerstand der Arbeiterschaft evozierte, die Arbeitszeit verkürzt wurde und einen bescheidenen Lohn – über das Lebensnotwendigste hinaus – sicherstellte.

Die weiterhin harten Bedingungen und Verpflichtungen der Arbeit und eine permanente Selbstentfremdung konnten – gezielt instrumentiert – die Suche nach Glücksmomenten außerhalb der Fabriktore bewirken: Die gesteuerte Steigerung der Nachfrage führte nicht nur zu einer Steigerung der Produktionsmengen, sondern zu einer vermeintlichen Individualisierung des Angebots. Um 1900 war ein Massenmarkt entstanden. Die Entwicklung dieses neuartigen Marktes hat Maase sehr plastisch beschrieben:

„Ein Minimum an ‚kleinem Luxus' gehörte traditionell zur Lebensweise städtischer und plebejischer Unterschichten. (Zichorien-)Kaffee, ein Stück Zuckerwerk oder ein buntes Tuch zur Kleidung markierten Selbstbehauptung in einer niederdrückenden Umwelt. Sie verankerten den unabdingbaren Anspruch auf Schönheit und Genuss in alltäglich sinnlicher Erfahrung. […] Menschen, so scheint es, geben ihre Würde und damit sich selbst auf, wenn sie nicht jenseits des reinen Funktionierens einen Anspruch auf Glück und das ganz andere aufrechterhalten." (Maase 1997, S. 71).

Die Selbstbewusstwerdung bzw. Individualisierung durch Konsum scheint – soziologisch betrachtet – ein Schlüssel, um die Ursprünge eines heutzutage selbstverständlich gewordenen Verbrauchs zu verstehen. Die Waren boten inmitten einer Umwelt der Selbstverleugnung die Möglichkeit, sich durch Konsum (vermeintlich) selbst zu finden. Zunehmend verpflichtungsfreie Zeit und ein – meist bescheidenes – frei verfügbares Kapital ließen eine Sozialisierung zu, innerhalb derer das Individuum mit seinen Vorlieben und Wünschen erkennbar wurde. Nicht ohne Grund fiel in diese Zeit die Entwicklung des ersten automatischen Fotoapparats (1888), denn plötzlich gab es eine Freizeit, die festzuhalten sich lohnte. Plötzlich hatte etwas, was „mir" gefiel oder „ich" erlebte, Bedeutung.

► Die Durchsetzung eines kapitalistischen Wirtschaftssystems ist nur
vor dem Hintergrund der psychologischen Beweggründe erklärbar: In
einer industriellen Gesellschaft, die den Menschen nur als Mittel zum
Zweck begreift, bieten Waren die Möglichkeit, sich seiner eigenen
Wünsche und Vorlieben, sich seines eigenen Geschmacks bewusst zu
werden und eigenständig als Individuum in bescheidenem Maße zu
leben.

Es greift zu kurz, Marken und Markenwerbung, wie ab den 1970er Jahren zunehmend geschehen, ausschließlich unter dem Gesichtspunkt einer kapitalistischen
Manipulation zu verstehen. Viel eher sind sie eine Komponente im Rahmen einer
offensichtlichen Veränderung der Geisteshaltung. Eine Komponente, die zweifelsohne wirtschaftlich-materialistisch bedingt ist. Man muss sich dennoch fragen,
was vom modernen Menschen übrigbliebe, sofern es nicht „die Marke" gäbe.
Marken garantieren Kontinuität und Kohärenz – gerade wenn sich alles andere
auflöst. In Zeiten ohne echte Bindungen können Marken – strukturell betrachtet
– Heimat sein und gleichzeitig den massenhaften Wunsch nach Individualität in
zahlreichen Bereichen realisieren. Das macht sie erfolgreich – über alle Kultur-
grenzen hinweg. Selbst am Hindukusch wurden schon arme Esel gesichtet, denen
ihre Treiber ein gemaltes Mercedes- oder BMW-Papplogo an der behaarten Stirn
befestigt hatten.

Wie auch immer das Thema Marke persönlich beurteilt wird: Es funktioniert.
Das soziale Erfolgskonzept Marke führt bis heute zu einer immer stärkeren Ausdifferenzierung und Ausweitung des Angebots von Unternehmensseite. Mit positiven Folgen für die Anbieter: Das steigende Sozialniveau, die wachsenden Kon-
summöglichkeiten und Konsumwünsche immer breiterer Bevölkerungsschichten
bedingen großen Nachfragedruck auf allen Ebenen der Warenwirtschaft.

Markensoziologisch ist die Epoche von 1900 bis in die 1950er Jahre hinein,
geprägt durch folgende Aspekte:

• Markenaufbau: Die ersten Massenmarken entstehen.
• Intuitive Werbe- und Kommunikationsarbeit: Sie erfolgt ohne nennenswerte
  Marktforschung.
• Hersteller-Dominanz: Die Marke steht im Vordergrund und ist Teil des Alltags.
• Regionale/nationale Verbreitung: Marken sind meist regional oder national
  bekannte Akteure.

Folgendes wird deutlich: Die Selbstverwirklichung mittels Konsum und die Schaffung einer lebenswerten (Schein-)Realität außerhalb grauer Fabriktore evozierte keine Sensibilität in Bezug auf nachhaltige Unternehmensführung in dieser Zeit. Zunächst ging es allein um die Notwendigkeit, am eigenen „materiellen Glück" zu arbeiten. Bis in die 50er Jahre des vorigen Jahrhunderts lassen sich auf Unternehmer-, aber auch auf Konsumentenseite kaum Indizien für „grüne Ideologien" finden. Sicherlich auch ein Resultat des Umstands, dass der Ressourcenverbrauch noch an seinem Beginn stand und die damit verbundenen Auswirkungen zwar wahrnehmbar, aber nicht bedrohlich genug erschienen. Diese Beobachtung deckt sich durchaus mit psychologischen Analysen der klassischen Bedürfnishierarchie, nach der zunächst physiologisch-materielle Begehren erfüllt werden wollen, bevor der Mensch Fragen der ihm übergeordneten Verwirklichung in den Fokus rückt. Der Sozialwissenschaftler Ronald Inglehart entwickelte mit der Vorstellung des Postmaterialismus eine Strukturanalyse, die sich nahezu idealtypisch auf die Herausbildung einer modernen Konsumkultur anwenden lässt. Inglehart zufolge bilden psychische und physische Sicherheiten die Grundlage für Entwicklungsstufen hin zu einer zunehmend materialistischen Gesellschaft, die schließlich individuelle Formen der Selbstverwirklichung anstrebt. Inglehart (1998) definiert die Stufen wie folgt:

- Vormoderne Gesellschaften: Die Sicherung des eigenen Überlebens steht im Vordergrund.
- Moderne und Industriegesellschaft: Streben nach individuellem Wohlstand und Sicherheit.
- Postmoderne Gesellschaft: Hoher Lebensstandard über die gesamte Bevölkerung hinweg; Konsum- und Dienstleistungsgesellschaft; Individuelle Selbstverwirklichung.

2.2.1 Das grüne Ich

Eine historische Analyse der grünen Branche offenbart einen direkten Zusammenhang mit zivilgesellschaftlichen Entwicklungen: Um 1961 hatte erstmals eine Partei auf das Thema Umweltschutz hingewiesen. Die SPD unter Willy Brandt thematisierte unter dem Slogan „Der Himmel über dem Ruhrgebiet muss wieder blau werden" ökologische Themen – der rasante Wirtschaftsaufschwung der Nachkriegsjahre lässt Technikkritik verkümmern. Jedoch hatte bereits 1953 Friedrich Georg Jünger in seiner Schrift „Perfektion der Technik" eine radikale, grundsätzliche und kompromisslose Technikkritik formuliert. Er schreibt – geradezu visionär: „Die Technik erzeugt keine Reichtümer; durch ihre Vermittlung aber werden uns Reichtümer zugeführt, verarbeitet und dem Gebrauch erschlossen. Es ist ein beständiger, stets wachsender, immer gewaltiger werdender Verzehr, der hier stattfindet. Es ist ein Raubbau, wie ihn die Erde noch nicht gesehen hat … Alle Theorien, die diese Tatsache außer Acht lassen, haben etwas Schiefes, denn sie unterschlagen die Voraussetzung, unter denen das Arbeiten und Wirtschaften jetzt stattfindet." (Jünger 2010, S. 28) Und: „Was hier Produktion genannt wird, ist in Wirklichkeit Konsum" (Jünger 2010, S. 29), „ein Verzehr, der, wenn wir für ihn die ganze Erde veranschlagen, den Raubbau aufs äußerste treibt (Jünger 2010, S. 88)." Seine Gedanken bleiben weitgehend unbeachtet.

Mehr als zehn Jahre später wird Umweltschutz auch politisch aufgegriffen. In einer Publikation des Umweltbundesamtes heißt es forsch, dass die „Willy-Brandt-Kampagne" den Beginn umweltpolitischen Denkens in Deutschlands markiert. Ein Jahr später erscheint in den USA die Erstausgabe von „Silent Spring" (Der stumme Frühling). Die Autorin, Rachel Carson, warnt vor der Verseuchung von Umwelt, Tier und Mensch mit Pestiziden, vor allem dem Insektengift DDT (Carson 1962). Carsons Bestseller gelang es, eine größere Öffentlichkeit für Umweltthemen zu sensibilisieren.

Der Begriff „Umweltschutz" taucht 1969 das erste Mal in einem Dokument des Innenministeriums auf. 1971 berichtet das „Test"-Magazin der Stiftung Warentest das erste Mal über „Bio" (Faller 2014, S. 47). Es wird deutlich, dass die politische Auseinandersetzung mit „Grün" noch nicht einmal 50 Jahre umfasst. Der Sozialwissenschaftler Joachim Radkau hält in seinem Buch „Die Ära der Ökologie" nach einer Analyse fest: „Die meisten Einzelelemente dessen, was heute unter ‚Umweltschutz' läuft, haben unter anderem Namen bereits eine lange, teilweise sehr lange Geschichte – je mehr der Historiker nachforscht, desto länger wird sie. Eines lässt sich immerhin vorweg festhalten: Mehr oder weniger neu waren ab 1970 die Vernetzung, die Breitenwirkung, der globale Horizont." (Radkau 2011, S. 28) Der bis heute vielzitierte Bericht des Club of Rome „Grenzen des Wachstums" (Meadows et. al. 1972), die öffentlichkeitswirksame Publikation „Haben oder Sein" von Erich Fromm (1976) erreichten Millionenauflagen und vermochten breite Bevölkerungsschichten für grünen Konsum zu sensibilisieren. Umweltkatastrophen wie das „Waldsterben" (1982), die Chemiekatastrophe von Bhopal (1984), die Reaktorkatastrophe von Tschernobyl (1986), die Beobachtung einer schwindenden Ozonschicht (1988 wurde ein wissenschaftlicher Bericht breitenwirksam) und der Tankerunfall der Exxon-Valdez (1989) vor Alaska machten die Grenzen wirtschaftlichen Wachstums weltweit deutlich. Ein Prozess des Umdenkens begann, der schließlich in eigenen politischen Bewegungen mündete, so ziehen 1983 in Deutschland die „Grünen" erstmals in den Bundestag ein. (Die erste grüne Partei „Values Party" wurde im Mai 1972 in Neuseeland gegründet. Bei den Nationalwahlen von 1975 erreichte sie 5,3 % der abgegebenen Stimmen.) Zum Ende der 1980er Jahre sind Umweltthemen von globalem Medieninteresse, sie beherrschen kollektive Gefühlslagen und befördern auf diese Weise ihre politische Relevanz. Der Klimagipfel in Rio de Janeiro (1992) beherrscht bis in das zweite Jahrzehnt des 21. Jahrhunderts hinein die globale Ökologiediskussion, der „Klimagipfel" von Paris (2015) führt, nach zahlreichen gescheiterten Versuchen, zu weltweit akzeptierten Rahmenvereinbarungen zum Klimaschutz bzw. formuliert den erklärten Willen, die Erderwärmung zu begrenzen. Vergleicht man kritisch die mediale Wirkung des ersten Klimagipfels von Rio mit dem von Paris, wird allerdings ebenso deutlich, dass die Breitenwirkung des Themas eine Wellencharakteristik aufweist. So nahm die Berichterstattung über die Pariser Ergebnisse wenige Tage ein und erst die Fridays-for-Future-Bewegung konnte um 2019/2020 wieder die gesellschaftlich-politische Agenda bestimmen – bis zum Ausbruch der Corona-Pandemie.

Dabei ist die Hinwendung zu grünen Konsumstrategien eben kein Trend, der kurzzeitig aufflackert, Menschen begeistert und schließlich vergeht, sondern in seiner fundamentalen (Über-)Lebensnotwendigkeit ein beständig aktuelles Thema. Dies macht auch der Naturwissenschaftler und Coautor des neuesten Berichts des Club of Rome, Jorgen Randers, mit dem Titel „2052" deutlich. Randers (2016) gibt der Menschheit nur noch die Wahl zwischen einem gesteuerten Niedergang oder einem Zusammenbruch. Grüne Wirtschaftsstrategien sind daher schon lange kein „nice-to-have", sondern im besten Sinne Zukunftssicherung für Umwelt, Menschen und Tiere und nicht zuletzt auch für Unternehmen. Zwar finden sich immer noch Profiteure, die skrupellos die Erdressourcen ausbeuten (und ihre Praktiken außerhalb der Sichtweite und des Zugriffs der gut ausgestatteten westlichen NGOs realisieren), aber langfristig werden Umweltkatastrophen und schwindender Rohstoffzugriff Änderungen bedingen. Kein Unternehmen wird sich ethisch, aber auch betriebswirtschaftlich „grünen Strategien" verweigern können – es wird irgendwann schlichtweg zu teuer.

2.2.2   Beginn der grünen Idee

Gerne wird in der ökologisch orientierten Öffentlichkeit das Aufkommen einer wahrnehmbaren grünen Konsumkultur weit vor den 50er Jahren des letzten

Jahrhunderts verortet, allerdings handelt es sich vornehmlich um eine geistig-gedankliche Auseinandersetzung, die sich industriegeschichtlich kaum nachweisen lässt. Denn entscheidend für eine generelle Betrachtung „grüner Markenführung" bleibt die reale Umsetzung im Massenkonsum und seinen fundamentalen Auswirkungen auf die Lebenswirklichkeit einer erweiterten Öffentlichkeit. Radkau wird in seinem Buch zur Ökologiegeschichte noch deutlicher: „Schon darüber, wo der historische Anfang von Umweltbewegung und Umweltschutz liegen, gehen die Vorstellungen in der Literatur weit auseinander und bewegen sich zwischen 1770 und 1970; und erst Recht das Ende ist vollkommen offen." (Radkau 2011, S. 32).

Nichtsdestotrotz bilden erste avantgardistische Gedankenexperimente und individuelle ökologische Einzelversuche in der Landwirtschaft die Grundlagen zu einem Wirtschaften, das die Umwelt als Subjekt wahrnimmt. Erste Spuren finden sich zu Beginn des 18. Jahrhunderts. Als intellektueller Gründerväter der grünen Bewegung gilt Hans Carl von Carlowitz. Als Oberberghauptmann im Erzgebirge fiel unter seine Zuständigkeit die Aufsicht über Bergbaubetriebe, Hütten und die Arbeitsbedingungen der Bergleute. Sein später Ruhm seit den 80er Jahren des vorigen Jahrhunderts im deutschsprachigen Raum hängt mit seinen Gedanken und der Wortschöpfung zum Prinzip der *Nachhaltigkeit* zusammen. Von Carlowitz berufliches Wirken fiel in eine Zeit des Energiemangels, weil der Holzverbrauch der Hütten zu umfassender Holzknappheit führte. In Anbetracht seiner Erfahrung müsse es in Zukunft Ziel sein, die Wälder so zu bewirtschaften, dass Baumverbrauch und Baumzucht in Gleichgewicht zueinander stünden.

Carlowitz' Gedanken stechen aus den Gegebenheiten seiner Zeit heraus, da zu dieser Epoche das tägliche Überleben im Vordergrund stand und im Hier-und-Jetzt gelebt wurde. Der Gedanke an „morgen" war nicht nur befremdlich, sondern absurd – zumal der große Teil der Bevölkerung auch nichts besaß, was er an seine Nachkommen hätte weitergeben können. Auch die gesellschaftliche Disposition war anders gepolt: Das irdische Leben war nur eine Zwischenstufe auf dem Weg in das ewige Himmelreich. Nur eine Bevölkerungsgruppe schien in der Position die Zukunft zu planen: der Adel. Ihm legte Carlowitz das Prinzip der „Nachhaltigkeit" aus ökonomischen Gründen nahe (Sicherung von Vermögen für die Sippe) und prägte damit initiierend ein regenerations- und zukunftsgerichtetes Ressourcenverständnis. Konkret entwickelte sich Deutschland zum Pionier der Waldaufforstung und gleichzeitig (im Nebenprodukt) zum Ort der Waldromantik (vgl. Radkau 2011, S. 48). Interessanterweise hat sich an der sozialen Verankerung grüner Lebensphilosophien kaum etwas verändert: Auch heute noch sind Kunden „grüner" Produkte und Dienstleistungen zumeist überdurchschnittlich gebildet und verfügen über mehr finanzielle Mittel als das Gros der Bevölkerung.

In der Beschäftigung mit dem Thema „Grün" gilt die Landwirtschaft als Ursprungsort eines ökologisch orientierten Wirtschaftens. Ein verseuchter Boden, ein abgeholzter Wald und kranke Tiere sind schnell erkennbar und haben existenzielle Auswirkungen auf Handlungsoptionen und Lebensgrundlagen. Dabei fällt bei näherer Betrachtung auf, dass ähnlich wie bei von Carlowitz, dessen Ideen mit generationenübergreifender „Ressourcensicherung" in Bezug standen, auch bei den ersten Biopionieren zunächst allein die langfristige Ökonomisierung ihrer landwirtschaftlichen Nutzflächen, also die Sicherung der Bodenerträge, im Zentrum der Bemühungen lagen. Grünes Handeln war in seinem Beginn nicht ein Selbstzweck. Die Integration grüner Absichten findet ihre Triebkräfte kaum in der Vorstellung einer „besseren" Welt, sondern vor allem in der Frage, wie sich Bewirtschaftungen langfristig optimieren lassen, also welche Schritte unternommen werden müssen, damit ein (landwirtschaftlicher) Betrieb über die Dauer ökonomisch erfolgreich agieren kann.

2.3 Geschichte der Ökobranche

2.3.1 Die ersten Macher

Aufgrund der abnehmenden Fruchtbarkeit der Böden und der verringerten Artenvielfalt sowie einer zweifelhaften Lebensmittelqualität traten Biologen, Landwirte und Tierärzte an den Begründer der Anthroposophie Rudolf Steiner (1861–1925) heran. Aus dieser Anfrage entstand Steiners „ökologisches" Manifest: der „Landwirtschaftliche Kursus" (Steiner 1924), in dem er jeden landwirtschaftlichen Betrieb als individuellen Organismus beschreibt, der seinen eigenen Regeln unterliegen sollte. Die Orientierung an anthroposophischen Gesetzmäßigkeiten, der Einsatz biologisch-dynamischer Präparate, die obligatorische Haltung von Wiederkäuern und die Beachtung „kosmischer Regeln" (Eigendiktion) sollen Produktion und Verbrauch in ein für Mensch, Tier und Umwelt gesundes Verhältnis bringen. Bis heute folgt eine Vielzahl ökologischer Bauernhöfe (u. a. die Demeter-Höfe) den klassischen Formen der anthroposophisch orientierten Landwirtschaft. Damit spielt Steiner für die erste organisierte Durchsetzung „nachhaltiger" Produktionsphilosophien eine herausragende Rolle und prägt gleichzeitig bis heute das öffentliche Negativbild der Ökologen.

Einer der ersten Höfe in biologisch-dynamischer Wirtschaftsweise ist der Bauckhof in der Lüneburger Heide – 1935 gründet Eduard Bauck den ersten Verein für biologisch-dynamische Wirtschaftsweise in Norddeutschland. In der Folge bereitete Mitte des 20. Jahrhunderts das Schweizer Ehepaar Hans und

Maria Müller der ökologischen Landwirtschaft eine zunehmend öffentliche Basis:
Die beiden Agrarwissenschaftler gelten zusammen mit dem deutschen Arzt und
Mikrobiologen Hans-Peter Rusch speziell in den deutschsprachigen Ländern als
Wegbereiter dieser Entwicklung. Um in der Schweiz kleinbäuerliche Betriebe
vor der Aufgabe ihrer Existenz zu retten, stand die Orientierung an autarken
Bewirtschaftungsformen im Vordergrund: Betriebe sollten möglichst unabhängig
von externen Betriebsmitteln agieren. Der Erhalt der Bodenfruchtbarkeit durch
die Optimierung des wirtschaftseigenen Düngers war Hauptziel: Damit sollten
langfristig die Produktionskosten gesenkt werden, um die Lebensmittelqualität zu
erhöhen und die Fruchtbarkeit der Böden zu sichern.

Jene Pioniere der biologisch-landwirtschaftlichen Produktion können aber
nicht darüber hinwegtäuschen, dass das Gros der Landwirtschaft weiterhin
konventionell erfolgte bzw. bis heute erfolgt.

2.3.2 Die ersten Verkaufsformen

Die Schaffung einer ökologisch-orientierten Produktion bildete die Grundlage für
einen ebenfalls ökologisch orientierten Vertrieb. Die sogenannten Reformhäuser und später Naturkosthäuser boten in den 1960er Jahren ein erstes Angebot
an Demeter-Milchprodukten, „ungespritztem" Obst und Gemüse sowie Hülsen-
früchte und Kosmetikartikel an. Als erster deutscher Bioladen gilt das 1971
gegründete Geschäft „Peace Food" in Berlin (vgl. Abb. 2.1). In Hamburg agiert
der Laden „Schwarzbrot" (gegründet 1972), in Osnabrück „Ambrosius" und in
Münster das „Macrohaus". Das Sortiment umfasst Körner, Flocken, Trocken-
früchte und sog. makrobiotische Lebensmittel. Ebenfalls Anfang der 1970er Jahre
wurde der eingetragene Verein „bio-gemüse" gegründet, der Vorläufer der verbrei-
teten „Bioland"-Anbauvereinigung für Biolebensmittel (gegründet 1976). 1975
entstand ein Großhandel für Bioprodukte und 1979 die erste Biogenossenschaft.
1982 kam der „Naturland"-Anbauverband hinzu. Mitte der 1980er Jahre gab es
bereits rund 2000 Produzenten von Biolebensmitteln allein in Deutschland, die in
ihrem „Naturkostnetz" ca. 1000 verschiedene Artikel anboten.

Der Beginn der 1980er Jahre gilt als Zeit des Wachstums in der Biobranche. Die Autorin Helma Heldberg führt aus: „Dreißig neu gegründete Läden pro
Monat waren keine Seltenheit, aus den 150 Läden Ende der Siebzigerjahre wurden schnell 300, aus den 300 dann 500 und so weiter. Denn zur Pionierarbeit
der ‚Überzeugungstäter' und den Bedürfnissen der ‚Ernäherungsfreaks' kam nun
eine wachsende Nachfrage aufgrund anderer Ereignisse hinzu: Meldungen über
Naturzerstörung und Umweltkatastrophen, die Entdeckung der Schattenseiten der

Abb. 2.1   Der erste Bioladen Deutschlands: Peace Food Berlin 1971. (Mit freundlicher Genehmigung von © Landesarchiv Berlin 2020, F Rep. 290 Nr. 0.159.684 / Fotograf: Ludwig Ehlers. All Rights reserved)

Industriegesellschaft auch am eigenen Leibe bewirkten eine wachsende Sensibilität im Bereich der Ernährung" (Heldberg 2008, S. 18). Es folgt die erste Biomesse im Jahr 1983 in Oberursel: 55 Aufsteller finden sich zusammen. Mit dem Siegeszug von Supermärkten um die frühen 1980er Jahre kommt es – nachdem die ersten „Bioprodukte" in den Regalen von tegut und dm-Drogeriemärkten zu finden sind – zur Gründung des ersten Biosupermarkts in Deutschland: Bis dahin war ein gesunder, biologischer Konsum gleichbedeutend mit trostlosem Körnerfutter und verschrumpelten Äpfeln. Optisch unattraktive Verpackung, gepaart mit einer Hochpreispolitik, waren die Gründe dafür, dass Bioprodukte über eine

Nischenexistenz im Naturkost- und Reformbereich nicht hinauskamen. Teuer und hässlich waren Charakteristika der Biobranche. Man musste daran glauben, um es zu mögen ... und am besten mit geschlossenen Augen einkaufen. Bis heute existierende Negativ-Vorurteile gegen Ökoprodukte beziehen ihre soziale Energie aus derartigen kollektiv verankerten Bildern.

2.3.3 Zeitenwende ab den 1980er Jahren

Die 1984 in Fulda zunächst unter dem Namen „Konzeption und Vertrieb natürlicher Lebensmittel Dr. Rehn" von Götz Rehn gegründete Marke Alnatura eröffnet 1987 in Mannheim den ersten Biosupermarkt Deutschlands. Stilistisch orientiert sich die Marke an einem klassischen Supermarkt. Mittlerweile firmieren ca. 1000 ökologisch hergestellte Produkte unter dem Namen Alnatura. Zuvor hatte bereits ab 1974 die oberfränkische Firma Denree (frz. denrée = Grundnahrungsmittel) damit begonnen, Milchprodukte aus biologisch-dynamischer Landwirtschaft herzustellen und Naturkostläden beliefert. Der wirtschaftliche Erfolg führte zur Gründung einer Biomarkt-Verbundgruppe selbstständiger Bioeinzelhändler und schließlich zur Eröffnung einer eigenen Biomarktkette, den „denn's Biomärkten" im Jahr 1996 (Sortiment ca. 15.000 Produkte). 1997 eröffnete der Biosupermarkt „basic". Das Ziel einer Ausweitung der Kundschaft war mit Irritationen in der Branche verbunden: Der damalige Versuch einer Kooperation mit dem Discounter Lidl führte zu Protesten in der Branche und zu Lieferboykotten der Erzeuger.

Bis Mitte der 1990er Jahre galt Bio dennoch weiterhin mehrheitlich als Synonym für geschmacklich wie gestalterisch unattraktive Produkte, die eine sehr spezielle Kundschaft von „Ökos" ansprachen. So musste die Firma Ritter Sport das auf einigen Sorten bzw. deren Verpackungen aufgedruckte Biosiegel von der Vorderseite auf die Rückseite platzieren, weil die Menschen unter dem Begriff „Bio" keinen guten Geschmack verorteten. Allerdings stellte sich anschließend heraus, dass den Kunden jetzt nicht mehr klar war, warum diese Tafeln mehr kosteten als das übliche Sortiment. So kam das Biosiegel erneut auf die Vorderseite der Verpackung. Heute gilt ein Chocolatier wie das österreichische Unternehmen Zotter, das seine Produktion 2004 auf fairtrade und 2006 auf Bio umstellte – als Premiumanbieter. Alle Schokolade-Zutaten – ob Whisky oder Goji-Beeren – sind bio.

Ein herausragendes Beispiel für sehr frühe Entwicklungen grüner Unternehmensformen stellt das oberpfälzische Unternehmen Neumarkter Lammsbräu dar. Unter der Leitung von Franz Ehrnsperger erlebt die fast 400 Jahre alte Brauerei eine fundamentale Umstellung im Sinne der Nachhaltigkeit. Bereits 1976 wird

„Umwelt" als Unternehmenszielgröße definiert und 1987 werden die weltweit ersten ökologischen Biere (Schankbier und Dunkel) angeboten. 1996 ist die gesamte
Bierproduktion auf ökologischem Landbau umgestellt. Weit vor dem Siegeszug
der angesagten ökologischen Erfrischungsgetränke in den späten 2000er Jahren
bietet die Marke seit 1998 unter dem Markennamen now ökologische Limonaden
an.

Generell gelang die Durchdringung mit Bioprodukten über breitere Bevölkerungsschichten hinweg ab Mitte der 1990er Jahre. Gründe dafür waren die
Ausweitung des Distributionsnetzes von ökologisch orientierten Vertrieben, eine
Professionalisierung des öffentlichen Auftritts und eine zunehmend angepasste
Preispolitik, die den Kauf von Bioprodukten größeren Teilen der Bevölkerung
ermöglicht. Die zunehmende Demokratisierung, Diversifizierung wie auch Individualisierung des Produktangebots führte schließlich zu einer breiteren Aufnahme
von Bioprodukten bis hinein in das Sortiment klassischer Discounter. Klaus
Braun, Spezialist im Naturkostfachhandel, weist darauf hin: „Die Hersteller, die
den Handel beliefern, meinen inzwischen, ihre Sortimente verbreitern und jedes
erdenkliche Produkt auch als Bio-Version auf den Markt bringen zu müssen. Das
führt dazu, dass Bio zu einem Marketingthema wird. Wer seine Marken also ausreichend gut platziert, der hat die Chance, dass der Kunde mit dieser positiven
Anmutung eine höhere Qualität verknüpft – unabhängig von der tatsächlichen
Qualität." (Winkelmann 2015, S. 37).

Zusammenfassung

Grundsätzlich lässt sich festhalten:

- „Bio" hat seinen Ursprung in der Landwirtschaft (als Gewinnmaximie-
  rungsprinzip).
- Die biologischen Produkte in den 1960er bis 1980er Jahren wurden über
  den Nischenmarkt von Reform- und Naturkostläden vertrieben.
- Die Ausweitung der Kundschaft setzte zu Beginn der 1990er Jahre ein, als
  Bioprodukte über ein stetig zunehmendes Distributionsnetz verfügten und
  sich in ihrem Auftritt und ihrer Kommunikation der Stilistik klassischer
  Produkte annäherten.
- Ab Mitte der 1990er Jahre nahmen auch klassische Supermärkte und später
  Discounter sukzessive (preiskompetitive) Bioprodukte in ihr Sortiment auf.

2.4   Die wirtschaftliche Bedeutung der Ökobranche heute

Der Anteil von Bioprodukten am Lebensmittel-Gesamtumsatz (Stand 2019) betrug in Deutschland 5,68 %, in Österreich 9,3 % sowie 10,3 % in der Schweiz. Der Marktanteil hat sich allein in den letzten fünf Jahren verdoppelt. Interessant ist es, diese Zahlen mit Verbraucherstudien zu vergleichen. Denn ca. 50 % aller Deutschen geben an, dass Sie beim Kauf von Lebensmitteln auf ein Biosiegel achten (Bundesministerium für Ernährung und Landwirtschaft 2020, S. 14). Deutlich formuliert: Auch nach über 25-jähriger Verbreitung des Themas „biologische Lebensmittel" handelt es sich weiterhin um einen kleinen Anteil am Gesamtmarkt, auch wenn weite Teile der Bevölkerung prinzipiell gerne grün handeln und kaufen möchten und es partiell auch tun (im Lebensmittelhandel werden überproportional Milch, Butter und Eier „bio" gekauft). Einkaufsverhalten und Ansichten schlagen faktisch nicht durch wie angenommen oder erhofft: Die Gründe dafür sind vielfältig, der entscheidende Punkt ist allerdings der weiterhin höhere Preis von Biolebensmitteln im Vergleich zu herkömmlichen Produkten – auch wenn dieser Zusammenhang von Beobachtern der Branche immer wieder negiert wird. Stattdessen werden bevorzugt das mangelnd Angebot und eine zu vorsichtige Kommunikation für dieses Dilemma verantwortlich gemacht.

Beschaut man sich Erfahrungen aus Sortimenten/Produktbereichen, die bereits seit zehn bis 20 Jahren das Thema „Nachhaltigkeit" bespielen (Lebensmittel, Mobilität), so lässt sich ein Grundproblem erkennen: Zwar ist die abgegebene Bereitschaft für ein nachhaltiges Verhalten und einen nachhaltigen Konsum sehr hoch, die tatsächliche Umsetzung dagegen wahrnehmbar geringer. Es kommt zu dem marktforscherisch bekannten Effekt der „Schweigespirale" (vgl. Noelle-Neumann 1989) bzw. zum sog. Attitude-Behaviour-Gap. Damit ist gemeint, dass eine Diskrepanz zwischen (formuliertem) Anspruch und der Wirklichkeit bzw. zwischen dem Wollen, nachhaltig zu handeln, und dem tatsächlichen Handeln der Konsumenten besteht: Konsumenten geben an, an nachhaltigem Konsum interessiert zu sein, setzen dies aber nicht in die Tat um. Die zugrundeliegenden Ursachen wurden derweil noch nicht ausreichend untersucht. Jedoch kann davon ausgegangen werden, dass in Befragungen Menschen zum einen gesellschaftlich akzeptierte und sozial erwünschte Antworten geben und sich ihre Antworten daher nicht im wirklichen Konsum widerspiegeln. Zum anderen kann das Zustandekommen des genannten Gaps darin begründet sein, dass Konsumenten zwar intrinsisch motiviert sind, nachhaltig zu kaufen, bestimmte Barrieren sie aber davon abhalten (wie z. B. Kostenbarrieren). Das eigentliche Verhalten der Konsumenten weicht also aufgrund der vielen Einflüsse oft von ihren Einstellungen und

Absichten ab. Viele verschiedene individuelle, soziale und situationsabhängige Faktoren beeinflussen somit den faktischen Entscheidungsprozess.

Die deutlich spürbare Verunsicherung, angereichert auch durch Medienberichte, die vermehrt vermelden, Bioprodukte seien in Zeiten lückenloser Lebensmittelkontrollen und Vorgaben aller Waren nicht automatisch „gesünder", entkräftet das entscheidende Argument für den Kauf und scheint öffentlichkeitswirksam zu verfangen. Auch in anderen Bereichen gilt für grünen Konsum nur zu oft: Es gibt kurze, trendabhängige Ausschläge. So wurden um 2010 Hybrid- und Elektrofahrzeuge als die Autos der Zukunft positioniert, und es wurde prominent postuliert, es sei nur noch eine Frage der Zeit, bis sämtliche PKWs der Welt auf Benzin und Diesel verzichten würden. Im Jahr 2014 spielte auf den für die Branche maßgeblichen Autoshows in Detroit und Genf die junge Technik nur noch eine untergeordnete Rolle: Stattdessen standen innenstadtraumverdrängende SUVs (Sports Utility Vehicles) mit dem Benzinverbrauch von Kampfhubschrauben im Fokus der Öffentlichkeit und des Blitzlichtgewitters – ganz einfach, weil diese Fahrzeuge sich am besten verkauften.

Reales Verbraucherverhalten am Beispiel SUVs
Die Anzahl von SUVs am deutschen Gesamtmarkt stieg 2014 von 9,8 % am PKW-Gesamtmarkt auf 21,1 % im Jahr 2019 – die Zahlen aus der Schweiz und aus Österreich sind ähnlich (Statista 2020a).

- Das Klischee, dass hippe Verbraucher mit dem SUV, der auf 100 km einen Durchschnittsverbrauch von 12 Litern hat, zum Biomarkt zu fahren, entbehrt nicht einer gewissen Grundlage.
- Die ständig in den Medien erwähnten Car-Sharing-Angebote umfassen 27.000 Fahrzeuge in Deutschland. Zum Vergleich: In Deutschland fahren 2020 insg. 47,7 Mio. Fahrzeuge – so viele wie noch nie.

Der Automobildesigner Lutz Fügener führt die dahinterliegende Logik folgendermaßen aus: „Das Problem ist: In der Autoindustrie sind junge Leute nicht sehr marktrelevant. Die Jüngeren hätten Interesse an Innovationen, haben aber kein Geld. Die Älteren hätten das Geld, haben aber kein Interesse." (Grimm 2014, S. 23, 25) Selbst diese These könnte hinterfragt werden, schließlich kam die aktuelle Studie zum „Umweltbewusstsein in Deutschland 2014" zu überraschenden Ergebnissen bei der Altersgruppe der 14- bis 25-Jährigen: „Umwelt und Natur spielen in den Vorstellungen junger Menschen von einem guten Leben eine weniger wichtige Rolle als in der Gesamtstichprobe. Während unter allen Befragten

30 % eine intakte Umwelt und die Möglichkeit, die Natur zu genießen, als wichtigen Bestandteil eines guten Lebens betrachten, sind es in der Altersgruppe der 14- bis 25-Jährigen nur 21 %." (Umweltbundesamt 2016, S. 12).

Umweltbewusstsein und umweltbewusstes Handeln bleiben zwei zutiefst unterschiedliche Sphären und scheinen nicht auf bestimmte Altersgruppen begrenzt zu sein. Ein frappierendes Beispiel: Der in seinem Umfang schwer zu überbietende Vertrauensbruch, den die Marke VW gegenüber der eigenen Kundschaft und der Gesamtöffentlichkeit mit der Manipulierung von Abgaswerten vollzog, führte in der Folge nicht (!) zu einem Einbruch der Verkäufe. Die Hamburger Wochenzeitung Die Zeit berichtete im Juli 2017 überrascht: „Im ersten Halbjahr 2017 hat Europas größter Autobauer knapp 5,2 Mio. Fahrzeuge an seine Kunden übergeben – 0,8 % mehr als im Vorjahreszeitraum. Allein im Juni legten die Auslieferungen im Vergleich zum Vorjahresmonat um 4,2 % auf 920.700 Neuwagen zu, wie der Hersteller am Mittwoch in Wolfsburg mitteilte." (Die Zeit 2017).

Unzweifelhaft ist, dass eine erweiterte Öffentlichkeit dauerhaft Fragen nach der Umweltverträglichkeit und den sozialen Bedingungen der Produktion stellt. Durch die kontinuierliche Präsenz dieses Themas und eines ethischen Selbstanspruchs der Medien geben sich heute viele Unternehmen einen grünen Anstrich oder stellen zumindest soziale und/oder grüne Aspekte ihres Handelns gesondert heraus. Es bleibt dabei, dass die Diskrepanz zwischen heute durchaus vorhandener Sensibilität und gesellschaftlicher Relevanz des Themas und dem tatsächlichen individuellen Handeln weiterhin hoch ist. Wie zuvor dargestellt: Das Thema ist angekommen, allein in der Umsetzung hapert es noch.

Entscheidend ist allerdings bei der Betrachtung, dass sich der Markt an grünen Produkten scheinbar nicht wesentlich im Umfang vergrößert hat, sondern dass die Angebotstiefe dieser Produkte und Dienstleistungen stetig zunimmt. Das bedeutet? Die Menschen, die ohnehin Biolebensmittel kaufen, sollen in allen Lebensbereichen ihre grüne Konsumphilosophie situativ verwirklichen können – wie auch die „normalen" Supermarktgänger von der Industrie mit immer mehr Optionen versorgt werden, u. a. auch mit mehr Bioprodukten. Klar ist auch: Gerade der von Kleinstmargen betroffene Lebensmitteleinzelhandel sucht nach Möglichkeiten, durch (teurere) Bioprodukte seine schmalen Gewinne zu vergrößern. Nur vor diesem Hintergrund ist die nachfolgend beschriebene Marktentwicklung nachvollziehbar.

2.5   Ausweitung der grünen Konsumzone

2.5.1   Grüne Bekleidung

„Grüne Mode" wird auch als Green Fashion, Öko-Mode oder Eco-Fashion bezeichnet. Grüne Mode umfasst eine Bandbreite von Kriterien, die produktions-, human-, entsorgungs- und gebrauchsökologische sowie sozial-ethische Aspekte einschließen. Biobaumwolle in Kombination mit Fairtrade und sozialem Engagement sind die zentralen und verbreitetsten Praktiken in diesem Segment. Deutlich erkennbar ist, dass eine Entwicklung hin zu „grünen Produkten" ihren Ursprung im Angebot von Lebensmittel- und Pflegeprodukten hatte – alles, was in oder an unseren Körper kommt. Zeitversetzt kam es zur „Begrünung" weiterer Sortimente. In der wirtschaftlichen Bedeutung noch deutlich begrenzter, entstand ein Markt für Kleidung aus nachhaltiger Produktion, wobei dieser Begriff in den ersten Jahren des Marktes keine Rolle spielte. In den 1970er Jahren noch als „Öko-Schlabberlook" verschrien, professionalisierte und ästhetisierte sich das Segment „nachhaltiger Mode" in den folgenden Jahren zunehmend. Ein Beispiel: Seit 1977 verkauft das norddeutsche Unternehmen Himalaya „Naturtextilien". Firmengründer Alexander Frieborg brachte von Reisen mit dem VW-Bulli nach Indien und Afghanistan Bekleidung mit, die er anschließend auf Floh- und Ökomärkten direkt verkaufte. Bekannt wurde die Marke für die in Ökokreisen bekannte Himalaya-Wendejacke, die bis heute – in zeitgenössischer Gestaltung – Teil des Sortiments ist. Das Angebot ist deutlich modischer geworden, aber Patchwork-Elemente und bunte Farben tragen Elemente der Hippie-Anfangszeit weiter.

Mitte der 1980er Jahre begannen Umweltexperten damit, den hemmungslosen Gebrauch von Chemikalien in der Textilproduktion zu thematisieren. Erste Firmen versuchten, Jacken und Hosen umweltfreundlicher herzustellen und verwendeten ab den 1970er Jahren Naturfasern aus Bioanbau. Anthroposophisch orientierte Unternehmen wie Hess Natur (gegründet 1976) vermeiden Giftstoffe in der Kleidung (vgl. Abb. 2.2), Maas Naturwaren entstand (1985) als Reaktion auf Berichte über toxische Stoffe in Windeln: Die Gründerfamilie Maas bot Öko-Windeln aus Baumwolle im Versandhandel an, die sie zunächst aus dem Keller ihres Wohnhauses verschickten. Bald darauf folgte giftfreie Bekleidung für Kinder. Das Unternehmen verfügt heute – nach eigenen Angaben – über einen Kundenstamm vom ca. 1. Mio. Menschen, davon seien ca. 520.000 aktive Käufer. Eine Verbraucherstudie im Juni 2019 ergab, dass Hess Natur als nachhaltigste Fashion-Marke in Deutschland angesehen wird – gefolgt von der Schweizer Marke Freitag (Serviceplan Nachhaltigkeitsstudie Fashion 2019).

Abb. 2.2 Hess Natur
Katalog: Öko hippsterfrei
– Wohlfühlen 1985. (Mit
freundlicher Genehmigung
von © hessnatur-Textilien
GmbH 2016. All Rights
Reserved)

Die ersten Anbieter von rein am Massenmarkt orientierter Ökomode bildeten
– im Gegensatz zu den individuellen Engagements landwirtschaftlicher Betriebe –
in Deutschland Großunternehmen: So brachte der Versandhändler Otto zu Beginn
der 1990er Jahre die ersten Ökokollektionen unter dem Namen „Future Collection" heraus: Auf Chlor und optische Aufheller wurde verzichtet. (Die Otto Group
definierte den „Umweltschutzgedanken" bereits 1986 als strategisches Unter-
nehmensziel.) Esprit folgte 1992 mit einer biologischen Kollektion, und Britta
Steilmann, damalige Vorsitzende der Steilmann-Gruppe und gelernte Modede-
signerin, entwickelte um 1990 die erste deutsche Öko-Kollektion und wurde
schließlich für ihr Engagement mit dem Bundesverdienstkreuz ausgezeichnet.

Bereits zu diesem Zeitpunkt berichtete der Spiegel (Der Spiegel 1994, S. 130):
„Wie ihr geht es immer mehr Verbrauchern in der Bundesrepublik. Viele von
ihnen würden gern umweltfreundliche Mode kaufen. Doch sie fühlen sich über-
fordert, alle Prüfsiegel und Plaketten zu beurteilen." (Als erstes Umweltsiegel
der Bundesrepublik Deutschland gilt der „Grüne Engel", der seit 1978 eingesetzt
wird). Erste Siegel entstanden, dabei wurde vor allem auf das österreichische
Modell „ÖkoTex-Standard 100" zurückgegriffen. Dieses Siegel erhalten Firmen,
deren Kleidung keine Pestizidrückstände enthält. Und doch: Die ambitionierten Projekte der Großunternehmen scheiterten allesamt. Nach Auffassung einer
Expertin für ökologische Mode, der Bloggerin und Aktivistin Kirsten Brodde,

waren diese Unternehmen in den 1990er Jahren dem Zeitgeist voraus: Es gab keinen Markt für diese Form der Bekleidung, zudem waren die technischen Möglichkeiten, ökologisch korrekte und ästhetisch ansprechende Mode zu produzieren, begrenzt (Köhrer 2013, S. 23).

Zu einem stärkeren Durchbruch der „nachhaltigen Mode" kam es erst im Zuge einer öffentlichen Sensibilisierung um die Jahrtausendwende: Ab dem Jahr 2000 gründeten sich verstärkt kleine Modelabel, die bemüht waren, eine nachhaltige Produktion sicherzustellen. Kirsten Brodde bemerkt: „[Die Kleinen] treiben die Großen voran. Denn die sehen, dass es Kunden für dieses kleine grüne Angebot gibt, das sich eben nicht jede Woche erneuert. Kunden, die lieber ein paar Euro mehr für ein Kleidungsstück ausgeben und dafür eins weniger kaufen." (Köhrer 2013, S. 23).

Durch die Kreativleistung und den hohen Anspruch der kleinen Unternehmungen fühlten sich zunehmend auch große Textilketten unter Zugzwang: Es kam zur Entwicklung von Umwelt- und Sozialstandards, welche die Mehrzahl aller Unternehmen freiwillig eingingen. 2009 wurde während der Fashion Week in Berlin zum ersten Mal ein „Green Showroom" von den Designerinnen Jana Keller und Magdalena Schaffrin mit insgesamt 16 Labeln organisiert. Kurz darauf folgte die „Ethical Fashion Show" (seit 2010 – der Pariser Vorläufer startete bereits 2004). Die Messe Innatex gilt heute als die führende Fachmesse und Orderplattform für grüne Mode.

Gleichzeitig begann die Zeit der Siegel und Zertifizierungen, die potenzielle Käufer auf einen Blick über die „geprüft grüne" Herkunft der Waren informierten. Zurzeit agieren im grünen Textilmarkt ca. 120 verschiedene Labels. Viele von ihnen müssen trotz großen Engagements nach wenigen Jahren aufgeben, sodass der Anbietermarkt in ständiger Bewegung ist. Ein positives Beispiel ist das vor 13 Jahren gegründete Unternehmen Armedangels: Nachhaltiges Design und Fashionorientierung führten von ehemals drei zu inzwischen 70 Mitarbeitern. 2016 wurden 24 Mio. € an Umsatz erwirtschaftet – bei einem steten Wachstum von 40 % pro Jahr.

Das 2007 gegründete GOTS-Zertifikat (Global Organic Textile Standard) ist das bisher erfolgreichste Siegel im globalen Textilienmarkt mit mehreren Tausend angeschlossenen Betrieben. Laut Website lautet der Eigenanspruch: „Unsere Mission ist die Entwicklung, Umsetzung, Überprüfung, der Schutz und die Förderung des Global Organic Textile Standard (GOTS). Dieser Standard legt die Anforderungen an die gesamte Lieferkette sowohl für Umwelt- als auch Arbeitsbedingungen in der Textil- und Bekleidungsproduktion fest, bei der biologisch erzeugte Rohstoffe verwendet werden. Die biologische Produktion basiert auf einer Landwirtschaft, die ohne den Einsatz toxischer, bleibender Pestizide und

Düngemittel die Bodenfruchtbarkeit erhält und wiederherstellt. Darüber hinaus stützt sich die biologische Produktion auf eine entsprechende Tierhaltung und schließt genetische Veränderungen aus." (Website Global Organic Textile Standard: Unsere Mission, unsere Vision, 2020).

Parallel zu den grünen Modelabeln entstanden auch erste Geschäfte für eine moderne Form der Ecofashion:

- Die Hamburger Uli und Manfred Ott gehörten zu den ersten Anbietern von ökofairer Mode für Frauen. Ihr Ladengeschäft „marlowe natur" entstand 1992 – nachdem man über viele Jahre konventionell hergestellte Mode verkauft hatte und mit den bestehenden Produktionsbedingungen nicht mehr konformgehen wollte.
- Ein weiterer Pionier, der ein Öko-Bekleidungsgesamtsortiment anbot: „glore" in Nürnberg (vgl. Abb. 2.3). Der Gründer Bernd Claude Hausmann, ehemaliger Fußballprofi und Sozialarbeiter, war seinerzeit auf der Suche nach fairer

Abb. 2.3 Glore – Nichts mehr vom Kratzpulli: Erstes Ecofashion-Geschäft in Deutschland, Nürnberg 2007 (Mit freundlicher Gemenhmigung von © glore Handels GmbH (2016). All Rights Reserved)

und ökologischer Kleidung, die dennoch modisch war, und wurde in Deutschland nicht fündig. Diese Ausgangslage war die Gründungsidee zu glore, einem Geschäft mit weiteren „Concept Stores" in Deutschland und der Schweiz.
- Eine weitere Variante im Bereich der ökofairen Mode bietet die Münchener Firma „deargoods". Unter dem Leitbild „Animal – Human – Ecofriendly" ist deargoods mit insgesamt sieben Geschäften der einzige Anbieter, der ausschließlich bio, vegan und fair verkauft.

Den Anteil „grüner Mode" am Textileinzelhandel zu messen ist schwierig, da es bis heute kein übergreifendes Siegel gibt, das die Vielzahl unterschiedlicher Prüfungskriterien vereint und so sicherstellt, was wirklich „grün" ist. Nach einer GfK-Studie lag der Anteil zertifizierter Mode am Umsatz des Textilgesamtmarktes 2013 bei ca. 3,2 % – neuere Zahlen liegen nicht vor. Für das Geschäftsjahr 2017 gab das Forum des Fairen Handels einen Umsatz von 1,5 Mrd. € an. Fair produzierte Textilien nahmen dabei ca. 10 % des Umsatzes ein (Blendin, Manuel et al. 2018: Aktuelle Entwicklungen im fairen Handel, Berlin. S. 4). Das Interesse an nachhaltiger Mode wird auch durch die Besucherzahlen der internationalen grünen Modemessen aufgezeigt. Zu den größten Veranstaltungen gehört dabei die sog. Neonyt mit 150 nationalen und internationalen Ausstellern. Hinzu kommt die Messe Innatex. Sie gilt als Leitmesse und Plattform für nachhaltig produzierte Mode. Die Besucherzahlen steigen.

Allerdings nimmt nachhaltige Mode nur einen sehr geringen Marktanteil am gesamten Textilmarkt ein, was bei Hinzuziehung des GOTS-Standards extrapoliert werden kann. Dieses Label erwartet mindestens 70 % biologisch kontrollierte Naturfasern.

Der grüne Modemarkt in Zahlen
- GOTS verzeichnete im Jahr 2015 einen Anteil am gesamten Textilmarkt von 0,12 %, was 53 Mio. € Umsatz entspricht.
- Vergleicht man diese Summe mit dem Gesamtumsatz des Textilmarktes in Deutschland im Jahr 2016, 65 Mrd., dann nimmt nachhaltige Mode im Umsatzvolumen noch nicht einmal 1 % ein. Beobachter bezweifeln allerdings diesen Anteil, da sämtliche Labels und Eigenzertifizierungen in die Bewertung eingeflossen sind.
- Gesichert ist das Ergebnis einer Branchenbefragung unter ökozertifizierten Betrieben, die seit zehn Jahren ein kontinuierliches Umsatzwachstum

von ca. fünf Prozent pro Jahr ausweisen, während der Markt konventioneller Bekleidungsanbieter seit Jahren schrumpft. In der Realität ist der Anteil um ein Vielfaches kleiner.

- Eine Greenpeace-Studie verdeutlicht die Lebenswirklichkeit 2015: Drei von vier Jugendlichen sind die negativen Folgen der konventionellen Textilfertigung durchaus bewusst (Ausbeutung, Umweltzerstörung usw.), allerdings achten nur ca. zehn Prozent beim Kauf auf Ökosiegel und Herkunftsland (vgl. enorm 2/2015, S. 12).
- 2019 brachte eine Studie in Deutschland, Österreich und der Schweiz zutage, dass nur 11 % aller Befragten „häufig" beim Kauf von Kleidung auf Nachhaltigkeit achten würden – 24 % „nie" und 33 % „selten" (Appinio Oktober 2019).

Der Siegeszug von hochgradig preisorientierten Textilmarken wie KiK oder Primark (Primark hat im Jahr 2019 mit einem Umsatz von 7,79 Mrd. € einen Höchststand erreicht, ebenso KiK mit 2,1 Mrd. €). Diese beiden Player bedingen indirekt das Marktgeschehen über die Setzung neuralgischer Preispunkte – „über Bande" – das Preisgefüge der Märkte bis hin zum subjektiven Preisempfinden der Käufer. Sie stehen wegen ihrer Produktions- und Sozialpolitik, aber auch wegen der mangelnden Umweltverträglichkeit ihrer Kleidung permanent in der Kritik. Dieser Widerspruch macht deutlich, dass „ökofaire Mode" immer noch in einem harten Kampf mit der „Schnäppchenhaftigkeit" von Angeboten steht – vor allem bei jungen Zielgruppen.

2.5.2 Möbel & Bauen

In der Möbelindustrie begann eine massengängige Ökologisierung bzw. Orientierung an nachhaltigen Produktstrategien vergleichsweise spät. In der Helsinki-Resolution von 1993 ist die nachhaltige Waldwirtschaft definiert als: „Die Behandlung und Nutzung von Wäldern auf eine Weise und in einem Ausmaß, das deren biologische Vielfalt, Produktivität, Verjüngungsfähigkeit, Vitalität sowie deren Fähigkeit, die relevanten ökologischen, wirtschaftlichen und sozialen Funktionen gegenwärtig und in der Zukunft auf lokaler, nationaler und globaler Ebene zu erfüllen gewährleistet, ohne anderen Ökosystemen Schaden zuzufügen." (Helsinki Resolution H1 1993) Initiierend für eine „grüne" Forst- und im Effekt Möbelindustrie gilt die Gründung des Forest Stewardship Council, kurz FSC, zu

Beginn der 1990er Jahre in Reaktion auf die umweltpolitischen Weichenstellungen der Umweltkonferenz von Rio (1992). Beim FSC handelt es sich um eine internationale Non-Profit-Organisation, die das erste System zur Zertifizierung nachhaltiger Forstwirtschaft entwickelte. In den Folgejahren entstanden weitere, teilweise konkurrierende Zertifizierungsunternehmen. Übergreifendes Ziel ist es, möglichst große Anteile der Forstwirtschaft kontrolliert nachhaltig zu bewirtschaften. In der Folgezeit der Gründung gelang es innerhalb weniger Jahre, das Thema des Schutzes der (Regen-)Wälder und der indigenen Bevölkerung in der Öffentlichkeit des Westens bekannt zu machen. Als Reaktion auf eine sensibilisierte Öffentlichkeit stellten immer mehr Anbieter von Holzmöbeln und Baumarktketten auf die Entwicklung zertifizierter Produkte um. Beispielsweise beträgt der Anteil umweltzertifizierter Möbel des Otto Group-Sortiments 2017 ca. 54 % – nahezu verdoppelt seit 2018 (Otto Group 2018) – ein herausragend hoher Wert. Valide Zahlen über den Gesamtanteil nachhaltiger Möbel bestehen nicht. Das Thema nachhaltig produzierter Möbel ist zwar präsent, spielt aber de facto in Möbelhäusern kaum eine Rolle. Es besteht bis heute keine verbindliche Verpflichtung des Herstellers, die Quelle der Rohstoffe nachzuweisen. Ebenfalls besteht keine rechtsverbindliche Definition für die nachhaltige Produktion von Möbeln – und dies, obwohl der Möbelmarkt ein Umsatzvolumen von ca. 34 Mrd. € im Jahr 2018 umfasste.

Pionier der grünen Möbelindustrie ist das österreichische Unternehmen „Grüne Erde", das 1983 von Karl Kammerhofer gegründet wurde. Als politisch engagierter Buchhändler verfügte er über eine 5000 Adressen starke Kundendatei alternativ-ökologischer Ausrichtung. Per Zufall kam er zu einer Produktidee und entwickelte eine Naturmatratze unter dem Namen „Weiße Wolke" (vgl. Abb. 2.4). Später kamen Möbel, Wohnaccessoires, Kosmetik und Mode dazu. Heute beschäftigt das mittlerweile von Reinhard Kepplinger und Kuno Haas geführte Unternehmen ca. 400 Mitarbeiter und verkauft in 14 Geschäften und dem Internet zum überwiegenden Anteil eigenproduzierte grüne Möbel aus mitteleuropäischem Holz. Dabei erzielt es einen Gesamtumsatz von ca. 40 Mio. €.

Im Bereich hochwertiger handgeflochtener Kunststoff-Outdoor-Möbel beweist das Lüneburger Unternehmen Dedon seit 1990, dass sich der ansonsten kaum an ethischen Fragestellungen interessierte Markt für Luxussegmente und sozialökologisches Engagement nicht ausschließen müssen. Gegründet vom ehemaligen Fußballprofi Bobby Dekeyser entstand ein Unternehmen mit vorbildlichen Produktionsstätten auf den Philippinen: faire Löhne, gute Arbeitsbedingungen und

Abb. 2.4 „Grüne" weiße Wolke – Ursprungsprodukt des heute bedeutendsten Ökomöbel-herstellers „Grüne Erde" aus Österreich. (Mit freundlicher Genehmigung von © Gründe Erde GmbH 2016. All Rights Reserved)

Unterstützung der Familien vor Ort. Die Marke zeigt Präsenz in den „in"-Locations dieser Welt, in Gärten und auf Terrassen von Millionären, Luxushotels und Könighäusern.

Die Anzahl „grüner Einrichtungshäuser" neben „Grüner Erde" ist überschaubar. Der Zusammenschluss der Biomöbelhäuser „ÖkoControl" umfasst ca. 40 Geschäfte, die sich zum Ziel gesetzt haben, designorientierte, aber schadstofffreie und ökologisch-sozial streng geprüfte Einrichtungsgegenstände anzubieten. Einer der ersten Anbieter von Biomöbeln war das Kölner Geschäft Biomöbel Genske, das 1986 als erstes ökologisch orientiertes Möbelhaus Deutschlands gegründet wurde und bis heute besteht.

Als Vorläufer grünen Bauens gilt die sogenannte Baubiologie, die durch den Arzt Hubert Palm und sein Buch „Das gesunde Haus" (1975) begründet wurde. Dabei geht es vornehmlich um den Verzicht gesundheitsschädlicher Materialien sowie die Wiederverwertbarkeit der Baustoffe. Eine konkrete Umsetzung von Ökologie im Bauwesen lässt sich bereits bis in die 1970er zurückführen: Ende der 1970er Jahre stellt das Unternehmen Baufritz auf biologische Bauweise um, vermeidet chemische Baustoffe und bezieht die Baumaterialien aus zertifizierten Quellen. Bis heute setzt Baufritz die Standards im Bereich des ökologischen

Bauens und wurde aus diesem Grund mit dem Deutschen Nachhaltigkeitspreis ausgezeichnet.

Die Berücksichtigung von baulich evozierten Energieeinsparungen ist herausragendes Thema der ökologisch orientierten Bauwirtschaft und zudem baugesetzlich geregelt, um die globalen Klimaziele zu erreichen. Heute besteht eine Vielzahl von Netzwerken, die das Thema des „grünen Bauens" thematisieren. In Österreich setzte der Förster und Unternehmer Erwin Thoma mit seinen Holzhäusern hohe Standards für „gesunde Häuser", gleich ob Privatunterkünfte, Behördenbauten, Hotels oder Wohnanlagen.

Politisch wird „grünes Bauen" durch lukrative Bedingungen als Investment attraktiv: Ein Green Building bezeichnet ein Gebäude, das mit dem Gedanken der Nachhaltigkeit entwickelt und gebaut wurde. Ein Green Building nutzt Ressourcen wie Energie, Wasser und Material effizient und reduziert zudem schädliche Auswirkungen auf die Gesundheit und die Umwelt. Über alle Phasen des Gebäude-Lebenszyklus wird Nachhaltigkeit berücksichtigt, von der Planung und Konstruktion über den Betrieb bis hin zur Wartung und Demontage. Zertifizierung wird immer relevanter, sowohl für Nutzer als auch für Investoren. Rund 14 % (580.000 qm) des gesamten Flächenumsatzes 2018 in den sieben größten deutschen Städten waren zertifizierte Bürogebäude.

2.5.3 Tourismus

Der „Green Hospitality Market" ist komplex und kaum durchschaubar: Mangelnde Definitionen, welche Leistungselemente Green Hospitality kennzeichnen, führen dazu, dass viele Anbieter zwar „grünen Urlaub" postulieren, aber eine einheitliche Charakteristik nicht erkennbar ist. Green Hospitality kann das Biofrühstückbuffet (Motel One) oder aber ein umfassendes grünes Urlaubskonzept vom Hotel in Holzbauweise, regenerativer Energieversorgung, ökofairen Speisen und Integration von sozialem Engagement vor Ort bedeuten (z. B. Selina Hotels mit gemeinschaftlicher Strandreinigung der Reisenden). Zurzeit bestehen ca. 140 Siegel bzw. Zertifikate im Bereich Nachhaltigkeit in der Reisebranche. Das Thema „grüner Tourismus" boomt. In einer Studie des deutschen Bundesministeriums für Umwelt, Naturschutz und Reaktorsicherheit sprachen sich 57 % der Befragten dafür aus, dass der Urlaub möglichst sozial, umweltverträglich und ressourcenschonend sein sollte. Allerdings nur 4 % gaben an, dass diese Faktoren bei der konkreten Urlaubsplanung ausschlaggebend waren (Schmücker et al. 2019).

Auf das Interesse der Nachfrageseite an nachhaltigen Reisen hat der Markt bereits mit entsprechenden Angeboten reagiert. Es gibt also bereits einige nachhaltige Biohotels in Deutschland und europaweit, die dem ausgesprochenen Interesse der Menschen an Nachhaltigkeit entgegenkommen. Ihre Anzahl ist nicht eindeutig. Es gilt wie bereits oben beschrieben das Problem des „Labeldschungels": Aufgrund der hohen Anzahl verschiedener, undefinierter Nachhaltigkeitszertifizierungen kann nicht eindeutig bestimmt werden, wie viele nachhaltige Hotels aktuell bestehen (s. Tab. 2.1).

Bei den bereits bestehenden Nachhaltigkeitshotels kann unterschieden werden zwischen kleinen Häusern und größeren Ketten. Auffällig ist dabei, dass insbesondere die kleineren Hotels auf Regionalität setzen: Bioprodukte aus der Region usw. Die größeren Hotelketten nutzen Nachhaltigkeit insbesondere in erster Linie als Kommunikationstool zur Imageaufbesserung und bespielen das Thema Nachhaltigkeit punktuell und gut sichtbar: So betont die Scandic-Gruppe den Bezug von 100 % Ökostrom, Seifenabgabe in nachfüllbaren Spendern, die Reduzierung des Gesamtabfalls durch Recycling. Viele der Maßnahmen sparen gleichzeitige Kosten für das Hotel ein. So wird das Nachhaltigkeitsargument auch gerne als Verzichtsargument für Gast und Mitarbeiter verwendet, wie etwa die zweitägliche Zimmereinigung, fehlende Müllsäcke oder papierlose Büros.

Die Ergebnisse der Deutschen Forschungsgesellschaft für Urlaub und Reisen e. V. (FUR) für 2019, sowie eine Studie der Leuphana Universität Lüneburg unterstreichen den Fakt, dass die Deutschen nicht so nachhaltig sind, wie sie gerne behaupten: Demnach geben 71 % der deutschen Reisenden an, sehr an nachhaltigen Reiseangeboten interessiert zu sein. Den Auswertungen der real erfolgten Buchungen nach berücksichtigen jedoch nur etwa 33 % tatsächlich nachhaltige

Tab. 2.1 Nachhaltigkeit in der Hotellerie

Hotels mit Nachhaltigkeitsmodell	Hotels mit nachhaltigen Elementen
Fokus: Regionalität und Verwendung natürlicher, umweltschonender Stoffe	Fokus: Nachhaltigkeit als Kommunikationstool
Nachhaltigkeit wird „nach innen" hin gelebt	Nachhaltigkeit wird nach „außen" hin gelebt (meist nur nachhaltige Fassade)
Zusammenarbeit mit regionalen Partnern, Lebensmittel aus der direkten Region	Vintage-Möbel aus Holz
Großteil der Hotels erbaut aus Holz und natürlichen Materialien (ebenfalls aus der Region)	Konventionelle Bauweise (v. a. Beton)

Aspekte, also zum Beispiel klimafreundliches Reisen, die Auswahl von ökologisch orientierten Hotels und die Vermeidung massentouristischer Ziele. Dieses Verhalten lässt sich auch am Flugverhalten der Deutschen erkennen. Die Zahl der Flugreisen in Deutschland ist seit der Gründung der Fridays-for-Future-Bewegung gestiegen, wie eine Sonderauswertung des Statistischen Bundesamtes ergeben hat (Der Spiegel 2019).

2.5.4   Finanzen

Banken werden grün: Die weltweit erste Bank, die soziale, ökologische und ökonomische Kriterien miteinander verknüpft, die „Gemeinschaftsbank für Leihen und Schenken", die GLS Bank, entstand 1974 in Bochum (vgl. Abb. 2.5). Der Rechtsanwalt und Anthroposoph Ernst Barkhoff entwickelte Finanzierungsmodelle für freie Schulen, förderte die biologisch-dynamische Landwirtschaft und Einrichtungen für Menschen mit Behinderungen. Unter dem Motto „Geld ist ein soziales Gestaltungsmittel, wenn wir es gemeinsam dazu machen" nimmt die genossenschaftlich organisierte Bank ihre Arbeit auf und investiert u. a. frühzeitig Gelder in Windkraftanlagen. 1991 legt GLS den ersten Windkraftanlagenfonds

Abb. 2.5 Ur-Logo
GLS-Bank. (Mit
freundlicher Genehmigung
von © GLS
Gemmeinschaftsbank eG
2016. All Rights Reserved)

auf. Im Jahr 2019 verfügt sie über mehr als 242.000 Kunden (2014: 130.000 Kunden) in einem hart umkämpften Markt.

Erst 2009 platzierte mit der niederländischen Triodos Bank eine weitere grüne Bank in Deutschland ihr Angebot. Die Umweltbank und Ethikbank folgten in kleinerem Umfang. Auch eine klassische Bank wie die HypoVereinsbank integrierte grüne und ethische Anlagen in ihr Portfolio – mit langsamen Erfolgen. Der Nachhaltigkeitschef der Bank, Stefan Löbbert, erklärt dazu: „Es ist schwer, die breite Öffentlichkeit an das Thema Nachhaltigkeit heranzuführen. Wir bieten seit vielen Jahren ein breites Spektrum an nachhaltigen Geldanlagen an. Unser Portfolio bedient nahezu alle Anlagebedürfnisse. Der Trend, bei der Anlage oder der Altersvorsorge nach Produkten zu fragen, die zum Beispiel die Umwelt schützen, ist aber nicht groß." (Winkelmann 2013, S. 37) Diese Beobachtung spricht für die Spezialisierung von grünen Marken: Unternehmen, die keinerlei rückführbare „grüne" Biografie besitzen, tun sich schwer, diesen Aspekt zu integrieren und können nachhaltige Produktangebote nur in der Nische anbieten. Derzeit gibt es im deutschsprachigen Raum laut dem Sustainable Business Institute (SBI) 380 bis 400 Nachhaltigkeitsfonds. Laut dem Forum Nachhaltige Geldanlage (FNG) lag der Wert aller nachhaltigen Fonds-, Kunden- und Eigenanlagen in Deutschland bei 127,3 Mrd. € (enorm 06/2015/16, S. 89 f.).

Nach einer Studie der Bertelsmann Stiftung aus dem Jahr 2016 betrug das Anlagevolumen in Finanzprodukte, die dem Anleger neben einer Rendite auch positive soziale oder ökologische Effekte versprechen, bei 70 Mio. € (Petrick und Birnbaum 2016). Zwar hat sich die Anlagesumme seit 2012 verdreifacht, aber damit gelten nur 0,3 % des insgesamt eingesetzten Volumens von Investmentfonds als „ethisch ausgerichtet". Im Jahr 2014 wurden 15,6 Mrd. € in nachhaltige Zinspapiere investiert, dies sind ca. 4,2 Mrd. € mehr als das Investment für vergleichbare Öko-Aktien (Heintze 2015/2016, S. 87). Daneben vollziehen zahlreiche Banken zumindest einen langsamen Wandel bezüglich ehemals als „natürlich" geltender Regeln der Profitmaximierung: Neben der DZ Bank, den Volks- und Raiffeisenbanken, verzichten z. B. die Sparkassentochter Deka und einige Landesbanken darauf, auf die Preisentwicklung von Mais, Weizen oder Reis zu spekulieren. (Heintze 2013, S. 30).

Commerzbank – die „Grüne" unter den „Riesen"
Die Commerzbank verzichtet seit 2011 auf derartige Investments und gilt durch ihre Förderung erneuerbarer Energie als „grüne Bank" unter den Riesen. Der Finanznachrichtendienst Bloomberg nahm die Commerzbank

in die Liste weltweit 20 grünsten Banken auf. Ein sogenannter „Nachhaltigkeitsfilter" auf Basis von UN-Kriterien stellt seit 2011 sicher, dass alle Investments nicht nur wirtschaftlich sinnvoll sind, sondern gleichzeitig ein Mindestmaß an Nachhaltigkeit realisieren. Daneben betreibt die Commerzbank allerdings weiterhin konventionelle Bankgeschäfte. Engagierte NGOs bezeichnen die Commerzbank vor diesem Hintergrund als ethischen Taktgeber für die Banken, die einen nachhaltigen Umbau versuchen. Die Umweltschutzorganisation Urgewald, die die deutsche Wirtschafts- und Exportpolitik kritisch beobachtet, hält fest: „Unter den schwarzen Schafen ist die Bank ein graues." (Heintze 2013, S. 33).

Um auch im Finanzsektor einheitliche Kriterien für eine Nachhaltigkeitsbewertung vorzunehmen, wurde 2016 ein Siegel geschaffen: Das sogenannte FNG-Siegel, initiiert durch das Forum nachhaltige Geldanlage ist ein Zusammenschluss von 160 Banken, Anlagegesellschaften, Versicherungsgesellschaften, Ratingagenturen, Investmentgesellschaften und NGOs. Es fungiert als übergreifendes Label für ethische und ökologische Investmentfonds.

2.5.5 Konsumgüter

Im Bereich der FMCG (fast moving consumer goods, schnelldrehende Konsumgüter) kam es ab Mitte der 1980er Jahre verstärkt zu Neugründungen: Der Umweltversand „waschbär" begann 1987 mit der sogenannten „Ökoputzkiste" (vgl. Abb. 2.6) – sie entielt neun umweltfreundliche Putzmittel. Heute bietet das Freiburger Unternehmen mehr als 7.000 Artikel aus den verschiedensten Segmenten an. Mit der Marke Frosch des 1867 gegründeten Mainzer Chemieunternehmens Werner&Mertz startete 1986 das erste phosphatfreie Reinigungsmittel Deutschlands und entwickelte sich in den 1990er Jahren – ohne jeden Werbeeinsatz – zum Marktführer bei den Haushaltsreinigern. Der Unternehmensgrundsatz: Jedes neue Produkt muss das nachhaltigste innerhalb seines Segments sein. Mit dem bereits 1980 gegründeten belgischen Unternehmen Ecover bekam Frosch drei Jahre nach dem Markenstart ökologische Konkurrenz. Frosch reagierte im Jahr 2000 angesichts zunehmender Konkurrenz und dem Verlust des Spitzenplatzes mit umfassender Werbung und kehrte an die Spitze zurück.

Grüne Kosmetikartikel, die nahezu zeitgleich mit den ersten konsumorientierten Lebensmitteln entstanden, umfassen heute ein Gesamtvolumen von ca.

Abb. 2.6 Des Waschbären „Ökoputzkiste" aus dem Jahr 1987. (Mit freundlicher Genehmigung von © Triaz GmbH 2016. All Rights Reserved)

920 Mio. €, das Jahr um Jahr fast zweistellig wächst. Neben Markenikonen wie Weleda und Dr. Hauschka teilen sich ca. 40 Anbieter den Markt. In jüngster Zeit werden in diesem Feld einstmals sehr kleinteilige, ambitionierte Unternehmen, wie beispielsweise die Lagona Naturkosmetik, von großen Konzernen übernommen (in diesem Fall L´Oreal). Die ersten naturkosmetischen Produkte mussten in den 1970er Jahren aus England und Frankreich importiert werden. Lagona selbst begann mit Shampoos mit einem rein natürlichen Konservierungssystem. Klar ist: Das Verständnis was genau Naturkosmetik ist, bleibt bis heute höchst vielfältig, wenn nicht umstritten.

Das bayerische Unternehmen memo gründete sich 1989 unter dem Engagement von Jürgen Schmidt, der bereits als Schüler Hefte aus „Umweltschutzpapier" verkaufte. Die Idee: Ein Versandhandel für gewerbliche Kunden mit einem Komplettsortiment an umweltverträglichen Büroartikeln und Schreibwaren, die nicht teurer als konventionelle Produkte sind. In den Folgejahren erweiterte die Marke ihr Angebot um Büromöbel und Werbemittel, heute ist sie mit diesem Portfolio ein vollwertiger Wettbewerber zu klassischen Büromittelversendern.

► **Fazit:** Beschaut man sich die historische Entwicklung des grünen Marktes, so wird deutlich, dass sich die einzelnen Segmente aufeinander aufbauend entwickelt haben. Dabei ist es naheliegend, dass der tägliche Konsum, also Lebensmittel zuerst, in den Fokus eines „besseren" Lebenswandels getreten sind: Nahrungsmittel sind uns besonders nah.

Nicht ohne Grund ist der höchste Anteil an „Bio"-Zertifizierungen im Bereich von Baby- und Kindernahrung zu finden. Eine der in der Öffentlichkeit bekanntesten Ökomarken, HIPP, begann bereits in den 1950er Jahren mit einer naturnahen Landwirtschaft – heute sind sämtliche Produkte der Firma biologisch zertifiziert (vgl. Abb. 2.7).

Aus dieser Konsumerfahrung im Baby- und Kleinkindbereich entwickelte sich innerhalb der solcherart sensibilisierten „grünen" Zielgruppe der Wunsch, immer weitere Segmente des Lebens „grüner" zu machen. Vorreiter in allen Bereichen waren zumeist Kleinstinitiativen mit spezifischen Produkt- und Dienstleistungsangeboten, die schließlich in Nischenmärkten wirtschaftlich tragfähig wurden und sich mit zunehmendem wirtschaftlichen Erfolg professionalisierten und ausbreiteten. Die Schweizer Saftmanufaktur Biotta stellte bereits 1951 auf ökologische Landwirtschaft um und bietet seit 1957 einen biologischen Karottensaft an – lange, bevor es irgendwelche Formen der Zertifizierung gab. Die Ursprünge des Naturkostsaftherstellers Voelkel reichen sogar bis 1936 zurück: Karl und Margret Voelkel pflanzten auf dem Höhbeck, einem dünn besiedelten Landstrich an der Elbe in Niedersachsen, zunächst Apfel-, Birnen- und Kirschbäume sowie Erdbeeren, Johannisbeer- und Stachelbeersträucher in ihrem Obstgarten an und bewirtschafteten ihn nach anthroposophischen Gesichtspunkten. Beide hatten von Landwirtschaft keine Kenntnisse – ursprünglich waren sie Lehrerin und Matrose. In der 1930er Jahren fuhr Karl Voelkel mit einem dreirädrigen Kleinlastwagen über Land und verkaufte Apfelsaft in Flaschen. Nach dem Krieg wurde die Apfelmosterei weiter professionalisiert und die Saftflaschen an Hamburger Reformhäuser verkauft. Bereits in der 1970er Jahren waren die Säfte nach den Richtlinien des Demeterbundes zertifiziert.

Auch das zutiefst grüne Unternehmen Rapunzel aus Legau entstand aus einem Kleinprojekt: Im Herbst 1974 gründen Joseph Wilhelm und Jennifer Vermeulen

Abb. 2.7 Zum ersten Mal „bio-thematisch" in der Werbung – HIPP Werbung, 1989. (Mit freundlicher Genehmigung von © HIPP-Werk Georg Hipp OHG 2016. All Rights Reserved)

eine Selbstversorger-Gemeinschaft auf einem Bauernhof mit kleinem Naturkostladen im bayerischen Augsburg. Die Idee: kontrolliert biologische, naturbelassene und vegetarische Lebensmittel herzustellen. Bereits 1977 wurden fünf unterschiedliche Produkte angeboten: Müsli, Nussmus, Gomasio, Leckerli und Meth. Dabei wurde frühzeitig auf die Initiierung biologischer Landwirtschaft gesetzt. Heute beschäftigt das Unternehmen mehr als 400 Mitarbeiter.

Die Ausbreitung grüner Konsumformen wurde auch für Großunternehmen interessant: Gerade, weil in marketingtechnisch stark differenzierten und hochkompetitiven Verdrängungsmärkten Großunternehmen nach Unterscheidungsmerkmalen forschen, um ihre Positionierungen zu schärfen und Kundschaften noch individueller zu bedienen, kommt es in der Folgezeit zu einer behutsamen Übernahme von „grünen Produkten" in die Sortimente klassischer großer Vertriebskanäle. Dabei verstärken sich drei Tendenzen gegenseitig:

1. Zum einen sind ökologische Initiativen durch eine permanente Thematisierung grüner Herausforderungen in den Medien präsent. Die politische Auseinandersetzung mit Fragen der Ökologie sowie die Aufdeckung zahlreicher verwerflicher Zustände in den Ländern der Produktion machen die vernichtenden Auswirkungen eines „billigen Konsums" deutlich und konkret für den Endverbraucher: Das Wegschauen wird schwieriger.
2. Zunehmend mehr Menschen verlangen von Anbietern (auf der persönlichen Absichtsebene), dass sie ökologisch und sozial korrekt hergestellte Waren anbieten. Beachtet ein Unternehmen diese kollektiv erwünschte Vorgabe nicht, kommt es langfristig zu einem Vertrauensbruch, der noch nicht einmal durch eine gleichbleibende Leistungserfüllung neutralisiert werden kann. In einer Zeit, in der über das Internet jeder Konsument seine Erfahrungen und Einschätzungen in Echtzeit mit anderen teilen kann, kann eine Nichtbeachtung durchgesetzter ökologisch-sozialer Standards schnell zu sich ausbreitenden Empörungswellen führen. Des Weiteren bietet die kommunikative Fokussierung auf „grüne Beispielsegmente" (ohne durchgreifende wirtschaftliche Bedeutung für das Unternehmen) die Möglichkeit, die klassischen Segmente wie bisher fortzuführen.
3. Hochkompetitive Verdrängungsmärkte erfordern – so ist in der klassischen betriebswirtschaftlichen Theorie immer wieder zu lesen – die Anpassung an veränderte Kundengewohnheiten und die Berücksichtigung scheinbar immer stärker individualisierter bzw. ausdifferenzierter Zielgruppen. Es gilt das markensoziologisch falsche, weil markenwertzersetzende Motto: Jedem Kunden sein Produkt! Unabhängig davon bieten grüne Produkte den Großunternehmen

weiterhin hohes Differenzierungspotenzial – und das mit besseren Margen als im herkömmlichen Geschäft.

Zusammenfassung

Folgendes Ergebnis ergibt die Analyse der grünen Konsumzone:

• Ausgehend von grünen Lebensmitteln greift eine nachhaltige Konsumorientierung ab den 1980er Jahren auf weitere Marktsegmente über.
• Der Konsumbereich ökologisch und sozial fairer Mode wird Ende der 1990er Jahre zu einem Nischenmarkt. Der ideologische Wandel vollzieht sich hier zunächst bei Großunternehmen, dann aber vor allem bei kleinen und Kleinstunternehmen und engagierten Modedesignern.
• Erst zu Beginn der 2000er Jahre wird diese Entwicklung von großen Textilketten (wieder-)erkannt, die Teile ihrer Sortimente auf Nachhaltigkeit umstellen und Selbstverpflichtungen eingehen.
• Aufgrund der starken Anonymisierung im Textilbereich, der im Unterschied zu regionalen Lebensmitteln kaum eine Überprüfung möglich macht, kommt es um das Jahr 2000 zur Entwicklung und Durchsetzung neutraler Prüfsiegel, welche die Vertrauenswürdigkeit der Waren nachweisen.
• Fast sämtliche Konsumbereiche folgen: Auch primär nicht grüne Marken erweitern ihr Angebot um grüne Spezialprodukte.
• Viele der bis heute erfolgreichen Ökohändler kennzeichnet, dass sie mit einem „Gründungsprodukt" starteten (also als direktvertreibende Hersteller) und auf Basis ihrer Kundschaft das Angebot mit zusätzlichen Produkten erweiterten. Die eigentliche Markenstärke vieler Akteure der ersten Stunde liegt in einer engen Vernetzung mit ihrer Kundschaft, die bereit war, die guten Erfahrungen mit „ihrem" Anbieter quasi gemeinschaftlich auf weitere Produktgebiete auszudehnen.

2.6   Die berühmten Lohas – Eine fulminante Marketingidee

Grüne Markenführung hat sich von einer Avantgarde-Bewegung hin zum Mainstream entwickelt. Eine Studie der Universität des Saarlandes am Institut für Handel & Internationales Marketing aus dem Jahr 2014 offenbart, dass 72 % aller Unternehmen die Bedeutung der Nachhaltigkeit für „eher hoch bis sehr hoch" halten. In Vorausschau wird von den 54 befragten Unternehmen davon ausgegangen, dass das Thema Nachhaltigkeit für 93 % aller Firmen Relevanz haben wird. In einer Befragung wurde festgehalten, dass zwar ein gutes „Preis-Leistungsverhältnis" für viele Markenkäufer wichtig ist (72 %), das Kriterium „Die Marke entwickelt sich umweltfreundlich" immerhin für 58 % (Zentes 2014, S. 14).

Ein allumfassender grüner Lebensstil ist heute tatsächlich möglich. Sämtliche Segmente des Konsums werden durch „grüne" Angebote abgedeckt. Eine herausragende Entwicklung, wenn man die kurze Zeitspanne für die Realisierung in Betracht zieht. Die Gründe liegen sicherlich zum einen in den betriebswirtschaftlichen Chancen der engagierten Betriebe, allerdings treiben auch gesellschaftliche Veränderungen neue Formen des Wirtschaftens an: Die Sinnhaftigkeit der Arbeit und des eigenen Tuns ist für immer mehr junge Entscheidungsträger wichtig bei der Auswahl einer beruflichen Aktivität. So bilden gerade junge und leistungsbereite Absolventen die Pioniere innerhalb der grünen Branche. Crowdfunding-Projekte weisen nicht nur einen hohen Innovationsgrad auf, sondern entwickeln oft in höchst professioneller Form Produkte mit grünem Anspruch.

Die medialen und öffentlichkeitswirksamen Resonanzen auf grüne Kleinunternehmen sind enorm und machen deutlich, welche fundamentalen Bedürfnisse durch ein durchdachtes Konzept befriedigt werden können. Herausragend ist immer wieder die Öffentlichkeitswirksamkeit der in derartigen Projekten entwickelten (Überzeugungs-)Kampagnen. Mit Bruchteilen von den Geldern ausgestattet, die Großunternehmen zur Kommunikation ihrer Konzepte zur Verfügung haben, gelingt es vielen grünen Pionieren, die Öffentlichkeit nicht nur auf ihre Ideen und Produkte aufmerksam zu machen, sondern derart zu überzeugen, dass Projekte vor(!)finanziert werden. Interessanterweise verliert sich die Kommunikation dieser kleinen Anbieter nicht in diffusen Wohlfühlbildern und abstrakten Bezeichnungen, sondern sie arbeiten oftmals äußerst konkret und detailorientiert. Selbst die Gründer und Mitarbeiter vor Ort müssen eine herausgehobene Rolle spielen, um zu überzeugen. Für abstrakte (Werbe-)Spielereien wie im aktuellen Konzerngeschehen bis heute gang und gäbe, ist in einem eigenfinanzierten Kleinunternehmen, das keine hohen Rücklagen oder Financiers hat, kein Geld vorhanden. Kein Wunder, dass sowohl Produkt, Geschichte und Marke bei Erfolg oftmals in schamloser Weise von größeren Betrieben kopiert werden, wie es z. B. bei den Smoothie-Getränken geschehen ist, wo große Konzerne den lässig-individuellen Stil der kleinen Anbieter übernommen haben: Innocent, der grüne Pionier unter den Smoothie-Unternehmen, wurde 1998 von drei Studenten in England gegründet und erreichte bald ob seiner unkonventionellen Werbemethoden (und des guten Geschmacks) eine hohe Bekanntheit. Im Ergebnis kaufte 2013 der Coca-Cola-Konzern 90 % der Anteile. Als die seinerzeit gefeierte Bionade in Deutschland an die Radeburger-Oetker-Gruppe verkauft wurde, führte dies dazu, dass die erfolgssichernden Markenwerte nicht mehr eingelöst wurden. Eine drastische Preiserhöhung und eine falsche Werbe-und Kommunikationspolitik führten zu fundamentalen Absatzeinbrüchen innerhalb kürzester Zeit. Inzwischen gehört Bionade zur mittelständischen Hassia-Gruppe und verfolgt ein authentisches Bio-Marketing.

Die Vorstellung veränderter Rahmenbedingungen und Erwartungshaltungen bedingt auch ein differenziertes Kundenbild. In Marketingkreisen werden die relevanten Kundengruppen grünen Konsums unter dem Begriff „Lohas" zusammengefasst. Seit gut 20 Jahren geistern die Lohas nicht nur durch die Marketingetagen, sondern auch durch Lifestyle-Magazine und auf diversen Vortragsbühnen herum. Sie gelten als Synonym für eine neue Konsumphilosophie und als Pioniere für einen Verbrauch, der die Unternehmen mit neuen Wünschen konfrontiert, aber gleichzeitig neue lukrative Absatzmärkte verspricht – gerade in Zeiten immer geringerer Erlöse und strukturell empfundener Produktaustauschbarkeit. Der Loha scheint oftmals als der Traumkunde zahlreicher sich innovativ gebender Unternehmen. So kommt es zu dem Paradox, dass inzwischen die Kundschaft Leistungsbeweis und Werbeträger der Marke ist, auf die mit Stolz verwiesen wird. Bleibt die Frage: Handelt es sich bei den Lohas um ein trendiges Gespenst oder reale Strategiegrundlage?

Wer oder was sind Lohas?

Unter Lohas werden Menschen verstanden, die einen „Lifestyle of Health and Sustainability" pflegen. Im Gegensatz zu den Öko-Pionieren der ersten Stunde, die zumeist persifliert als langhaarige Hippies mit wollenen Pullovern ihr robustes Körnermüsli verspeisten, handelt es sich hierbei um eine Bevölkerungsschicht, welche die Annehmlichkeiten wirtschaftlichen Erfolges durchaus hedonistisch genießen will, dabei allerdings ihren Konsum auf Gesundheit und Nachhaltigkeit ausrichtet. Die Analyse macht allerdings die unmittelbare Schwierigkeit deutlich: Was genau unter Nachhaltigkeit in Kombination mit Komfort verstanden werden kann, ist individuell unterschiedlich.

Der Begriff entstand um 2000 als zeitgeistige gesellschaftliche Strömung in den USA. Den geografischen Ursprung dieser Bewegung sehen Trendexperten in Kalifornien. Schon seit der aufkommenden Ökologie-Bewegung der 1970er Jahre war man dort „grünen Ideen" gegenüber aufgeschlossen, es fanden sich Menschen zusammen, die dem „schönen Leben" nicht abgeneigt waren, aber dennoch von der reinen Profitorientierung Abstand nehmen wollten. Ein individueller Zustand, den man sich leisten können muss und der deshalb typisch für postmaterialistische Strukturen einer hochdifferenzierten Gesellschaft ist – Lohas finden sich in Kasachstan, Birma oder Uganda eher selten.

▶   Durch die Zunahme gesellschaftlicher Strukturen, die physische und psychische Sicherheit vermitteln, kommt es zu einer Individualisierung der Menschen. Kulturelle und soziale Bedürfnisse und Beweggründe werden wichtiger. (Vgl. Inglehart 1998).

Die Kommunikationsexpertin Christiane Köhn-Ladenburger glaubt, dass weltweit bekannte Hollywoodstars in direktem Zusammenhang mit der erfolgreichen Durchsetzung des Loha-Lebensstils stehen: „Die Einstellung zu Produkten und den Unternehmen, die dahinter stehen, hat sich verändert, und obwohl die Lohas Hollywoods nicht auf Glitzer und Glamour verzichten, dienen sie dennoch als Vorbilder und animieren weit mehr Menschen zum Umdenken, als dies Demonstrationen und Widerstände schaffen. Mode, Handtaschen und Schuhe sind bei den Stars weiterhin ein ‚Must Have‘, und so zogen einige bekannte Labels und Designer dem Öko-Trend nach und produzieren umweltbewusst und ethisch korrekt. Nicht nur Material spielt dabei eine Rolle, sondern ebenso die Arbeitsbedingungen in den Niedriglohnländern." (Köhn-Ladenburger 2013, S. 7) Dass Leonardo di Caprio die Entgegennahme seines ersten Oscars mit einem Plädoyer für den Schutz der Erde verband, steht also in guter (Eigenmarketing-)Tradition der Branche.

Konsumforscher versuchen, über Befragungen und tiefenpsychologische Interviews das „Wesen" der Lohas genauer zu ergründen. Dabei wird festgehalten, dass sich der typische Lebensstil der Lohas aus fünf Megatrends zusammensetzt.

Fünf Megatrends kennzeichnen den Lebensstil der Lohas

1. **Individualisierung,** d. h. ein (vermeintlich) eigenständig gewählter Konsum, der sich vornehmlich an persönlichen Vorlieben und Ansichten orientiert und tradierte Konsumgewohnheiten zugunsten des eigenen ästhetischen Urteils überprüft.
2. **Wertewandel,** d. h. die Industrialisierung befreit das Individuum (vermeintlich) von sozialen Normierungen und kollektiven Erwartungshaltungen. Nach Phasen einer hedonistischen Lebensverwirklichung, des Immer-mehr, wird heute eher angestrebt weniger, aber besser zu konsumieren.
3. **New Work,** d. h. Arbeit wird nicht mehr nur als Mittel zum Zweck verstanden, sondern sie muss sinnhaft sein und zur Selbstverwirklichung beitragen. Auf ein ausgewogenes Verhältnis zwischen Arbeitseinsatz und Freizeit wird geachtet.

4. **Neo-Ökologie,** d. h. Konsum wird nicht mehr nur im Hier-und-Jetzt gedacht, sondern in seinen globalen und zeitversetzten Auswirkungen auf künftige Generationen berücksichtigt.
5. **Spiritualität,** die Beschäftigung mit Fragen des Lebenssinns im Großen und Kleinen. Phasen der Selbsterkenntnis lösen sich mit dem alltäglichen Leben ab.

Nach Ansicht von Trendforschern sind diese fünf Megatrends die entscheidenden Bestandteile des Loha-Lebensstils. Markensoziologisch werden Trends äußerst kritisch betrachtet, die Beschreibungen von Trends sind zumeist hochgradig interpretationsoffen, sodass vieles, was Entscheidungshilfe und langfristig Orientierung bieten soll, unklar bleibt. Die Frage ist, ob Trends eine seriöse Grundlage für Markenarbeit sein können? Dies soll auf den nächsten Seiten beantwortet werden. Zweifelsohne hat sich die Relevanz für eine „grüne" Lebensweise in den letzten 20 Jahren grundlegend entwickelt. Viele Produkte, die in den 1980er Jahren sorglos konsumiert wurden, müssen heute – gesellschaftlich übergreifend – vollkommen andere Standards erfüllen und würden durch jede Lebensmittelkontrolle fallen. Und doch bleibt die Frage, ob sich der konsumierende Mensch grundlegend verändert hat? Vielleicht rekurrieren „grüne Produkte" auf allgemeingültige Kernwerte, die seitjeher idealtypische Zielsetzungen waren, sich nun aber vermehrt in den Bereich des Konsums verschoben haben. Ist die Vorstellung von Reinheit, Natürlichkeit und Ehrlichkeit nicht etwas, was bereits früher in anderen Zusammenhängen bedeutsam war und mit dem zunehmenden Wegfall sozialer Strukturen eine Heimat in den Warenmärkten gefunden hat?

2.7   Gibt es grüne Trends?

Heute realisieren sich Innovationen in einem Schlüsselbegriff: Trend. Der Trend ist schon längst nicht mehr im Sinne seiner ursprünglichen Verwendung im Bereich von Mode und Design zu verstehen. Trends gelten gerade in der Wirtschaftswelt als mögliche Initiationspunkte für Innovationen, als Blaupausen, auf denen neue Leistungen feststellbar sind. Denn Trends kennzeichnet in dieser Logik – und das ist das entscheidende Differenzierungsmerkmal zur Innovation – per se, dass sie vermarktbar sind. Erstverwerter sind meist Medien. Kurzum:

▶ Trends sind erst dann Trends, wenn man sie verkaufen kann. Daher
gilt: Lohas wären nicht zu einem ernstzunehmenden Thema geworden, wenn sich nicht herausgestellt hätte, dass dieser veränderte
Konsumanspruch einen lukrativen Markt darstellen würde.

Trends müssen, wollen sie wahrgenommen werden, aus ihrer Nische heraus
und für möglichst viele Menschen relevant werden (mit hohen Margen). Egal, ob
es sich um neue Herdplatten oder ein ökologisches Reinigungsmittel handelt.
Es ist üblich, alles, was „trendy" ist, als Synonym von „cool" zu verstehen.
Dies ist ein Rudiment der Durchsetzung des Begriffs im Rahmen der Modewelt
am Anfang der 1990er Jahre. Empirisch ist einzig feststellbar, dass „cool" verkauft
… weil etwas, was cool ist, darauf verweist, sich ständig weiterzuentwickeln, neu
zu sein und zu überraschen. Dies ist die ursächliche Verbindung zwischen Trend
und Coolness – sie erklärt den 20-jährigen Aufstieg eines Begriffs, der von einem
Lebensgefühl zu einem Wirtschaftsfaktor mit dazugehörigen Dienstleistungsan-
bietern und Schriftgut wurde. Denn der moderne Mensch benötigt Unternehmen,
die seine Bedürfnisse im Voraus erkennen und ihm auf diese Weise ein wenig
Ruhe und Versicherung in Zeiten von Verunsicherung bzw. Veränderung bieten. Urkomisch, dass der Trend selbst der Schnelligkeit unterliegt: Die Relevanz
eines spezifischen Trends wird von Jahr zu Jahr kürzer. Allein für das Jahr 2019
diagnostizierten Trendexperten über 7000 Mikrotrends … die Regale sind gefüllt.

Den Trend gibt es also nicht, sondern verschiedene Ausprägungen „cooler"
Veränderungsformen, die in unterschiedlichen Auswirkungen, also sozialen Grö-
ßenordnungen auftreten: Als zweckmäßig hat sich die Differenzierung in Mikro-,
Makro- und Megatrends erwiesen. Die Trendforscherin Delia Dumitrescu macht
deshalb deutlich, dass die Frage, was ein Mikro- oder ein Makrotrend ist, sich
nur über die Erscheinungsform als Einzelbeispiel oder als gesellschaftliches Phänomen erklären lässt (Dumitrescu 2011, S. 22 ff.). Mikrotrends sind demnach
kleine Ausschläge, sogenannte weak signals, die sich an konkreten Produkten
oder Dienstleistungen ablesen lassen. Ganz im Sinne der Trendtheorie gelten
kleine Gruppen von innovativen Trendsettern als „weak signal"-Geber, die in
einem bestimmten Bereich unkoordiniert von klassischen, durchgesetzten Ver-
haltensweisen abweichen. Meist handelt sich zunächst um singuläre Events oder
kurzzeitige Erscheinungen, z. B. neuartige Produkte auf Messen. Evozieren diese
Erscheinungen Resonanz, kommt es zu einer Verbreiterung der neuen Erscheinung und damit zu einer Verstetigung, sprechen Innovationsforscher von einem
Trend. Dazu schreibt die finnische Zukunftsforscherin Elina Hiltunen: „The truth
is, however, that the big changes are already common knowledge. It is the inno-
vations and the events that bring fresh insights and, at best, create a competitive

edge." (Dumitrescu 2011, S. 42) Trend ist ein gesellschaftlicher Wandlungspro-
zess. Werden diese Signale auf breiter Form sichtbar, tritt also ein tatsächlicher
Strukturwandel ein, spricht die Trendforschung von. „Megatrends". Sie umfassen
langanhaltende Veränderungsbewegungen sozialer Systeme.
   Megatrends umspannen Jahrzehnte, sie betreffen politische und soziale Veränderungen. In Bezug auf den Megatrend Grün bedeutet das konkret: Glühbirnen
sind verboten, Biogerichte gehören zum guten Ton in jeder Kita, Atomkraft wird
abgeschafft, Fahrradstationen sind Teil von Wahlprogrammen. Grün sein ist fes-
ter Bestandteil der Alltagskultur geworden. So ist der „Umweltschutz" seit 30
Jahren in Deutschland ein umfassendes Themengebiet, das ständig neue Aspekte
involviert (Waldsterben, Atomkraft, Ansteigen des Wasserspiegels usw.), aber
grundsätzlich eine wichtige Rolle auf der gesellschaftlichen Agenda spielt.

2.7.1 Markensoziologische Kritik der Trendhörigkeit

Auch heute ist der Schweinebraten mit brauner Jägersauce der Deutschen Lieblingsspeise – trotz Sorge (und Wissen) um Figur, Fettwerte und allen Appellen
zahlloser kritischer Verbraucherschützer zum Trotz. Der Anteil der Menschen,
die über das moderne Kommunikationsmedium „Internet" ihre Butter, Milch
und Wurst nach Hause bestellen, liegt bei 0,5 % und das, obwohl es doch so
bequem ist, sich den Einkauf per supermarkt.de bringen zu lassen (Achtung: Nach
einem halben Jahr der Existenz pleite). Der eher biedere Discounter ALDI, dessen stärkste Innovation die Einführung der Scannerkasse im Jahr 2002 war, ist
mit Abstand zum vertrauenswürdigsten Anbieter gekürt worden, und zwar im
Jahr 2012. Nicht das gesunde Vitalbrot verkauft sich am besten, sondern das
bescheiden „bemehlte Graubrot" mit Knust.
   Kaum ein Bereich ist dem Deutschen so wichtig wie sein Auto. Es gilt ihm
als Möglichkeit, sein Selbst im wahrsten Sinne des Wortes „spazieren zu fahren".
Man sollte demnach meinen, dass hier Individualität in Reinform gelebt wird.
Die Statistik beweist anderes: 77 % aller Autos sind entweder schwarz, silber
oder weiß – mit zunehmender Tendenz (vgl. Kraftfahrtbundesamt 2020). Unter-
kühlte Designermöbel aus Skandinavien oder Italien haben es nicht vermocht,
zu wirklichen Massenprodukten zu werden. Der in keinem hippen Wohnmagazin
mehr vorkommende Wohnzimmerschrank mag sich verändert haben – sicherlich
ist er kaum noch aus Palisander (die Wälder sind bereits abgeholzt), sondern
aus verantwortungsvollem Pinien-Plantagenanbau. Die Sendung „Dinner for One"
hat traumhafte Einschaltquoten, trotz oder gerade weil man genau weiß, was
geschieht. Und kurz vorm Dinner an Weihnachten versammeln wir uns noch

immer alle um den Baum und singen oder flöten uralte Lieder. 95,3 % aller Menschen geben „Fernsehen gucken" als liebste Freizeitbeschäftigung an (vgl. Statista
2020b). Männer und Frauen sind heute quotiert und emanzipiert, dennoch halten
es nur 36 % aller Frauen für in Ordnung, wenn ihr Partner weniger Geld verdient
als sie selbst. Und 90 % aller Männer geben an, „wegen der Kinder" noch nie aus
dem Beruf ausgestiegen zu sein (nur 2,7 % aller Männer nahmen 2018 Elternzeit).
45 % der befragten Eltern sagen, sie fänden es am besten, wenn der Mann Vollzeit
arbeitet und die Frau sich neben einem Teilzeitjob überwiegend um den Haushalt
kümmert. Auch wenn es uns nach dem Ansehen eines Fußballspiels oder einer
pseudo-dokumentarischen Serie (Begriff: „Reality-Seifenoper") auf einem Privat-
sender anders erscheint: Gerade einmal 24 % aller Deutschen haben ein Tattoo
(vgl. Statista 2017). Von welchen Statussymbolen träumen die Deutschen? Erster
Platz: Fernseher – der neuesten Generation. Zweiter Platz: hochklassiges Auto.
Dritter Platz: eine eigene Ferienwohnung oder ein Ferienhaus (bei Frauen ist der
„begehbare Kleiderschrank" auf Platz drei) (vgl. Sack et al. 2015).

Klischee? Nein, statistisch überprüfte Wirklichkeit in Zeiten pausenloser Aufklärung und allumfassender Bildungsmöglichkeiten. Es scheint kaum darstellbar,
aber vielleicht verändert sich der Mensch gar nicht. Vielleicht fühlen sich viele
Menschen weiterhin sehr wohl dabei, wenn sie alles wie alle machen. Auch
ein gerne als „Trendguru" bezeichneter Mensch betrachtet die Gleichartigkeit
des Lebens sehr unaufgeregt. Matthias Horx formulierte in einem Vortrag: „Wir
können uns die Zukunft immer nur als Apokalypse, Konsumhölle oder absurden
Comic-Strip vorstellen. Wenn wir aber einmal dort sind, wird sie sich als ganz
normaler Ort zum Lieben, Heiraten, Autofahren und Kinderkriegen erweisen."
(Vgl. Wanzel 2010, S. 30).

2.7.2   Medienthema Veränderung

Es scheint, als würde sich bei genauer Betrachtung wenig im Verhalten und vor
allem in den Gewohnheiten der Menschen verändern. Der Begründer der deutschen Soziologie, Ferdinand Tönnies, fasste den Zusammenhang von Gewohnheit
und Wohlbefinden in folgendem Dreiklang zusammen: Gefallen, Gewohnheit,
Gedächtnis. Alles, was wir für schön halten, mag unserem „ästhetischen Urteil"
entspringen – eine Lieblingsfarbe kann uns nicht befohlen werden –, aber vieles,
was uns wichtig ist, beruht sehr oft, einzig und allein auf der Tatsache, dass wir es
über längere Zeiträume kennen. Sensibel formuliert: Irgendwann liebt man seine
Frau/seinen Mann, einfach, weil sie/er schon so lange da ist. Ohne dieses Verständnis wird kaum deutlich, warum sich – strukturell betrachtet – kaum etwas

verändert. Kein geistig-gesunder Mensch träumt von ständigen Informations-Updates oder zieht einen Onlineshop einer New York-Shopping-Tour vor. Auch in 50 Jahren werden Menschen Ostereier suchen und hocherfreut sein, wenn sie welche finden. Die Philosophin Renata Saleci führt unter dem Stichwort „Tyrannei der Wahl" aus: „Heute glauben wir, alles wählen zu können: Wen wir lieben, wie wir aussehen, selbst die Wahl des Kaffees will gut überlegt sein. […] Dann ist da stets das Gefühl, dass etwas noch Besseres hinter der nächsten Ecke wartet. So sind wir nie wirklich zufrieden. Und legen uns nur ungern fest." (Schultz 2013) Was bedeutet dies für die Marke?

Die symbolische Gewalt – grob zusammengefasst die Orientierung an Bestehendem – wie der französische Soziologe Pierre Bourdieu es nannte, ist zutiefst menschlich und verortet uns in einer komplexen und dazu immer hektischer agierenden Umwelt. Soziologisch gilt: Je beschleunigter die Welt, desto konservativer unsere Entscheidungen. Je wirrer das Drumherum, desto entscheidender sind stabile Strukturen. Kaum ein Mensch lebt gerne allein und wird gerne stündlich mit Neuem konfrontiert. Neues fasziniert vielleicht für eine begrenzte Zeit, aber „am schönsten ist es nach Hause zu kommen." Wohnmobile (mehr als 530.000 Fahrzeuge in Deutschland 2019) werden auch deshalb immer zahlreicher, weil sie wie ein Schneckenhaus das eigene Zimmer, den eigenen Rückzugsort, auf große Fahrt huckepack mitnehmen – gerade, wenn die Welt immer unübersichtlicher wird.

Die eigentliche Leistung der Trendtreiber besteht darin, Minderheitenverhalten ins Unermessliche zu vergrößern. Davon leben die Medien – in die Zeitung von gestern wickelt man bekanntlich Fische. Minderheitenverhalten wird zum Mainstream und Mainstream wird zu einer kruden Spinnerei absoluter Einsiedler, so erscheint es. Das Gegenteil ist der Fall: Das, wovon keiner schreibt, ist die wirkliche Welt. Genau dort, wo alles bekannt ist, findet das Leben statt. Es ist nur leider medial uninteressant, weil es ja bereits existiert und keinerlei Bedürfnisse weckt – es verkauft nicht mehr als ohnehin. Es ist das „Bread-and Butter" des Konsumismus. Dass dem so ist, wissen Trendforscher. Geht es also viel eher um die Durchsetzungskraft von Trends? Die berühmten Ein-Prozent-Mover, die die Welt verändern würden? Wäre es so, käme es ständig und permanent zu Umbrüchen und Neuerungen – auch dies ist nicht der Fall. Denn:

▶   Trends haben nur dann eine Chance, sich wirklich durchzusetzen und
        massengängig zu werden, wenn sie möglichst bekannt erscheinen.
        Kurz: Jede Innovation sollte möglichst schnell denoviert werden.

Ein Prinzip, das aus der Musikwissenschaft bekannt ist. Denn nur die Songs haben Massenpotenzial, die so klingen, als hätte man sie bereits irgendwann einmal gehört … die Masse sucht Bekanntes, denn der Mensch ist evolutiv so gepolt, dass er stets das Bekannte wählt – nur so konnte in Urzeiten das Überleben sichergestellt werden. Im Konzert beginnt der wahre Genuss erst, wenn die Band anfängt, ihre bekannten Songs zu spielen: Songs, die bereits mit persönlichen Erinnerungen des Publikums randvoll sozial aufgeladen sind. Die Marke verdankt ihre Existenz diesem zutiefst menschlichen Verhalten.

2.7.3   Beschleunigung als eigentlicher Inhalt

Verkehrte Welt auf höchstem Niveau. Glaubt man Medien, Werbung und Trendexperten, so bleibt in der modernen Welt kein Stein mehr auf dem anderen. Dieses Phänomen wird am ehesten erklärbar, weil auch hier der Beschleunigungsanspruch den Informationswert zunehmend verdrängt. Heute spielt nicht die Aussage als solche die entscheidende Rolle, sondern die Schnelligkeit einer Information. Gerade weil die Neuigkeit den höchsten Wert in einer Informationsgesellschaft besitzt, verdrängt sie die eigentlichen Inhalte.

Begreift man Marken als soziale Phänomene, die betriebswirtschaftliche Auswirkungen haben, so wird deutlich, dass das Trendthema „grüne Markenführung" entweder zur verankerten Genetik eines Unternehmens gehört – oder eben nicht. Oft wird geglaubt, dass ein Unternehmen dank eines Marketings, das eine heile grüne Werbewelt zaubert, einige grüne Aktivitäten vorzeigt oder sich einige nachhaltige Attribute aus dem Wunderkasten der Werbekunst zurechtschustert (bis hin zu eigenen Öko-Siegeln), „mal eben" auf den *Öko-Zeitgeist* aufspringen kann. Die Realität beweist: Langfristig kann nur das Resonanz entwickeln, was tatsächlich, auf der Leistungsebene erbracht wird. So ist es inzwischen immer wieder Marketingmode, potenzielle Kunden hinsichtlich ihrer Wünsche an eine Marke bzw. sogar übergreifende gesellschaftliche Zusammenhänge vor allem über soziale Medien zu befragen: Ford stellte die Frage, was „typisch deutsch" sei, um auf Basis der Ergebnisse seine Marke anzupassen. Diese pseudo-partizipativen Elemente sind äußerst fragwürdig, da sie keine ernsthaften Versuche des Dialogs sind: In Wirklichkeit liegen die werblichen Reaktionen fertig in der Schublade von Auftraggeber und Agentur und werden sorgsam geplant veröffentlicht.

Vor diesem Hintergrund nützt eine trendorientierte Marketingstrategie überhaupt nichts, wenn sie nicht zuerst die reale Leistungsebene des Unternehmens in den Fokus nimmt und auf einen *tatsächlichen* Dialog ausgerichtet ist. McDonald's kann sein Logo noch grüner einfärben, weitere fleischlose Salate auf die Karte setzen und noch mehr vegane Burger anbieten: Der Tag ist fern, an dem McDonald's zum präferierten Treffpunkt hungriger Veganer wird – und dieses

Szenario sollte nicht das Wunschziel des Managements darstellen. Im Gegenteil: Marke lebt von Abgrenzung, auch gegenüber Trends. Unsere Frage lautet: Was wäre eigentlich, wenn ein McDonald's einfach wieder ein McDonald's wäre? Die Methodik, um diese verankerte Erfolgsstruktur eines Unternehmens herauszuarbeiten, wird in Abschn. 2.8 („Die Marke verstehen") vorgestellt. Ziel ist es, die Marke als soziales System in seinen eng vernetzten Zusammenhängen zu verstehen. Statt an der Oberfläche zu arbeiten, muss wissenschaftlich fundiert herausgearbeitet werden, welche individuellen Wirkzusammenhänge bei einer Marke bestehen und wie die Marke als Bündnissystem funktioniert. Dabei stehen folgende Fragen im Vordergrund:

- Was ist eigentlich eine Marke?
- Welche internen Kräfte wirken in ihr?
- Warum entscheiden sich Menschen für bestimmte Marken und warum nicht?
- Was bedingt individuelles und soziales Vertrauen?
- Was macht starke Marken stark?

Erst wenn die kollektiven Dynamiken der Markensoziologie bekannt sind, können die vorliegenden Erkenntnisse im Sinne einer „grünen Markenführung" gezielt genutzt werden. Die Markensoziologie entlehnt ihre wissenschaftliche Grundlage aus dem Wissen über die gleichbleibenden Verhaltens- und Strukturbildungsmuster der einzelnen Menschen, aber vor allem des menschlichen Miteinanders. Soziale Gesetzmäßigkeiten, die im Zeitalter sozialer Medien und virtueller Netzwerke genauso Bestand haben wie vor Hunderten von Jahren, als Netzwerke noch real-sozial waren. Der Mensch und seine individuellen wie sozialen Bedürfnisse haben sich strukturell nicht wesentlich verändert. Analog dazu zeigen die Erfolgsmuster starker Marken eine unglaubliche Fähigkeit, soziale Anziehungskräfte zu entwickeln. Im Falle prominenter Marken wie bei Apple oder im grünen Bereich bei Weleda gelingt es sogar, Menschen teilweise zu „Jüngern" der Marke zu machen. Menschen, die keine Kosten und Mühen für „ihre" Marke scheuen und sich im Falle Apple teilweise mit einer Decke eine Nacht lang auf den Asphalt zu hocken, um am nächsten Morgen als Erste ein neues elektronisches Gerät zu erwerben.

Rein analytisch betrachtet, gibt es bei allen erfolgreichen Marken starke Übereinstimmungen innerhalb ihrer Erfolgsstrukturen – unabhängig davon, ob hippe elektronische Geräte, eine Dienstleistung oder biologische Lebensmittel verkauft werden. Um diese Strukturen und deren Offenlegung soll es gehen. Die soziologische Perspektive ermöglicht einen Blick auf Marken, der vor allem eines deutlich macht:

▶ Eine Marke ist genauso steuerbar wie der Vertrieb, das Controlling oder die Produktentwicklung.

Ein Blick in die Markenrealität verdeutlicht, dass dieses Faktum von den meisten Markenverantwortlichen nicht berücksichtigt wird: Marke wird als ein attraktives Faszinosum betrachtet, das wahlweise etwas mit Bekanntheit, Symbolik, Werbung, Mythos, Psychologie oder Emotion zu tun hat (im schlimmsten Fall kombiniert mit der Selbstverwirklichung eines leitenden Verantwortlichen). Um es an dieser Stelle bereits vorweg zu nehmen: Diese Einordnungen sind völlig oberflächlich, sie führen jeden Tag zu gravierenden Management-Fehlentscheidungen und werden dem wirtschaftlich entscheidenden Sachverhalt Marke nicht gerecht.

Literatur

Appinio (2019) Achtest Du beim Kauf von Kleidung auf Nachhaltigkeit? https://de.statista.com/statistik/daten/studie/1133775/umfrage/umfrage-zum-kauf-von-nachhaltiger-kleidung-in-der-dach-region/. Zugegriffen: 23. Nov. 2020

Bowen H (1953) Social responsibilities of the businessman. Harper, New York

Bundesministerium für Ernährung und Landwirtschaft (BMEL) (2020) Deutschland, wie es isst – Der BMEL-Ernährungsreport 2020. https://www.bmel.de/SharedDocs/Downloads/DE/Broschueren/ernaehrungsreport-2020.pdf?__blob=publicationFile&v=21. Zugegriffen: 4. Nov. 2020

Carroll AB (1979) A Three-Dimensional conceptual model of corporate performance. Acad Manage Rev 4(4):497–505

Carson R (1987) Der stumme Frühling. Beck'sche Reihe, München

Der Spiegel (1994) Auf dem Öko-Trip. Der Spiegel, 14.11.1994. https://www.spiegel.de/spiegel/print/d-13693394.html. Zugegriffen: 4. Nov. 2020

Der Spiegel (2019) Auswertung von Luftverkehrsdaten: Mehr deutsche Flugpassagiere – trotz „Fridays for Future". https://www.spiegel.de/reise/fernweh/fridays-for-future-mehr-deutsche-flugpassagiere-trotz-klimaprotesten-a-1290638.html. Zugegriffen: 23. Nov. 2020

Die Zeit (2017) Trotz Abgas-Skandal: Volkswagen verkauft mehr Autos. https://www.zeit.de/news/2017-07/19/auto-vw-konzern-verkauft-im-ersten-halbjahr-mehr-autos-19112802?utm_referrer=https%3A%2F%2F. Zugegriffen: 23. Nov. 2020

Dumitrescu D (2011) Road trip to innovation. How I came to understand Future Thinking. Hamburg, TrendOne

Enorm (2013) Rubrik Meeting – Studie des Forsa-Instituts (2013) GMK Markenberatung. Enorm 1/2013: Hamburg

Enorm (2015) Statistik zur Akzeptanz von Ökosiegeln. Enorm 02/2015: Hamburg

Faitrade Deutschland (2019) Faitrade Umsetz steigt auf 1,6 Milliarden Euro. Faitrade Deutschland. https://www.fairtrade-deutschland.de/service/presse/details/fairtrade-umsatz-steigt-auf-16-milliarden-3230.html. Zugegriffen: 28. Aug. 2020

Faller H (2013) Stiftung Warentext: „Rationale Argumente treten bei Kosmetika in den Hintergrund". ZEITmagazin 51/2013. https://www.zeit.de/2013/51/stiftung-warentest-produkttest. Zugegriffen: 23. Nov. 2020

Fromm E (1976) Haben oder Sein. Deutscher Taschenbuch Verlag, München

Fromm E (1999) Märchen, Mythen. Rowohlt Verlag, Reinbek, Träume

Global Standard gemeinnützige GmbH (2020) Unsere Vision, unsere Mission. https://www.global-standard.org/de/ueber-uns/unsere-vision-unsere-mission.html. Zugegriffen: 4. Nov. 2020

Grefe C (2016) Gutes Essen, arme Bauern. Die Zeit 20/2016. https://www.zeit.de/2016/20/produktionsstandard-siegel-zertifikate-einfluss-bauern-entwicklungslaender. Zugegriffen: 4. Nov. 2020

Grimm F (2014) Design oder Nicht-Sein. Enorm: 05/2014, Hamburg

Hauff V (Hrsg) (1987) Unsere gemeinsame Zukunft. Der Brundtland-Bericht der Weltkommission für Umwelt und Entwicklung. Eggenkamp Verlag, Greven

Heintze A (2013) Schritt für Schritt. Enorm: 05/2013, Hamburg

Heintze A (2015/2016) Investment in Grün. Enorm: 06/2015/16, Hamburg

Heldmann H (2008) Die Müsli Macher. Erfolgsgeschichten des Biomarktes und seiner Pioniere. Oekom, München

Henrichs B (2013) Es geht auch anders. Enorm 01, Febr./März 2013, Hamburg

Ingelhart R (1998) Modernisierung und Postmodernisierung. Kultureller, wirtschaftlicher und politischer Wandel in 43 Gesellschaften. Campus Verlag, Frankfurt/Main

Institut für Demoskopie Allensbach (2020) Allensbacher Markt- und Werbeträger-Analyse – AWA 2020. Allensbach

Jünger FG (2010) Die Perfektion der Technik. Klostermann, Frankfurt/Main

Köhn-Ladenburger C (2013) Marketing für Lohas. Kommunikationskonzepte für anspruchsvolle Kunden. Springer Gabler, Wiesbaden

Köhrer E (2013) Die Kleinen treiben die Großen. Interview mit Kirsten Brodde. Enorm 05/2013, Hamburg

Kommission der Europäischen Gemeinschaften (2001) Grünbuch Europäische Rahmenbedingungen für die soziale Verantwortung der Unternehmen; http://www.europarl.europa.eu/meetdocs/committees/deve/20020122/com(2001)366_de.pdf. Zugegriffen: 30. Okt. 2020

Kraftfahrtbundesamt (2020) Anteil der Farben bei neu zugelassenen Personenkraftwagen (Pkw) in Deutschland im Jahr 2019. https://de.statista.com/statistik/daten/studie/5101/umfrage/anteil-der-farben-an-den-pkw-neuzulassungen/. Zugegriffen: 24. Nov. 2020

Langrock-Kögel C (2014) Die Quälgeister. Enorm 06/2014, Hamburg

Maase K (1997) Grenzenloses Vergnügen: Der Aufstieg der Massenkultur 1850–1970. Fischer Taschenbuch Verlag, Frankfurt/Main

Meadows D, Meadows DH, Zahn E, Milling P (1972) Die Grenzen des Wachstums. Bericht des Club of Rome zur Lage der Menschheit. Rororo, Reinbek bei Hamburg

Ministerkonferenz zum Schutz der Wälder in Europa (Hrsg.) (1993) Helsinki Resolution H1. General Guidelines for the Sustainable Management of Forests in Europe. http://www.foresteurope.org/docs/MC/MC_helsinki_resolutionH1.pdf. Zugegriffen: 30. Okt. 2020

National Advisory Board Deutschland (2014) Wirkungsorientiertes Investieren: Neue Finanzierungsquellen zur Lösung gesellschaftlicher Herausforderungen. https://www.bertelsmann-stiftung.de/fileadmin/files/user_upload/Studie_Wirkungsorientiertes_Investieren.pdf. Zugegriffen: 30. Okt. 2020

Noelle-Neumann E (1989) Die Theorie der Schweigespirale als Instrument der Medienwir-kungsforschung. In: Kaase M, Schulz W (Hrsg) Massenkommunikation. Kölner Zeitschrift für Soziologie und Sozialpsychologie Sonderhefte, Nr. 30. VS Verlag , Wiesbaden

Otto Group (2018) Pressemitteilung Otto Group. Pressebox.de 09.05.2018. https://www.pre ssebox.de/inaktiv/otto-gmbh-co-kg/Otto-Group-baut-nachhaltiges-Mode-und-Moebel sortiment-aus/boxid/905163. Zugegriffen: 30. Okt. 2020

Palm H (1975) Das gesunde Haus, Das kranke Haus und seine Heilung. Unser nächster Umweltschutz. Die biologische Bauordnungslehre in der Architectura perennis. Die Zivi-lisationskrankheiten der Architektur Ein Rezeptbuch zum Selberhandeln. Ordo-Verlag, Dettingen

Peattie K (1992) Green Marketing. Pitman Publishing, London

Pufé I (2017) Nachhaltigkeit. UTB, Konstanz

Radkau J (2011) Die Ära der Ökologie. Eine Weltgeschichte. Beck, München

Randers J (2016) 2052. Der neue Bericht an den Club of Rome: Eine globale Prognose für die nächsten 40 Jahre. Oekom, München

Sack A, Strohmaier B, Parkin C (2020) Wie die Deutschen endlich lernen, den Luxus zu lieben. Die Welt 26.10.2015. http://www.welt.de/icon/article148007519/Wie-die-Deutsc hen-endlich-lernen-den-Luxus-zu-lieben.html. Zugegriffen: 30. Okt. 2020

Serviceplan (2019) Nachhaltigkeitsstudie Fashion. München

Schmücker D, Sonntag U, Günther W (2019) Nachhaltige Urlaubsreisen: Bewusstseins-und Nachfrageentwicklung. Grundlagenstudie auf Basis von Daten der Reiseana-lyse 2019. https://www.bmu.de/fileadmin/Daten_BMU/Pools/Forschungsdatenbank/fkz_um18_16_502_nachhaltigkeit_reiseanalyse_2019_bf.pdf. Zugegriffen: 4. Nov. 2020

Schultz S (2013) Kapitalismus ist die Neurose der Menschheit. Interview mit Renata Saleci. SpiegelOnline vom 24.06.2013. http://www.spiegel.de/wirtschaft/service/tyrannei-der-wahl-freiheit-kann-ueberfordern-a-906199.html. Zugegriffen: 30. Okt. 2020

Statista (2017) Haben Sie Tattoos? https://de.statista.com/statistik/daten/studie/718861/umfrage/umfrage-zum-vorhandensein-von-tattoos-in-deutschland/. Zugegriffen: 23. Nov. 2020

Statista (2020a) SUV-Neuzulassungen: Jedes 5. neuzugelassene Auto ist ein SUV. https://de.statista.com/infografik/19572/anzahl-der-neuzulassungen-von-suv-in-deutschland/ Zugegriffen: 23. Nov. 2020

Statista (2020b) Beliebteste Freizeitbeschäftigungen, Aktivitäten und Sportarten (mindestens mehrmals im Monat) in Deutschland in den Jahren 2016 bis 2019. https://de.statista.com/statistik/daten/studie/171601/umfrage/mehrmals-pro-monat-ausgeuebte-freizeitakti vitaeten/. Zugegriffen: 24. Nov. 2020

Steiner R (2011) Geisteswissenschaftliche Grundlagen zum Gedeihen der Landwirtschaft: Landwirtschaftlicher Kursus. Rudolf Steiner Verlag, Basel

Umweltbundesamt (Hrsg.) (2014) Umweltbewusstsein in Deutschland 2014 – Vertiefungs-studie: Umweltbewusstsein und Umweltverhalten junger Menschen, Umweltbundesamt 2016. https://www.umweltbundesamt.de/sites/default/files/medien/376/publikationen/texte_77_2015_umweltbewusstsein_in_deutschland_2014_vertiefungsstudie.pdf. Zugegriffen: 30. Okt. 2020

Winkelmann M (2013) Wie eine Bio-Abteilung. Interview mit Stefan Löbbert. Enorm: 01/2013, Hamburg

Winkelmann M (2014/2015) Der Biohandel steht am Scheideweg. Interview mit Klaus Braun. Enorm 06/2014/2015, Hamburg

Zentes J (Hrsg.) (2014) Nachhaltige Markenführung. Institut für Handel & Internationales Marketing (H.I.M.A.) der Universität des Saarlandes, März 2014

Die Marke verstehen

3

Zusammenfassung

Um eine Marke erfolgreich zu führen, bedarf es einer fundierten wissenschaftlichen Kenntnis der Wirkgesetze und Dynamiken des Markenaufbaus und der Markenstärkung. Die Grundgesetze der Markenführung beziehen sich auf das Wissen über die gleichbleibenden Verhaltensmuster der einzelnen Menschen, aber vor allem des menschlichen Miteinanders. In diesem Kapitel wird aufgezeigt, dass Marke zunächst ein soziales Phänomen ist, das direkte wirtschaftliche Auswirkungen hat. Vor diesem Hintergrund werden die entscheidenden Schlüsselbegriffe und Zusammenhänge der Markensoziologie wie Selbstähnlichkeit, Vertrauen und Energiesystem erläutert und an vielen praktischen Beispielen veranschaulicht. Es wird deutlich, dass es sich bei einer Marke zunächst um ein „Positives Vorurteil" handelt, das in der Lage ist, Transaktionskosten zu senken und den Überzeugungsaufwand in Werbung und Kommunikation zu reduzieren.◄

3.1 Ein vertracktes Ding – Die Marke als soziales Bündnissystem

Marken haben bei aufgeklärten Menschen keine gute Presse: Obgleich sie uns wunderbar gepflegte Haut, perfekte Fahrfreude oder einfach eine delikate Pizza versprechen, wehrt sich der rationale „Verbraucher" kräftig gegen die Diktatur

der Wirtschaftsunternehmen, die nicht davor haltmachen, bereits auf dem Schul-
hof nach ihren Opfern zu suchen. Die kanadische Physikerin und Philosophin
Ursula Franklin wird mit dem Satz zitiert: „Wir sind ebenso besetzt wie die
Franzosen oder Norweger von den Nazis im 2. Weltkrieg besetzt waren, jedoch
sind es jetzt ganze Armeen von Marketingspezialisten." (Klein 2000, S. 311)
Naomi Klein wurde vor einem Jahrzehnt mit ihrem akkurat recherchierten Buch
„No Logo" zu einer Ikone der Konsumverweigerer und zur Buchmillionärin.
Die sorgsam von der Politik und den angeschlossenen Verbrauchergruppen kulti-
vierte Vorstellung, dass der Mensch ein „homo oeconomicus" sei, der bedächtig
abwägt und vergleicht, um schließlich eine souverän-rationale Kaufentscheidung
zu fällen, widerspricht der praktischen Lebenserfahrung: Auf deutschen Straßen
fahren Hunderttausende riesenhafter SUVs (Absatzzahlen steigend) mit hohem
Benzinverbrauch – obwohl man mit einem zwergenhaften Fahrzeug der Marke
Fiat ebenso von A nach B käme. Wir pflegen unsere Haut mit Produkten „aus
der blauen Dose" und verlangen nach einem „Tempo", obwohl dieser Zell-
stoff dreimal so viel kostet wie die ebenso wirkungsvollen, aber unbekannten
„weißen" Produkte. Leitungswasser ist manchmal gesünder als Produkte von tau-
sendjährigen Gletschereisquellen, und doch gibt es allein in Deutschland Hunderte
Mineralwassermarken. Die Lebenswirklichkeit beweist, dass der Mensch der Postmoderne nicht *verbraucht,* vielmehr sucht er gezielt aus und entscheidet sich
massenhaft trotz logischer Gegenargumente für eine bestimmte Markenware und
freut sich (natürlich verborgen), wenn er bei der Geburtstagsfeier im Familienkreis
das allseits bekannte Premiumprodukt statt der „Eigenmarke" auf dem festlich
gedeckten Tisch stehen hat. Das mag von progressiven Mahnern angeprangert und
von engagierten Pädagogen als verachtenswerte Indoktrination gegeißelt werden,
ändert aber nichts an der Tatsache, dass Marken Felder des Alltags besetzen und
manchmal unser Handeln mitlenken. Ein Nerv wird getroffen. Es geht um ein
soziales Faktum, bei dem es sich lohnt, vollkommen emotionslos zu analysieren.
     Nicht nur im Alltag wird über „Markenterror" lamentiert, auch die wissen-
schaftliche Auseinandersetzung mit Marken und Werbung ist so alt und alltäglich
wie die moderne Massenware selbst: Der Soziologe Werner Sombart schrieb
1908, dass Markenwerbung „in schamloser Weise die hässlichen Vorgänge der
Bedarfsdeckung ans Licht zerrt und womöglich in Schönheit tauchen möchte."
(Sombart 1908, S. 285) Massenwirksam wurde die Kritik an der Massenware
Ende der 1950er Jahre, als der amerikanische Publizist Vance Packard die Begriffe
Marke, Werbung und Manipulation miteinander verknüpfte (Packard 1962). Im
Jahr 1960 schrieb Raymond Williams (1961, S. 170 ff.) in seinem Aufsatz „The
magic system", dass Werbung eine Schlüsselrolle für das kapitalistische System

einnehme und den Menschen konditioniere. Wolfgang Haug deckte in seiner Analyse „Kritik der Warenästhetik" (Haug 1971) – im kryptischen Duktus der 1970er Jahre – auf, wie es zum Aufstieg von Marke und Werbung kommen konnte. Amir Kassaei, einer der prominentesten Werber Deutschlands, polemisiert ähnlich: „Während die ganze Welt über Nachhaltigkeit nachdenkt, sind Werber die Letzten, die lauthals Propaganda für hemmungslose Konsumgier machen. Wir sind die Frontschweine eines Systems, das auf quantitativem Wachstum aufgebaut ist. Wir versuchen, Menschen Waren zu verkaufen, die sie nicht brauchen, und erziehen sie dazu, sich durch Konsum zu definieren." (Schmoll und Winkelmann 2015, S. 69) Letztlich zog sich Kassei aus diesen aufgeführten Gründen aus der Werbebranche zurück.

Dagegen sieht der Sozialwissenschaftler Wolfgang Pohrt den Kapitalismus und seine Produkte, die Marke, gleichsam als Kulturgesetz: „Es ist nicht die Herrschaft von Menschen über Menschen, sondern es herrscht ein Sachzusammenhang über die Menschen, der von ihnen selbst geschaffen worden ist." (Pohrt 2013, S. 89) Er macht deutlich, wie unabhängig voneinander agierende Wirtschaftsakteure doch voneinander abhängen und miteinander agieren. Aus dieser unkoordinierten Aktionsfolge ergeben sich Dynamiken, die sich dem Wunsch oder der Kontrolle des Einzelnen entziehen. Pohrt schreibt: „Betrachten wir lieber die Tatsachen: Seit das Kapital existiert, stolpert es von einer Krise in die nächste. Dabei gedeiht es prächtig, Untergänge wirken auf das Kapital wie ein Jungbrunnen. [...] Die ‚zweite Natur' wie Marx das Kapitalverhältnis gelegentlich auch nannte, weil es den Menschen mit der Macht einer fremden, undurchschaubaren und ungebändigten Naturgewalt entgegentritt, diese ‚zweite Natur' also gleicht der ersten auch in dem Sinne, dass ihr jedes Ende ein Anfang ist [...]." (Pohrt 2012, S. 50 f.) Der Philosoph Ralf Konersmann fasst an anderer Stelle sinngemäß zusammen: Der Kapitalismus verkörpert „das Böse", das stets „das Gute" schafft (Konersmann 2015, S. 264).

Das Thema Marke fasziniert und interessiert. Kaum ein Parteivorsitzender, Vorstand oder Prälat, der nicht vom Markenkern seiner Partei, seines Unternehmens oder seiner Kirche spricht – und dabei äußerst ernsthaft in die Kamera nickt. Selbst ein sozialistisches Projekt wie die DDR kam nicht ohne Marken aus und erschuf Leistungssysteme, die als Dr. Quendt, f6, Kathi, Nudossi oder Teigwaren aus Riesa ihr Herkunftsland längst überdauern und wenigstens auf dem Abendbrottisch ein Gefühl von Heimat vermitteln (Zschiesche und Errichiello 2009). Im Gegensatz zu einer gewinnorientierten Marktwirtschaft stand getreu der marxistischen Gesellschaftstheorie das Diktum des „Jedem nach seinen Bedürfnissen" im Vordergrund. Aufwendiges Styling oder Werbung galt als Synonym für kapitalistische Methoden und als unsinniger Kostenfaktor (auch wenn es mit den

„tausend teletips"/ttt von 1959 bis 1976 eine eigene, zeitweise geradezu avantgardistische DDR-Werbesendung gab). Dennoch: Selbst aus der simplen Verpackung und Benennung konstruierte die DDR-Bevölkerung eigene Marken. Heute gibt es einen starken Markt für diese teilweise innig geliebten Produkte, die wichtiger kultureller Bestandteil eines untergegangenen Landes waren. Wer einmal die Stimmung im Rahmen der Ostpro-Messe für Ostprodukte in Berlin, Erfurt oder Dresden erlebt hat, der begreift sofort: Marken sind Kulturkörper.

3.1.1 Ohne Markenwaren keine Warenmärkte

Marke spielt in allen Gesellschaften und seit dem Beginn von Warenmärkten eine bedeutende Rolle. Je mehr Globalisierung, desto wichtiger wird der Ort – auch wenn weltgewandte Manager nicht müde werden, exakt das Gegenteil zu propagieren. Orte sind nicht nur an Geografie gebunden, sondern können sich im Sinne von Memen, d. h. kollektiven Erinnerungsorten an Dingen festmachen: Der besondere Kaffee aus Italien, den man im Urlaub entdeckt hat, das Playmobil-Piratenschiff, das inzwischen den eigenen Kindern in die Badewanne gereicht wird (16 Mio. verkaufte Exemplare). Mit bestimmten Dingen verknüpfen Menschen Erfahrungen und Erlebnisse. Joseph von Eichendorff, nicht primär als Marketingprofi bekannt (war aber einer), schrieb: „Schläft ein Lied in allen Dingen." Richtig. Marken sind bewusst oder unbewusst ein gelebtes, manchmal geliebtes Stück Alltagskultur und damit ein sozialer Sachverhalt, den das Wort „Gewohnheit" zusammenfasst. Gewohnheiten sind das „Wohnzimmer der Seele", umso wichtiger, dass dort alles ordentlich und überschaubar ist, wenn die Welt sich ständig neu erfindet und manchmal mit lautem Knall zusammenbricht. Der Philosoph Alexander Pschera weist im Rückgriff auf den Anthropologen Marc Augé in Bezug auf die soziale Identitätsbildung auf folgende Beobachtung hin: „Ein Nicht-Ort ist nicht lesbar und nicht beschreibbar, weil er verweislos ist. Verweislosigkeit aber schafft Unbehagen. Leere Bahnhofshallen, kahle Hotelzimmer, Hinterhöfe, nächtliche Supermarktparkplätze: Das sind Orte solcher Sinnentleerung durch Fremdheit. In diesen Kulissen des Nichts findet sich kein Ankerpunkt. Man fällt ins Bodenlose der Einsamkeit der Dinge." (Pschera 2011, S. 54) Umso wichtiger ist es, als Marke für etwas zu stehen bzw. für eine Leistung einzustehen.

3.1.2 Karl Marx: Der erste Markentheoretiker

Die Marke erscheint erst verständlich und konkret, wenn man die massen-
wirksamen Dynamiken einer Marke mit dem „soziologischen Werkzeugkasten"
analysiert. Marke ist primär ein soziales Phänomen, das ökonomische Auswirkungen hat – nicht umgekehrt. Ob wir es wollen oder nicht: Der Mensch komponiert
unaufhörlich aus den ihn umgebenden Subjekten bestimmte Interpretationen und
Gefühlswelten. Alles Konsumterror? Angesichts der vielfältigen wie massenhaften Marketing- und Werbeliteratur der Gegenwart erscheint es interessant, dass
sich ein berühmter Philosoph frühzeitig mit dem Wesen der Marke beschäftigte,
dessen geistige „Follower" alles dafür unternahmen, um eben diese Marken zu
überwinden: Karl Marx. Im vierten Abschnitt seines Buches über das Kapital
schreibt er 1866: „Eine Ware scheint auf den ersten Blick ein selbstverständliches,
triviales Ding. Ihre Analyse ergibt, dass sie ein sehr vertracktes Ding ist, voller
metaphysischer Spitzfindigkeit und theologischer Mucken. Soweit sie Gebrauchs-
wert, ist nichts Mysteriöses an ihr, ob ich sie nun unter dem Gesichtspunkt, dass
sie durch ihre Eigenschaften menschliche Bedürfnisse befriedigt oder diese Eigenschaften erst als Produkt menschlicher Arbeit erhält." (Marx 1973, S. 85) Ein
Tischler, der einen Tisch fertigt, mag aus Holzleisten einen Gebrauchsgegenstand
hergestellt haben, aber erst sein Verkauf gibt dem Tisch ein anderes Wesen: „Sobald er nämlich als Ware auftritt, verwandelt er sich nämlich in ein sinnlich,
übersinnliches Ding. Er steht nicht nur mit seinen Füßen auf dem Boden, sondern er stellt sich allen anderen Waren gegenüber auf den Kopf, und entwickelt
aus seinem Holzkopf Grillen, viel wunderlicher, als wenn er aus freien Stücken
zu tanzen begänne." (Marx 1973, S. 85) Geradezu hilflos beschreibt Marx das
Wesen des modernen Produkts, das nicht nur den Bedarf befriedigt, sondern sich
als Ware verändert, indem es einen Subjektcharakter annimmt.

Mit dieser Analyse tritt Marx als ausgesprochen früher Marketing-Theoretiker
auf, viele Experten würden heute kaum etwas Anderes behaupten, wenn es um
das Thema Marke geht. In einer Zeit, in der sämtliche Entscheidungen nicht mehr
gefällt werden, weil ein Unternehmer daran „glaubt", sondern weil ein Manager
Verkaufs- und Marktforschungszahlen ausgewertet hat, ist die Marke eine der
letzten Unbekannten. Geht es um Marke, werden nicht nur engagierte Eltern und
selbsternannte Verbraucherschützer emotional, sondern auch ansonsten vollkommen rational auftretende Firmenlenker. Marke, so ist immer wieder zu hören, sei
Emotion, Lifestyle und Wertigkeit, um ein paar typische Schlagworte zu nennen. Solcherart Eigenschaften sind nun einmal deutlich schwerer zu messen als
betriebswirtschaftliche Kennziffern. Bedeutet dies, dass Ferrari eine Marke ist,

aber nicht Lidl oder der Bioladen an der Straßenecke? Um diese Frage zu beantworten und manche Vorurteile zu verstehen, muss zunächst geklärt werden, wie
und warum sich Marken entwickelt haben und was Marken strukturell betrachtet
eigentlich sind.

3.2   Zweitausend Jahre Marken und Werbung

Geschichtlich betrachtet sind Marken alt: In Pompeji finden sich Bemalungen
an Häuserwänden, die wortreich zu Besuchen nahegelegener Weinstuben einla-
den. Historiker stellten fest, dass römische Tonkrüge der Antike den Aufdruck
„sine cera" – ohne Wachs – trugen. Ein Leistungsbeweis, der den Kunden deutlich machte, dass dieser Hersteller nur Krüge allererster Güte herstellte und
etwaige Risse im Gefäß nicht mit Wachs kaschieren musste – eines der ersten
Markenzeichen. Im Mittelalter prägten die Handwerkszünfte ihr Siegel auf die
hergestellten Waren, um auch außerhalb eines räumlich eng begrenzten Herstel-
lungsorts, die „Zünftigkeit", also die nach bestem Handwerksbrauch gefertigten
Waren zu belobigen. Und in der frühen Neuzeit wiesen Handwerker mit sogenannten „trade cards" auf ihre besonderen Leistungen mit Bild und Text hin. Als
Massenphänomen sind Marken in Deutschland eng mit der Industrialisierung und
der Gewährung der Gewerbefreiheit zu Beginn des 19. Jahrhunderts verknüpft:
Mit der zunehmenden Verstädterung kam es auf der einen Seite zu einer immer
größeren Distanz zwischen Herstellern einer Ware und ihren Käufern, und auf der
anderen Seite erlaubte die Konzentration potenzieller Käufer in einem räumlich
überschaubaren Gebiet eine in die Zukunft gerichtete Produktion. Marken waren
in einer Welt, in der die meisten Käufer keinerlei Verbindung zum Lieferanten
ihrer Milch oder ihres Brotes hatten, ein Mittel, um dennoch Kenntnis und eine
zu erwartende Leistung unter einem bestimmten Namen öffentlich zu verankern.
Gerade die Reformhäuser als Ergebnis der Lebensreformbewegung Mitte des 19.
Jahrhunderts, die eine naturnahe Lebensweise und einen verantwortungsvollen
Konsum ermöglichen, sind ein Idealtypus dieser Vorstellung.
    In einem stetig anonymer werdenden Markt galt es, Vertrauensvorschüsse zu
sichern und erkennbar zu werden bzw. es zu bleiben. Dies bedeutete, seine eigene
Leistungsspezifik herauszuarbeiten. Werbung und Gestaltung kam die Aufgabe zu,
möglichst umfassend Informationen zu verbreiten und durch die Wiederkennung
Vertrauen zu strukturieren. Die Marke präsentiert demnach mithilfe der Werbung
ein verlässliches Angebot. Der Siegeszug der Marke und der Werbung waren
zwei Aspekte, die sich gegenseitig bestärkten. Je mehr Unbekanntes, desto mehr
kommunikative Orchestrierung, um das Fremde vertraut und damit vertrauensvoll

zu machen. Oder wie es ein Sprichwort sagt: Vertrauen hat man immer nur in Vertrautes.

Als einer der Pioniere in Sachen Markenbildung in Deutschland gilt heute der Erfinder und Geschäftsführer des Mundwassers Odol, Karl August Lingner. 1893 startete der Unternehmer eine massive Werbekampagne, welche die Markenartikelwerbung in Deutschland begründete – so sehr, dass die Marke auch noch heute bekannt ist, obgleich ihre Werbepräsenz massiv zurückging. Dass der Siegeszug des Markenartikels mit einem Mundwasser startete, erscheint im geschichtlichen Rückblick konsequent: Die ersten werblichen Bemühungen traten im 16. Jahrhundert an den Rändern des Wirtschaftssystems auf: Aufgrund der zünftischen Reglementierungen durfte nur für Produkte geworben werden, die keinerlei Verordnungen unterlagen, es handelte sich weitestgehend um dubiose Heil- und Arzneimittel sowie Bücher.

Am Stigma, dass Werbung etwas Unredliches ist, änderten globale Werbeausgaben, die irgendwann die Höhe mancher Bruttoinlandsprodukte überstiegen, relativ wenig. Umso kräftiger versucht die Werbebranche, in weiten Teilen ihre unrühmliche Vergangenheit zu überdecken, indem sie sich selbst als zeitgenössische Kunstform geriert. Peter Zernisch, über 35 Jahre Werber, schrieb 2003 folgendes Charakterbild der Werbeagenturen: „Die Werbeagenturen, ursprünglich einmal Spacejobber und Annoncenexpeditionen, haben sich im Verlauf von rund hundert Jahren von erklärten Vertretern der Medienwirtschaft zu Repräsentanten der kommunikativen Kreativität gemausert. [...] Bleiben die Kreativen im Dienst der Marke zwar außerhalb der engsten Fachöffentlichkeit auch anonym, so erstrahlen ihre Werke doch viel weiter sichtbar als in den Märkten der etablierten Künste." (Zernisch 2003, S. 73)

Die kurze geschichtliche Herleitung offenbart die Struktur von Marken. Vor einem markensoziologischen Fokus sind markierte Produkte zunächst ein System, dem es gelingt, bestimmte Leistungsprognosen zu verkörpern. Dabei ist es egal, wie groß oder wirtschaftlich bedeutsam ein Unternehmen ist. Markensoziologisch ist es unerheblich, ob es sich um ein multinationales Unternehmen oder um einen regionalen Obstlieferanten handelt, sofern Menschen mit einem Namen gleichgerichtetes Wissen und im besten Fall – durch die konstante Einlösung der positiven Erwartungen – Vertrauen verbinden.

3.2.1 Ein „Guter Name" entsteht, wenn (Vor-)Vertrauen existiert

Der Soziologe Niklas Luhmann (2000) bezeichnet Vertrauen als einen Zustand, in dem wir uns in gewissen Grundzügen schon auskennen, bereits informiert sind, wenn auch nicht vollständig. Indem wir eben dieses Wissen besitzen, wird der Komplexitätsgrad unserer Umwelt reduziert. Plötzlich ergeben sich aus diesem Grundvertrauen in bestimmte Dinge in die Zukunft gerichtete Handlungsoptionen. Anders ist ein Überleben in ausdifferenzierten Gesellschaften nicht möglich. Die starke Marke als „kondensierter Sinn" sendet klare Botschaften über die Zeit aus und erhält bei konsequenter Führung dafür einen zunehmenden Vertrauensvorschuss von ihrer Kundschaft. Marke ist ein verpflichtender Leistungsanspruch, der bei Einhaltung dieser Verpflichtung – und sozialer Resonanz auf ihre Leistung – zu einem „Guten Namen" wird. Wie sollte ein Gang in den Supermarkt im 21. Jahrhundert funktionieren ohne Vorvertrauen und persönliche Vor-Kenntnis einiger Produkte? Der arme Mensch ohne jede positive Produkt-Vorerfahrung würde vor dem Kühlregal verdursten (oder erfrieren), bevor er sich auch nur für eine Milch entschieden hätte. Einem Toyota schaut man nur noch pro forma unter die Motorhaube, und bei einem Natur-Joghurt von Andechser gehen wir mit ziemlicher Sicherheit davon aus, dass kein Formaldehyd darin zu finden ist.

Es ist eindeutig, dass ein „normaler" Alltag als soziales Lebewesen in einer komplexen Welt ohne ein gewisses Vor-Vertrauen in bestimmte Dinge und Abläufe kaum leb- bzw. darstellbar ist. Der Mensch wäre sonst komplett handlungsunfähig. Wie wichtig für unsere Selbst-Wahrnehmung und persönliche Einordnung der Umgebung ein Grundvertrauen ist, merken wir, wenn Ereignisse wie Tschernobyl, Fukushima, Corona-Krise, ein Verbrechen oder ein unerwarteter Partner- oder Jobverlust unsere „normale" Welt und somit unsere beständige, bis dato als gesichert geltende Sichtweise komplett ins Wanken bringen.

Ob regionale Kneipe oder globaler Player: Für ein Unternehmen gilt, dass ein extern existierendes Vor-Vertrauen in die eigene Leistung es überhaupt erst ermöglicht, wirtschaftlich, d. h. vorausschauend zu agieren. Mit einer bestimmten Anzahl Menschen, die ein Vor-Vertrauen besitzen und die Leistung regelmäßig käuflich erwerben, können Einkauf und Absatz, kurz die gesamte Wertschöpfungskette, gestaltet werden. Der Wirtschaftswissenschaftler Carl Christian von Weizsäcker bezeichnet Vertrauen in Bezug auf Wirtschaftskörper daher als einen „Koordinationsmechanismus" zwischen Käufer und Verkäufer: Ein sozial beschleunigender Mechanismus, der dafür sorgt, dass die Transaktionskosten für das Unternehmen erheblich sinken. Der Kunde erfährt im Gegenzug erhebliche persönliche Entschleunigung, weil sein Prüfaufwand, sein Antrieb zu vergleichen mit der Zeit deutlich nachlässt. Das Unternehmen darf sich dahin gehend entlastet fühlen, weil sein täglicher Erklärungs- und Kommunikationsaufwand minimiert wird. Vertrauen ist in diesem Zusammenhang keinesfalls als ethischer Selbstzweck zu verstehen, sondern beschreibt eine soziale Bindungsenergie, die monetär für die Firma ein Selbstläufer ist – bei sensibler Beachtung sämtlicher Regeln des Vertrauenserhalts in die Marke. Den Wert des Vertrauens bringt von Weizsäcker soziologisch auf den Punkt: „Der Käufer ist an einer bestimmten Leistung, einer bestimmten Ware interessiert. Deren Wert für ihn hängt davon ab, welche Nutzungseigenschaften sie tatsächlich hat. In der Regel wäre es für ihn sehr aufwendig, sich vor dem Kauf der Leistung oder Ware durch eigenen Augenschein davon zu überzeugen, dass sie die von ihm erwünschten Nutzungseigenschaften auch tatsächlich hat. Diesen Aufwand kann er sich sparen, wenn er dem Verkäufer vertraut, ihm eine Leistung oder Ware zu liefern, die die erhofften Eigenschaften auch wirklich hat." (von Weizsäcker 2001, S. 249–261)

Ein nahezu idealtypisches Beispiel, wie sehr Vertrauen den Alltag nicht nur mit klassischen „externen" Kunden, sondern eben auch intern erheblich erleichtert, beschleunigt und zudem der Qualitätssicherung dient, liefert der 1986 gegründete deutsche Biopionier im Bereich ätherischer Öle: Die Firma Primavera, die von ihrem Firmenstandort Oy-Mittelberg im Allgäu ein weltweites Netzwerk von mittlerweile 15 Bioanbaupartnern aufgebaut hat, welche die Firma mit Rohstoffen großenteils in Bioqualität versorgen. Diese, oft bereits über Jahrzehnte mit dem Unternehmen eng verbundenen Menschen bzw. meist landwirtschaftliche Kooperativen von Peru über die Türkei bis nach Kambodscha oder Bhutan, beliefern das Unternehmen vor allem mit hochwertigen naturreinen ätherischen Ölen. Aus den über 90 gelieferten Rohstoffen werden vom Fuß der Alpen aus anwendungsfertige Aroma-Pflegeprodukte hergestellt und in 32 Länder weltweit versendet. Zum Sortiment zählen über 150 ätherische Einzelöle, überwiegend aus Bioanbau sowie Aroma-Pflegerodukte für die therapiebegleitende Anwendung bis hin zu Raumbeduftung und Naturkosmetik (s. Abb. 3.1). Die „natürlich" gewachsenen Freundschaften zu den Anbaupartnern in aller Welt sind der Dreh- und Angelpunkt des unternehmerischen Erfolgs oder, wie Andrea Dahm, langjährige Verantwortliche für den Bereich Markenführung und Nachhaltigkeit, die Anfänge beschreibt:

„In den 1980er Jahren waren hochwertige naturreine Öle eine Rarität. Daher machten sich unsere Gründer Ute Leube und Kurt L. Nübling auf die weltweite Suche nach Landwirten und Herstellern ätherischer Öle, die Bioqualität liefern können sowie die Vision ihres jungen Unternehmens teilen. Ein Jahr nach Firmengründung ist ein junger Landwirt aus der Provence der erste Bioanbaupartner. Eine freundschaftliche Geschäftsbeziehung, die bis heute einzig auf gegenseitigem Vertrauen beruht – einen

Abb. 3.1 Mit ikonischem Öl-Fläschchen auf dem Anbaufeld: Andrea Dahm mit Firmengründer Kurt L. Nübling und der Einkaufsleiterin für Rohstoffe, Ioanna Mantzouki in Indien bei dem „Eukalyptus-Projekt" von Primavera (von links nach rechts). (Mit freundlicher Genehmigung von © Primavera Life GmbH 2020. All rights reserved)

> Vertrag gibt es nicht. Bis heute ist Grundlage all unserer Beziehungen gegenseitiges Vertrauen. Aber dies ist nie von Anfang an gegeben. Und es manifestiert sich nicht durch Unterschriften auf einem Stück Papier. Das war auch nie unser Ansinnen. Weit mehr als jeder Vertrag zählt für uns und unsere Anbaupartner das Wort. Über die Jahre haben wir erlebt und erfahren, dass unser vertrauensvolles Miteinander funktioniert, wenn alle die gleichen Werte teilen – allen voran die Liebe zur Natur, Begeisterung für ätherische Öle und Leidenschaft für Qualität." (Dahm 2021)

Die Beziehungs- bzw. Vertrauensarbeit erfordert es von Primavera, vielfältigen Ansprüchen gerecht zu werden – auf sozialer wie auch auf Produktebene. D. h. die Firma beteiligt sich an den Kosten für die Produktion, die Vorfinanzierung von Pflanzen und Saatgut, für Zertifizierung sowie Vorauszahlung für Ernten, stellt aber bei Bedarf auch finanzielle Mittel für den Bau eines Schulungszentrums (Indien) bereit. Die Preise für die ätherischen Öle werden in direkter Absprache mit den Landwirten festgelegt und entsprechen teilweise dem Vielfachen des Weltmarktpreises. Auch die Unterstützung bei Schaffung oder Erhaltung des

Marktes und die Absatzförderung sind Teil der intensiven Zusammenarbeit. Im Gegenzug zum Firmeneinsatz lassen die Landwirte und Destillateure vor Ort ihre langjährige Erfahrung und ihr Spezialwissen in die Arbeit mit den Pflanzen einfließen, um die bestmögliche Ölqualität liefern zu können, frei von Pestiziden, Gentechnik etc. Somit sind die persönlich-vertrauensvollen Beziehungen zu den Anbaupartnern ein Engagement mit hohem Nutzen für alle Seiten – nicht zuletzt für die Kunden, die darauf vertrauen, dass sie hochwertige naturreine Öle kaufen. Gründer Kurt L. Nübling bezeichnet Vertrauen dementsprechend als „den Kern unseres Unternehmenserfolges". (Dahm 2021)

Umso vernichtender, wenn ein Unternehmen dieses Vor-Vertrauen seiner Kundschaft missbraucht – denn in dem Fall kommt es zur „Vertrauenskrise", weil die erwarteten Leistungen eben nicht erbracht wurden. Von Robert Bosch ist der Satz überliefert: „Ich verliere lieber Geld als Vertrauen." Er wusste – lange, bevor es ein Wort wie Marketing oder Brand Management gab – Vertrauensverlust ist der Super-GAU für eine Marke. Der ehemalige Industrieminister Kubas, Che Guevara, fasste diesen Zusammenhang folgendermaßen in Worte: „Qualität ist der Respekt vor dem Volk."

Das allgemeine Misstrauen im Markt steigt dagegen kontinuierlich, beschreibt das Ökomagazin enorm in einem Leitartikel mit dem Titel „Vertrau mir!": Dort wird beschrieben, dass die Vielzahl an regelmäßigen Skandalen bei Banken, Versicherungen (bspw. unnütze Produkte), Lebensmittelherstellern (bspw. Preisabsprachen), die Aufdeckung menschenunwürdiger Produktionsbedingungen,Steuervermeidungsmodelle, der verbreitete Etikettenschwindel und bösartigste Verletzungen des Tierwohl mit denen die Öffentlichkeit medial konfrontiert wird, das Grundvertrauen in Hersteller und Dienstleister dauerhaft beschädigt haben. In repräsentativen Verbraucherstudien zur Vertrauenswürdigkeit von Unternehmen werden immer wieder Negativrekorde gebrochen. Am schlechtesten schniden übrigens regelmäßig Energieversorger, Banken und vor allem Lebensmittelhersteller ab (vgl. enorm 03/2015, S. 19). Dies ist interessant, weil gerade der Lebensmittelbereich Keimzelle einer ökologisch-vertrauensvoll ausgerichteten Warenwirtschaft ist (siehe Abschn. 2.3.2). In Reaktion darauf beobachtet man, dass immer mehr Menschen regionale Produkte kaufen. Das Wissen, den Erzeuger oder zumindest seine Herkunftsregion zu kennen und ihn sogar persönlich überprüfen zu können (theoretisch), vermittelt ein Gefühl von Sicherheit – im Grunde eine Rückentwicklung zum Beginn der ersten Warenmärkte, als sich Produzent und Käufer kannten. Nicht ohne Grund inszeniert sich der größte Lebensmittel-Einzelhandelsverband EDEKA dementsprechend: Man weiß, dass Größe einschüchtert, für Anonymität und Unerreichbarkeit steht und betont daher die regionale Einbindung jedes einzelnen Geschäfts, stellt dem Laden einen namentlich bekannten Besitzer bei (beispielsweise „E aktiv markt Jessen" in Hamburg Bergstedt) und nutzt die dort tätigen Mitarbeiter für die Kommunikation und Werbung. EDEKA unternimmt alles, um als moderner „Tante Emma Laden" Nähe und direkte Regionalität auch noch in den Stadtteilen von Großstädten hervorzurufen. Dass dann noch einige Produkte aus der Region ihre eigenen Regalaufkleber erhalten („Aus der Region"), rundet das Bild ab. Kein Wunder, dass EDEKA im GRPA-Vertrauensindex überdurchschnittlich gut abschneidet.

Wie stabil soziales Vertrauen ist, beweist das Ergebnis der bevölkerungsrepräsentativen „Readers Digest Most Trusted"-Studie aus dem Jahr 2019. So gilt Volkswagen den Deutschen – trotz Dieselgate – weiterhin als vertrauenswürdigstes Unternehmen der Automobilbranche (vgl. Most Trusted Brands 2019).

Der gute Name des Unternehmens ist immer ein Verpflichtungszusammenhang – gerade in „wilden Zeiten". Wenn ein Unternehmen wissentlich dieses Vertrauen missbraucht, seine Kunden, d. h. seine Geldgeber, täuscht, dann ist dies nicht nur zutiefst unmoralisch, sondern gleichzeitig auch eine fundamentale Missachtung der Leistungen, die Generationen leistungsernster Mitarbeiter seit Bestehen eines Unternehmens erbracht haben. VW, AUDI, BMW, Mercedes haben mit der Manipulierung von Abgaswerten nicht nur ihre Kunden betrogen, sondern auch die Leistungen ihrer Vorgänger verraten. Dieses geschichtslose, ausschließlich am momentanen Erfolg ausgerichtete Handeln scheint typisch für eine Haltung, die Markenerfolg in Quartalen und nicht in Generationen misst.

3.2.2 Orientierung in der Flut: Kinder schaukeln und E-Mails checken

Um 1900 schlief der durchschnittliche Amerikaner zehn Stunden pro Nacht. Um 1980 betrug der Durchschnittsschlaf acht Stunden. Heute schläft der Durchschnittsbürger nur noch sechseinhalb Stunden. Unsere Epoche kennzeichnet eine umfassende Ruhelosigkeit (vgl. Crary 2014, S. 16). Der Wissenschaftler Hartmut Rosa macht in seiner Arbeit zur „Beschleunigung" klar, dass ein entscheidender Imperativ der kapitalistischen Ethik sei, die Zeit so intensiv wie möglich zu nutzen. Diese „Grunderfahrung der Moderne" präge eine umfassende Rast- und Ruhelosigkeit – die Angst, ständig etwas zu verpassen, sodass das „gute Leben" an einem vorbeizieht. Obwohl uns immer mehr helfende Maschinen im Alltag begleiten (Mikrowellen, Waschmaschinen usw.), haben wir das diffuse Gefühl, immer weniger Zeit zu haben. Rosa führt aus, dass die freigewordene Zeit in der Moderne nicht „sinnlos" vergeht, sondern sofort wieder eingesetzt wird, um die Handlungsoptionen zu vergrößern (Kinderschaukeln und dabei die E-Mails auf dem Smartphone checken, Telefonieren, Joghurt essen, Nägel lackieren und WhatsApp schreiben) – Multitasking. Nichts ist mehr wirklich „Aus", wie der Siegeszug der Stand-by-Funktion beweist. Diese Form der Gleichzeitigkeit bedingt ein Denken, das essenziell für ein kapitalistisches Warenwirtschaftssystem ist: Die technisch gesteuerte Erhöhung der Produktionsgeschwindigkeit ergibt nur dann Sinn – und ist betriebswirtschaftlich abbildbar –, sofern gleichzeitig die Steigerung der Distributions- und vor allem der Konsumgeschwindigkeit erreicht wird (vgl. Rosa 2005). Marx hat ausgeführt, dass es die Moderne in Hinblick auf Warenwerte kennzeichnet, dass der physische Verschleiß durch den moralischen Verschleiß ersetzt wird (Marx hat also die Vorstellung von Produktzyklen vorweggenommen). Dauerhafte oder feste Produktionsformen laufen den Zielen einer wertschöpfungsorientierten Wirtschaft entgegen. Vielmehr muss die Produktion eine „geplante Veralterung" jedes Produkts miteinbeziehen, was meist durch eine Ausdehnung von Optionen bzw. Individualisierungsmöglichkeiten geschieht. Sehen wir uns einige Bespiele an.

Beispiele

1974 wurde der erste VW Golf produziert, neun Jahre später, 1983, folgte der Golf II. Acht Jahre später folgte der Golf III. Nur sechs Jahre vergingen, dann wurde der Golf IV angeboten. Immerhin, bis zum Golf V dauerte es erneut sechs Jahre. Vom Golf VI bis zum Golf VII waren es fünf. Der Produktionszyklus hat sich halbiert, die regelmäßigen Überarbeitungen, sogenannte „Facelifts", noch von der Betrachtung ausgenommen.

Handys werden heute in den seltensten Fällen ausgetauscht, weil sie nicht mehr funktionieren, sondern weil sie nicht mehr das neueste Modell sind – Apple lebt davon (übrigens verfügte ein durchschnittlicher deutscher Haushalt um 1900 über 400 verschiedene Objekte, im Jahr 2012 sind es 10.000).

Der deutsche Telekommunikationsanbieter 1&1 wirbt 2020 mit dem Vertragsangebot eines jährlichen automatischen Handyaustauschs. Ein idealtypisches Beispiel für die Produkt-Entwertungsverpflichtung in „wachstums"-orientierten Märkten.◄

Der ehemalige Investmentbanker und heutige Umweltaktivist Pavan Sukhdev kommt zu dem Schluss: „In der klassischen Ökonomie heißt es, der Bedarf und die Nachfrage führen zu Innovationen. Das Gegenteil ist der Fall: Innovationen treiben die Nachfrage voran. Der Grund ist die Werbebranche. Aus dem Nichts heraus kreiert sie Bedürfnisse, verwandelt die Schwäche und Unsicherheit von Individuen in Verlangen – und das führt zu Produktion (Winkelmann 2013, S. 50). Welche Auswirkungen hat dies auf unser Verständnis eines Produkts? Der hochfrequente (Austausch-)Rhythmus, der vor allem für technische Geräte gilt, verhindert, dass wir mit einem Produkt Routinen und Vertrauen aufbauen. Begleiteten Möbel oder auch nur ein Radiogerät unsere Großeltern, vielleicht sogar noch unsere Eltern durch ihr Leben und wiesen als individuelle Gerätschaften Spuren auf, „wuchsen ans Herz", so ist dies beim zweijährigen rahmenvertragsgebunden Austausch des Smartphones bzw. beim design- oder preisorientierten IKEA-Möbel Einkauf kaum noch möglich. 30 Jahre alte IKEA-Möbel haben mittlerweile sogar Sammlerwert. Die Auswirkungen auf die Marke sind fundamental:

▶   Weil das Produkt selbst zum funktionalen Selbstzweck wird, also keine eigene Geschichte entwickelt, sondern nur funktioniert, übernimmt die Marke die Rolle der Dauerhaftigkeit. Ich kaufe nicht mehr das Produkt xy, sondern ich kaufe wechselnde Produkte der Marke xy. Je verkürzter die Lebensdauer des Produkts, desto wichtiger wird die Marke werden.

Um die Neigungsbereitschaft hinsichtlich einer Marke sicherzustellen erscheint es nahezu zwangsläufig, dass ein Bundesbürger täglich mit 3000 bis 6000 Werbebotschaften konfrontiert bzw. bombardiert wird (je nach Studie), der durchschnittliche Supermarkt ca. 10.000 Produkte anbietet, 30.000 neue Artikel allein im Bereich der sogenannten „schnelldrehenden Konsumgüter" pro Jahr auf den Markt drängen und 35.000 Markenbezeichnungen in Europa eingetragen werden – jährlich! Die Auswirkungen auf das Denken sind fundamental: Wenn sich alles ständig verändern soll und wenn das Neueste in kürzester Zeit alt ist, dann wird die Annahme, dass einem Objekt bzw. einer Erfahrung ein dauerhafter Wert zukommt, permanent frustriert und deshalb kaum ausgebildet.

Nur vor diesem Hintergrund wird der psychosoziale „Wert" der Marke deutlich:

• Marke schafft – oder treffender: suggeriert – Kontingenz.
• Marke ist in der Lage, Leuchttürme der Erwartungseinhaltung zu verkörpern, gerade in einem Bereich, der ansonsten für schnellstmöglichen Austausch steht.
• Marken sind das Ergebnis von Leistungen, die von einem Unternehmen erfolgreich über längere Zeit erbracht wurden. Es entsteht ein kollektives

Vor-Vertrauen, oder um es mit einem markensoziologischen Terminus zu bezeichnen, ein Positives Vorurteil.

Das Vorliegen eines Positiven Vorurteils unterscheidet die Marke vom Produkt. Produkte haben keine Vorurteile. Ein schnittiges Logo, eine Anmeldung beim Patentamt oder eine kreative Werbestrategie kosten viel Geld, machen aber noch lange keine Marke. Welch unglaubliche Leistung haben Marken erbracht, wenn wildfremden Menschen bei Nennung eines (Marken-)Namens generationen- und länderübergreifend bestimmte gleichlautende Merkmale nennen. Es ist zu bezweifeln, dass dies ebenso erfolgreich mit Werken bedeutender Künstler gelänge. Audi hat mit dem zeitweise global eingesetzten deutschen Satz „Vorsprung durch Technik" sicher mehr für die Beliebtheit und Bekanntheit der deutschen Sprache getan als das Goethe-Institut.

3.2.3 Wirtschaft bedeutet Kampf der Vorurteile

Wir sind es gewohnt, Vorurteile als etwas Unerwünschtes und zutiefst Bedauernswertes einzuordnen. Wenn der Zeitgeist dem aufgeklärten Menschen eines nicht erlaubt, dann ist es, Vorurteile zu haben … so etwas haben höchstens großflächig tätowierte Männer in Unterhemden und Jogginghosen (Achtung Vorurteil!). Ein Relikt der aufklärerischen 1970er Jahre, in denen das Vorurteil in vielen Köpfen für Borniertheit und geistig-moralische Rückständigkeit stand – dabei war seit den 20er Jahren des vorigen Jahrhunderts in der Soziologie stets zwischen positiven und negativen Vorurteilen unterschieden worden. Oder wie der Soziologe Max Horkheimer befand: „Ohne die Maschinerie der Vorurteile könnte einer nicht über die Straße gehen, geschweige denn einen Kunden bedienen." (Horkheimer 1962, S. 5)

Für eine Marke ist das positive Vorurteil das alles entscheidende Charakteristikum im Wettbewerb. Denn Marktwirtschaft ist der Wettbewerb um das stärkste positive Vorurteil. Vorurteile sind aus markensoziologischer Perspektive keine unerwünschten Erscheinungen, im Gegenteil. Eine Marke erzeugt ein Kollektiv von Menschen, die ein Positives Vorurteil hinsichtlich einer bestimmten Leistung teilen. Die kontinuierliche Erwartungseinlösung schafft ein stabiles Treueverhältnis, das sich von Kundenseite durch einen regelmäßigen Kauf ausdrückt. Das bedeutet allerdings auch: Wenn eine Marke bestimmte Eigenschaften kollektiv verpolt hat, so ist sie in einem unumstößlichen Selbstverpflichtungszusammenhang gefangen. Denn das prüfende Moment beim Kaufakt geht auch innerhalb der kollektiven Strukturen nie verloren. Handelt eine Marke nicht wie gewohnt, verzeihen wir es ihr einmal, aber wenn es mehrfach auftritt, wenden wir uns ab. Eine Marke wie Penny darf deshalb nicht auf die Idee kommen, schicke Regale aus dunklem Edelholz in den Laden zu integrieren, weil es ästhetisch ansprechender ist und wertiger wirkt – das wäre nicht „typisch" Penny und würde diesen Wirtschaftskörper schädigen. Ein Volkswagen-Manager sollte nicht ernsthaft versuchen, ein Auto mit dem Namen Phaeton für den Preis eines kleinen Reihenhauses unter dem Namen Volks-Wagen anzubieten (inzwischen eingestellt). Als Deutschlands älteste Diät-Marke „du darfst" im Jahr 2012 auf die Idee kam, den gelernten Slogan „Ich will so bleiben wie ich bin" … in „Fuck the diet" zu ändern, rebellierten Kunden und Eltern vehement, als sie den brachialen Slang kurz vor dem Sandmännchen hören mussten.

Ob schön oder hässlich, billig oder teuer: Das eingelöste Vertrauen ist der eigentliche Dienst an der Kundschaft. Kernelemente der Marke sind nicht verhandelbar. Und wenn Elemente zur Disposition stehen, dann gelingt ein Wandel in der kollektiven Wahrnehmung nur über lange Zeit. Die sorgfältige Umpositionierung der Marke AUDI vom Kleinbürgermobil zur Premiumlimousine für dynamische Wirtschaftslenker und alle die sich dafür halten) man meint, dass die Insassen komplett mit dem Auto konstruiert und ausgeliefert werden) über zwei Jahrzehnte macht dies deutlich.

3.3   Was ist Marke?

Was ist dann eigentlich eine Marke? Wenn bereits für „nachhaltig", „biologisch" oder „fair" ein Wirrwarr an Definitionen herrscht, so ist es bezogen auf das Phänomen Marke ähnlich. Mit der zunehmenden Atomisierung sozialer Gemeinschaften erfährt die Marke zunehmende Durchdringung und Akzeptanz. Es ist erstaunlich: Viele Menschen definieren sich über das Auto, in dem sie sitzen, die Kaffeesorte, die auf dem Tisch steht, oder über das Logo, das ihr Polo-Shirt ziert. Selbst der größte Individualist kann sich der Zugehörigkeit zu bestimmten Marken nicht entziehen. Auch „Öko" ist selbstverständlich Marke! Selbst ein Punk unterliegt den stilistischen Ge- und Verboten seiner Marke Punk. Ob Kapitalismus oder Sozialismus: In Wirtschaftskreisläufen gibt es keine unmarkierten Bereiche. Menschen leben mit Marken – bereits über Jahrhunderte hinweg. Marken scheinen fundamentale Probleme und Bedürfnisse des Menschen zu lösen bzw. zu erfüllen. Verschaffen wir uns einen kurzen Überblick über das heutige Markenverständnis und sehen wir uns an, wie Marke aus soziologischer Sicht erklärt wird.

3.3.1 Die Marke aus juristischer Sicht

Das Markenrecht ist ein wichtiges Instrument, um der Marke und dem damit verbundenen Leistungsversprechen irritationsfreie Zuordnung zu ermöglichen. Wenn Marken allerdings kultur- und zeitübergreifend Lösungen für bestimmte Begehren anbieten, dann macht das deutlich, dass Marken eben mehr sein müssen als eine beim Markenamt eingetragene Kennzeichnung, mehr als „nur" ein juristisch geschütztes Warenzeichen. 1874 wurden in Deutschland Gesetze „Über den Markenschutz" erlassen, die zum ersten Mal die Möglichkeit schufen, Bildmarken zu schützen. Dagegen waren jedoch Wortmarken, die nicht aus einer Firma oder einen Namen bestanden, ungeschützt. 1894 folgte das *Gesetz zum Schutz der Waarenbezeichnungen.* Dieses neue Gesetz betonte weiterhin den Eintragungsgrundsatz, allerdings wurde auch ein wettbewerbsrechtlich begründeter Schutz von Ausstattungen (also bekannter Zeichen, die im Geschäftsverkehr Verwendung fanden) anerkannt. Hinzu kam die Ausweitung des Schutzes auf reine Wortmarken. Zum Schutz der Marken bzw. der Zeichen wurde in der Folge beim neu gegründeten Reichspatentamt eine einheitliche Zeichenrolle für das gesamte Gebiet des Deutschen Reiches geschaffen. In den Folgejahrzehnten wurden die Gesetze sukzessive an die Erfordernisse der Zeit angepasst.

Die zunehmende Durchdringung der Alltagswelt sowie neue Formen der Markenpräsenz führten in den 1990er Jahren zu einer tiefgreifenden Revision des Markenrechts. Dabei blieb die Grundidee des juristischen Schutzes erhalten: Ein geschützter Name, ein eingetragenes grafisches Zeichen oder ein Soundlogo stellen eine Möglichkeit dar, Kenntnis und Vertrauen, das diesen Symbolen und den damit verbundenen Leistungen entgegengebracht wird, zu kanalisieren. So hatte der Rechtswissenschaftler Karl-Heinz Fezer, Autor des Markenrechtskommentars, die Marke als „Signalcode für ein Produkt zur Kommunikation zwischen Akteuren im Marktgeschehen" eingeordnet (vgl. Harte-Bavendamm 2015, S. 79). 1995 in Kraft getreten, definiert das Markenrecht eine Marke aktuell wie folgt:

▶ „Als Marke können alle Zeichen, insbesondere Wörter einschließlich Personennamen, Abbildungen, Buchstaben, Zahlen, Hörzeichen, dreidimensionale Gestaltungen einschließlich der Form einer Ware oder ihrer Verpackung sowie sonstige Aufmachungen einschließlich Farben und Farbzusammenstellungen geschützt werden, die geeignet sind, Waren oder Dienstleistungen eines Unternehmens von denjenigen anderer Unternehmen zu unterscheiden." (Bundesministerium der Justiz und für Verbraucherschutz o. J.)

Henning Harte-Bavendamm, Rechtsanwalt und Professor für Urheber- und Wettbewerbsrecht, hält fest: „[…] zunehmend hat sich seither auch in der juristischen Diskussion das Bewusstsein dafür geschärft, dass die Bedeutung der Marke weit über ihre Kernfunktion, nämlich auf die Herkunft der Ware oder Dienstleistung aus einem bestimmten Unternehmen hinzuweisen, hinausreicht. Begriffe wie Qualitätsfunktion, Kommunikationsfunktion, Investitionsfunktion und Werbefunktion der Marke haben längst Eingang in die Rechtsprechung des Gerichtshofes der Europäischen Union (EuGH) gefunden." (Harte-Bavendamm 2015, S. 80)

3.3.2 Die Marke aus ökonomischer Sicht

Wirtschaftswissenschaftler beobachten die Marke im Bereich Marketing. Umso erstaunlicher ist es, dass das Thema „Markenführung" als explizites Arbeitsgebiet erst seit 20 bis 30 Jahren in den Fokus der Ökonomen geraten ist. Schließlich kommen und gehen Firmenlenker, Mitarbeiter, Erfindungen und Produktionsweisen, das einzig Beständige bei starken Unternehmen ist und bleibt der gute Name. Selbst wenn ein Unternehmen ökonomisch darniederliegt, besteht oft der einzige Unternehmenswert, der noch Geld einbringt und von den Konkursverwaltern daher mit Inbrunst vergoldet wird, aus Markenname und Logo. Namensrechte ehemaliger Markenikonen wie „Grundig" oder „Telefunken" wurden von zwielichtigen Anbietern gern gekauft und anschließend hoch gehandelt. Daher existieren einige solcher einstigen Markenikonen weiterhin als Namenshüllen, die Produkte haben allerdings nichts mit der rühmlichen Vor-Leistungsgeschichte zu tun, stellen aber gerade für Produzenten in Asien wertvolle käufliche Sprungbretter zur Marktdurchdringung in Europa dar.
Vergleichsweise spät hat sich die Wirtschaftswissenschaft vom juristischen Markierungsgedanken emanzipiert. Noch vor gut 20 Jahren definierte Gablers Wirtschaftslexikon Marken auf folgende Weise: „Name, Bezeichnung, Zeichen, Design, Symbol oder Kombination dieser Elemente zur Identifizierung eines Produktes (Produktpersönlichkeit) oder einer Dienstleistung eines Anbieters und zur Differenzierung von Konkurrenten." (Gabler-Wirtschaftslexikon 1997, S. 2537) Um die Jahrtausendwende setzte eine tiefergehende Betrachtung des Phänomens Marke ein. So definierten führende Ökonomen Marke mit ihrem Vermögen, Einzelprodukte, Produktlinien oder komplette Sortimente von ähnlichen Produkten zu unterscheiden, deren rasches Erkennen im wachsenden Vielerlei der Produkte und Marken zu erleichtern, die Herkunft sichtbar zu machen sowie durch Vermittlung eines Zusatznutzens markt- oder zielgruppenspezifische Präferenzen zu

bilden und ein einzigartiges, vom Anbieter erwünschtes Markenimage aufzubauen (vgl. Esch und Wicke 2001, S. 3 ff.).

Einige Jahre zuvor hatte der Wirtschaftswissenschaftler Heribert Meffert bereits einen Schwenk innerhalb der betriebswirtschaftlichen Analyse vollzogen und Aspekte in eine ökonomische Betrachtung integriert, die bis dahin – in Duktus und Überlegung – neuartig waren. Meffert definiert: „Unter Markenidentität soll […] die in sich widerspruchsfreie Summe aller Merkmale einer Marke verstanden werden, die diesen Markenartikel von anderen dauerhaft unterscheidet und damit seine Markenpersönlichkeit ausmacht." (Meffert 1998, S. 812)

Allerdings beantwortet weder die Rechtswissenschaft noch die Ökonomie die Frage, wie es zu diesem *Vertrauen,* wie es zu der „Persönlichkeit" in Bezug auf einen Namen gekommen ist – dies ist auch nicht die Primäraufgabe dieser Wissenschaften. Zum Verständnis, wie Marke funktioniert, und um dem Wunsch nachzukommen, sie wertschöpfend strategisch zu führen, ist es jedoch fundamental, die kausalen *sozialen* Wirkzusammenhänge und Dynamiken zu kennen, um sie bei Markenaufbau und Markenführung einsetzen zu können. Vertrauen und Persönlichkeit sind beides Kategorien der Sozialwissenschaften. Genau um diese Zusammenhänge und dahinterliegenden Wechselwirkungen der Bündnisbildung um einen Namen herum zu verstehen, liefert die Markensoziologie maßgebliche Erkenntnisse und Parameter.

3.3.3 Die Marke aus sozioökonomischer Sicht

Es ist weder betriebswirtschaftlich noch juristisch erklärbar, warum rational-säkularisierte Menschen im 21. Jahrhundert massenhaft bereit sind, 159 € für eine Jeans der Marke Hugo Boss oder 110 € für eine Jeans von Kuyichi zu bezahlen, obwohl sie für eine Eigenmarke eines Textileinzelhändlers in derselben Qualitätsliga maximal die Hälfte zahlen müssten (es gibt keine Jeans auf den Konsummärkten, die in der Produktion mehr als zehn US-Dollar kostet). Wertigkeit und Schnitt sind für einen Laien nahezu identisch. Der Erfolg einer Reihe von „Bioprodukten" widerspricht dem sogenannten homo oeconomicus – wenn es bei Nahrung nur um Sättigung ginge, dann würde eine einzige Discountermarke für uns alle ausreichen. Analytisch betrachtet gibt es keinen Grund dafür, dass der Mensch bei großen wie kleinen Entscheidungen nicht einfach das Produkt mit dem besten Preis-Leistungsverhältnis wählt. Würden wir ausschließlich rational entscheiden, so wäre es unerklärlich, warum mehrere Dutzend Biosupermärkte existieren, geht es doch eigentlich beim Einkaufen nur darum, die Lebensenergien mit Nahrung aufzufrischen. Es scheint, dass die Vorstellung vom

„Verbraucher" nicht den Tatsachen entspricht: Menschen verbrauchen nicht nur instinkthaft, sondern sie wählen als Kunde einer Marke. Den bindungslosen Verbraucher gibt es nicht; es gibt nur den erlebenden Beobachter, der kauft, weil er an ein Produkt und seine mit ihm verbundenen Attribute gewöhnt ist – und zwar massenhaft, denn keine Marke kann nur von einem Kunden leben. Marke lebt davon, dass viele Menschen in bestimmter, gleichgerichteter Weise an ihre einzigartige Leistungsbesonderheit denken.

▶   Marken sind soziale Phänomen – mit betriebswirtschaftlichen Auswirkungen. Sie lassen sich nicht auf Basis von Zahlen erklären.

Grundsätzlich ist feststellbar, dass viele Profis und sonstige Beobachter von Marken sich fast ausschließlich mit den Wirkungen einer Marke befassen. Der Mensch entscheidet allerdings auch in Fragen des Wirtschaftens nicht ausschließlich als prüfendes Subjekt. Es ist eben nicht so, dass wir nur dem bloßen Produkt, seinen Leistungen und dem Preis „Glauben" schenken. Im einfachen Wechselspiel zwischen Subjekt und Produkt entsteht ein Zusammenhang, der nicht ein rationales Gedanken-Ergebnis in den Vordergrund stellt, sondern zumeist ein Prüfen und Bestätigen auf Basis vorhandener Erfahrungen und persönlicher Erlebnisse integriert.

Marken sind kein Sonderfall der Gruppenbildung um eine Idee herum. Es ist vollkommen egal, ob man sich mit einem Volk, einer Gruppe von Karajan-Anhängern, Starbucks-Fans oder einem beliebten Biohof in der Nachbarschaft beschäftigt, immer gelten dieselben Regeln und Dynamiken der sozialen Verdichtung – auch wenn viele Werbeagenturen genau dies negieren, um trendige neue Kundengewinnungsmodelle teuer zu verkaufen …

Was ist Markensoziologie?
Markensoziologie ist eine Wissenschaft, die auf Basis sozio-empirischer Beobachtungen gesetzmäßige Muster der Kundschaftsbildung um eine Marke herausarbeitet. Diese Ergebnisse machen es möglich, Prognosen in Hinblick auf das zukünftige Verhalten von Gruppen zu machen: Wenn die Marke X in einer bestimmten Art und Weise im Markt agiert, dann werden mit großer Wahrscheinlichkeit folgende Wirkungen in der Kundschaft eintreten. Diesen wissenschaftlichen Anspruch erhebt ein markensoziologischer Ansatz, weil das Gruppenverhalten als empirische Größe in den Analyseprozess einfließt.

Wenn viele Menschen etwas gemeinsam wollen, z. B. indem sie ein bestimmtes Produkt in ihren Einkaufswagen legen, handelt es sich um einen Prozess, der soziologisch erklärt werden kann. Die Marke als soziales Phänomen ist erklärbar, weil beleuchtet wird, warum manche Menschen „auf eine Marke schwören", ja selbst bei Nennung vielfältiger Gegenargumente ihrer Marke treu bleiben und anderen Marken – ohne reale Kenntnis – Missmut, Unwillen oder Ablehnung entgegenbringen.

Die Theorie hinter diesem Verständnis von Gruppenbildung um Ideen hat der Gründervater der deutschen Soziologie, Ferdinand Tönnies, mit seinem Grundlagenwerk „Gemeinschaft und Gesellschaft" bereits 1887 gelegt. Was genau versteht Tönnies unter dem gemeinsamen Wollen? Zunächst geht er davon aus, dass erst dann ein Bündnis entsteht, wenn Menschen förderlich und helfend miteinander agieren. Erst wenn Menschen – wie Tönnies formuliert – *bejahend* zueinander in Beziehung stehen, spricht der Markensoziologe von einem Bündnis. Soziales findet also nicht bereits statt, wenn sich zwei Menschen zufällig treffen, sondern erst dann, wenn ich mich als Individuum für die Zusammenarbeit mit anderen entscheide. Sozial ist also immer gewollt. Dabei ist es zunächst unerheblich, ob ich mich für eine Ehe oder den Kauf eines Kaugummis am Kiosk entscheide. In beiden Situationen gehe ich gezielt ein Verhältnis mit einem Gegenüber ein – natürlich in einem unterschiedlichen Dichtegrad (wenn es gut läuft). Allerdings gilt: Sozial ist im wissenschaftlichen Verständnis keine Kategorie des „Gut-zueinander-seins". Sozial bedeutet zunächst lediglich, dass man miteinander in einer Beziehung steht. Die Ziele dieser Kooperation können für andere Menschen schrecklich oder destruktiv sein: Die Mitglieder einer Verbrecherbande, die sich entscheiden, gemeinsam einen Juwelier auszurauben, stehen – für sich betrachtet – durchaus in einem förderlichen Sozialverhältnis zueinander, agieren aber höchst zerstörerisch in Bezug auf andere.

Bündnisse durchziehen das Leben permanent: Freunde, Familie, Arbeitskollegen, die Fahrt in den Urlaub. Jedes Mal haben wir uns dazu entschieden, an einem bestimmten Punkt mit anderen Menschen zu kooperieren. Wichtig ist: Menschen gehen ein Bündnis nicht nur mit anderen Menschen ein, sondern oftmals auch mit Dingen. Die Tatsache, dass ich mich für ein bestimmtes Bier entscheide, setzt mich in ein förderliches Verhältnis mit der ausgewählten Brauerei, der Art und Weise der Produktion und den dort arbeitenden Menschen. Dieses Verhältnis ist nicht abstrakt, sondern sehr konkret, in dem das Unternehmen von mir Geld erhält.

Dieser soziale Wille ist vielschichtig. Er kommt in zwei Idealtypen vor: Dem *Kürwillen* und dem *Wesenwillen*. Diese beiden Formen unterscheiden sich hinsichtlich ihres Rückgriffs auf rationale Triebkräfte auf der einen Seite und eher unterbewusst-emotionale Triebkräfte auf der anderen Seite.

Der Kürwille

Den Kürwillen charakterisieren abstrakte, logische, rein sachliche Erwägungen. Ein anschauliches Modell des Kürwillens ist die in der Betriebswirtschaft angewandte Vorstellung des „homo oeconomicus". Dieser ideale Marktteilnehmer agiert rein rational, unabhängig und ruht nicht, bevor er optimale Lösungen für seine Vorhaben gefunden hat. Sämtliche Entscheidungen beruhen auf einer stringenten Analyse von Aufwand und Nutzen mit dem Ziel, die persönlichen Bedürfnisse mit möglichst geringem Investment zu realisieren: Ich entscheide auf eine bestimmte Weise, weil ich zukünftig ein bestimmtes Ergebnis mit hoher Wahrscheinlichkeit erwarte.

Im Zusammenhang mit der Marke sind kürwillig erworbene Produkte meist „vernünftige" Produkte. Man kauft etwas, weil es sich als besonders „lösungsorientiert" erwiesen hat (beispielsweise gute Testergebnisse), weil es besonders „preiswert" ist oder weil man eine Alternative sucht.

Der Wesenwille

Der Mensch entscheidet niemals ausschließlich rational. Während der Kürwille prinzipiell auf einem bewussten Denkprozess beruht, ist der Wesenwille das organisch gewachsene Ergebnis kultureller und biografischer Lebenszusammenhänge, in denen wir aufwachsen. Im Gegensatz zu einem Verstandesurteil ist der Wesenwille kaum kausal erklärbar: Er ist emotional geprägt. Alles, was der Mensch aus sich selbst heraus, seinem Wesen folgend will, fällt unter diese Kategorie. Wesenwille entsteht aus gesammelten Erfahrungen über die Zeit. So kennzeichnen das Verhältnis in Familien oder die Beziehung zu Freunden hochgradig wesenwillig geprägte Umgangsformen. Wesenwilliges Denken erfolgt instinktiv und entzieht sich meist sogar unserer eigenen bewussten Entscheidungsgrundlage.

Produkte, die wir seit Jahren und sogar Jahrzehnten kaufen, folgen nicht einer rationalen Prüfung – irgendwann gehört ein bestimmter Schokoladenaufstrich zum Frühstück dazu. Die Firma Siemens postulierte den Slogan: „Wir gehören zur Familie." Miele macht die neue Waschmaschine in ihrer Plakatwerbung gekonnt zum Familienmitglied. Einige Marken sind Teil unserer Identität geworden und werden gekauft, obwohl es vielleicht rationale Gründe gibt (z. B. der Preis), die dagegensprechen. Marke ist das typische „Trotzdem" und das „Mein" des Konsums.

Entscheidend ist, dass beide Willensformen in der Lebenswirklichkeit nicht absolut vorkommen. Sie sind für die Markensoziologie wissenschaftliche Kategorien, die in der Realität immer – in unterschiedlichem Verhältnis – vermischt auftreten. Kein Lieblingsprodukt kann nur dadurch gewinnen, dass es „geliebt" wird. Es muss auch seine Leistung erfüllen. Und ein kürwilliger Kaufakt gelingt nicht, wenn wir nicht ein Mindestmaß an emotionaler Zuneigung zu dem Produkt entwickeln.

Willen machen Bündnisse
Die beschriebenen Willensformen bilden die Grundlage für zwei Arten von sozialen Verbundenheiten, die Menschen mit anderen Menschen oder aber mit Dingen eingehen. Tönnies differenziert zwischen Gemeinschaft und Gesellschaft. Gemeinschaften werden geprägt durch viele Einzelne, die sich wesenwillig begegnen. Die Gesellschaft kennzeichnet Kürwilligkeit, also die Zweckgebundenheit der Begegnungen. So ist das Leben in Gemeinschaft von gemeinsamen Überzeugungen, ungeschriebenen Regeln und Vertrautheit geformt. Vieles ist, weil es schon war. Die Gesellschaft ist charakterisiert durch eine Zweckorientierung, die sich verändernden Gegebenheiten flexibel anpasst und ihre Mitglieder je nach Ziel frei wählt. Vieles ist, weil es sein soll.

Während die Gemeinschaft sinnbildlich auf dem Handschlag beruht, ist das Bindungsmedium in der Gesellschaft der Vertrag. Die Differenzierung von Gemeinschaft und Gesellschaft ist mehr als eine historische Charakterisierung, denn sie bezeichnet die Art und Weise, wie uns Bündnisse oder Gruppen begegnen. Genossenschaften sind – idealtypisch betrachtet – gemeinschaftlich orientierte Bündnisse, während eine Aktiengesellschaft den kurzfristigen Zweck in den Mittelpunkt rückt. Ob ein Unternehmen eher gemeinschaftlich oder gesellschaftlich geprägt ist, ob z. B. der FC Bayern München noch eine echte Gemeinschaft oder doch schon eher eine Gesellschaft ist, hat fundamentale Auswirkungen darauf, wie wir einem Warenangebot begegnen. Denn Waren oder Dienstleistungen bilden in dem Moment, in dem sie auftreten, auch Gruppen. Die Frage für das Management um eine Leistungsidee herum ist: Sind wir stärker gemeinschaftlich oder stärker gesellschaftlich getrieben? Klar ist:

▶   Je mehr gemeinschaftliche Strukturen vorherrschen, umso stärker die Bindungskraft der Marke.

Gemeinschaften
In Gemeinschaft werden wir unausweichlich hineingeboren – die Tatsache, ob wir in Berlin, Boston oder Buenos Aires zu Welt kommen, wird unsere Muttersprache, unsere kulturellen Gepflogenheiten und unsere Sicht auf die Welt prägen. Gemeinschaften kennzeichnet eine starke Verbindung durch eine ähnliche Sozialisation und

kollektive Erinnerungen. Die Gemeinschaft ist eine aus Vergangenem hervorge-
gangene Schicksalsgemeinschaft, deren Spuren unsere Entscheidungen leitet. Wie
etwas zu sein hat, bedingt das Zusammenleben, obwohl die Inhalte meist nirgendwo
schriftlich dokumentiert sind. Deshalb macht die Gemeinschaft in hohem Maße
unfrei. Nicht wir sprechen „deutsch", sondern „das Deutsche" spricht aus uns. Nur
weil wir uns der Grammatik und der Phonetik einer Sprache unterwerfen, sind wir
in der Lage zu kommunizieren. Der Linguist Guy Deutscher hält fest:

„Die Sprache hat zwei Leben: In ihrer öffentlichen Rolle ist sie ein System von
Konventionen, auf das sich eine Sprachgemeinschaft zum Zweck der effektiven Kommunikation geeinigt hat. Die Sprache hat aber auch noch eine andere, private Existenz
als ein System von Wissen, das jeder einzelne Sprecher in seinem oder ihrem Geist
verinnerlicht hat. Wenn die Sprache als wirksames Kommunikationsmittel dienen soll,
dann muss das private Wissenssystem in den Köpfen der Sprecher ziemlich genau dem
öffentlichen System der sprachlichen Konventionen entsprechen." (Deutscher 2012,
S. 266)

Gemeinschaften sind aufgrund ihrer gleichsam organischen Verbundenheit extrem
stabil – so ist eine Familiengemeinschaft beständiger als beispielsweise die Beziehung zu einem Unternehmen, in dem man arbeitet. Die Gründe liegen darin, dass
idealtypisch die Vertrautheit des Miteinanders in einer Gemeinschaft Vertrauen
bedingt. Die Mitgliedschaft zu einer Familie kann man nicht kündigen, selbst
wenn man sich von ihr lossagt. Wenn es hart auf hart kommt, steht man wieder zusammen. Der Begründer der Markensoziologie Alexander Deichsel schreibt
dementsprechend: „Gemeinschaft ist manchmal qualvoll, lästig-lustvoll, aber auf
einmalige Art sichernd." (Deichsel 2006, S. 57) In ihr wirkt eine soziale Kraft, die
als Sitte bezeichnet wird. In sie wächst der Mensch unweigerlich hinein. Denn:
Was für uns natürlich ist, ist immer das, womit wir vertraut sind.

Gesellschaften
Die Mitglieder von Gesellschaften wollen gemeinsam bestimmte Zielsetzungen
realisieren. Ist dies geschehen, löst sich der Zusammenschluss auf. Das Individuum hat die Möglichkeit, seine Ziele frei zu bestimmen, und handelt autonom. In
Gesellschaften wird grundsätzlich nach rationalen Beweggründen entschieden, allgemeingültige Regeln sind formuliert. Alle Entscheidungen beruhen auf eigenen,
individuellen Beschlüssen und Abmachungen. Der Vertrag ist das entscheidende
Werkzeug gesellschaftlicher Vorgänge. Damit wirkt die Gesellschaft als Gegenpol zur Gemeinschaft, welche die Freiheit des Einzelnen reduziert und ihn mittels
gemeinschaftlich durchgesetzter Normen in ihr soziales Gefüge einbindet.

Marke und Produkt = Gemeinschaft und Gesellschaft
Sowohl einer gesellschaftlichen als auch einer gemeinschaftlichen Verbindung ist gemeinsam, dass aus dem förderlichen Zusammenwirken ihrer Mitglieder ein Sozialkörper entsteht. In dem Moment, in dem Menschen von einer Idee angezogen werden und sich um diese Idee gruppieren, spricht der Markensoziologe von einem Sozial- oder Systemkörper. Dabei ist es unerheblich, ob Menschen eine bestimmte Limonadenmarke faszinierend finden, einen Sportclub oder ein Restaurant. Die Art und Weise, wie ein Getränk entsteht oder wie es schmeckt, die Fankultur oder die Freundlichkeit des Wirtes sind typische Beweggründe, diesen Leistungskörper durch Geld, Zeit und Interesse zu unterstützen – zum persönlichen Wohlbefinden.

Der Markt ist im markensoziologischen Verständnis nichts anderes als das Ergebnis unendlich vieler Leistungsangebote. Weil viele Menschen an unterschiedlichen Positionen daran arbeiten, dass es einen Fußballclub auf St. Pauli gibt, entsteht ein FC St. Pauli – getragen von Investoren, von Spielern oder Trainern und schließlich dem Zuschauer, der bereit ist, den Verein durch Kauf einer Eintrittskarte und lautstarke Sprechchöre zu unterstützen. Das Ergebnis dieses Wollens unterschiedlicher Menschen an unterschiedlichen Kontaktpunkten erschafft ein konkret wahrnehmbares Leistungssystem. Es ist für sich besonders. Es strukturiert die Umwelt in einer bestimmten, im besten Falle wiedererkennbaren, typischen Weise. Der FC St. Pauli ist eben nicht der HSV oder die Hertha aus Berlin. Es gibt für jeden Menschen gute Gründe, warum er Fan des einen und nicht des anderen Sportclubs ist. Dass er das schließlich geworden ist, liegt daran, dass das Leistungsangebot spezifisch und unverwechselbar war.

Leistungssysteme sind Horizonte möglichen Handelns – niemals beliebig, sondern stets definiert. Jede Marke ist um ein klares Willenszentrum gruppiert. Sie strahlt mit ihrer Interpretation, wie die Welt an einem bestimmten Punkt zu sein hat, einen eindeutigen Impuls aus. Die Menschen, die diesem Impuls folgen, handeln nicht mehr als ungebundene Individuen, sondern sie handeln *in* etwas, was ihnen die Handlungen stilistisch vorgibt. Diese Unterscheidung ist markensoziologisch essenziell: Viele Manager sind es gewohnt, eine Marke so zu beschreiben, dass ihre Verkaufszahlen, ihre Kundengruppen, ihre Konkurrenz, ihre „Reason-Why" durch eine sehr detaillierte Marktforschung und Marktbeobachtung abgebildet wird. Sehr oft herrscht die Überzeugung, dass die erhaltenen Informationen das Wesen des Objekts fassen. Das Problem ist allerdings, dass die vorliegenden Daten nichts weiter sind als Beschreibungen *über* etwas. Sie beschreiben eben nicht den Gegenstand an sich. Es werden Dinge detailliert dargestellt, aber eben nicht erklärt. Würde man die erhaltenen Informationen und Daten zusammenfügen, dann stünde im Ergebnis nicht der Gegenstand selbst. Entscheidende Aufgabe ist es, zum eigentlichen Kern des Leistungskörpers vorzudringen. Das bedeutet, ihn von innen heraus zu beschreiben und zuallererst seine normativen Wesensmerkmale zu erfassen. Diese Unterscheidung ist wichtig, denn sie beschreibt die Trennlinie zwischen der Arbeit an der Oberfläche einer Marke, d. h. an ihren Wirkungen oder der Analyse ihrer Leistungsursachen, und ihrer Substanz. Erst die klare Trennung von Wirkungen einer Marke und deren Ursachen macht den individuellen Leistungskörper erkennbar und dadurch auch führbar. Deshalb:

Die entscheidende Frage, die sich im Falle der Analyse von Marken stellt, ist immer, welches die jeweiligen zugrundeliegenden Wirkprinzipien sind.

Wie interpretiert eine Marke ihr Leistungsfeld über die Zeit?
Promilounge oder Stehtribüne im Fußballstadion – es geht hierbei nur um Fußball? Persönliche Begrüßung am Tisch oder Plastikkarte am Restauranteingang – es geht hierbei nur um Nahrung? Begrüßungskärtchen im Zimmer oder Computer-Check-in im Hotel – es geht nur um eine Übernachtung? Jedes dieser genannten spezifischen Muster definiert ein Leistungssystem. Sehr oft wird über die *Wahr-nehmung* von Menschen in Bezug auf eine Marke gesprochen, entscheidend ist jedoch, den Blick umzukehren und viel eher zu fragen, was die *Wahr-gebung* ist, die angestrebt wird. Sie ist schließlich der Grund dafür, dass Menschen eine bestimmte Marke wählen oder eben gerade nicht. Bekenntnis zu sich selbst ist die Bedingung für Wiedererkennung. Denn alles Erkennbare ist immer stabil. Marken sind damit soziale Gedankengebilde, gepolte Vorstellungen von Individuen, die so und eben nur so vorkommen sollen. So beschränkt sich beispielsweise die Marke Teekampagne auf zwei Produkte: grünen und schwarzen Darjeeling-Tee. Ein klares Bild entsteht in der Öffentlichkeit, irritierende Komplexität wird vermieden.

Marke ist Gestalt
Ein Leistungskörper ist erst dann erkennbar, wenn er sich von seiner Umwelt unterscheidet, bestimmte wiederkehrende Regeln und Gebote befolgt, also eine bestimmte Gestalt angenommen hat. Erst eine spezifische Gestalt ist in der Lage, bestimmte Menschen zu interessieren und anzuziehen, genau aus den gleichen Gründen stößt sie andere Menschen ab.

Für eine Marke finden sich Gestaltideen oftmals bei der Gründung der Unternehmung wieder: Eine typische Herkunft, die Geschichte und Ursprünge der Gründer, spezifische Rohstoffe und bestimmte Expertise in Herstellung und Verarbeitung, Fragen der Distribution – all dies sind Merkmale, die ein Gestaltsystem wahrnehmbar und erkennbar machen. Marke entsteht also nicht in einer Produktentwicklung, in einem Labor, in einer Werbeagentur, sondern sie ist immer Ergebnis einer sozialen Wechselwirkung zwischen Idee und Menschen.

Der Begriff Gestalt macht einen entscheidenden Zusammenhang deutlich: Gestalt bedeutet die Fähigkeit des Menschen, aus der Wahrnehmung verschiedener isoliert voneinander vorkommender Einzelheiten unmittelbar und unbewusst eine Gesamtwahrnehmung zu prägen: Wir sehen einen Menschen, seine Kleidung, seinen Gang, seinen Gesichtsausdruck und können uns nicht dagegen wehren, dass wir diesen Menschen freundlich oder unsympathisch finden. Dieses anthropologische Talent des Menschen, aus Informationen eine übergreifende Wahrnehmung zu komponieren, macht das Überleben in einer komplexen Welt überhaupt erst möglich. Denn die schnelle Einordnung von Eindrücken lässt uns Chancen sowie Gefahren erkennen.

Marken sind Kulturkörper

Was bedeutet dies für eine markensoziologische Perspektive? Indem wir bestimmte Wahrnehmungen auf vielfältige Weise eingeordnet haben, orientieren wir uns in einer zutiefst unübersichtlichen Welt. Als Kulturwesen ist unser Denken nie frei, sondern immer eingebunden in kollektive Erfahrungswerte, die Orientierung ermöglichen. Aus der Art, wie ein Mensch spricht oder sich kleidet, ziehen wir bestimmte Schlüsse, verwenden „gedankliche Schubladen" – selbst wenn wir uns als aufgeklärte Menschen dagegen wehren möchten. Der Mensch agiert permanent in diesen Kategorisierungsstrukturen.

Psychologen machen immer wieder deutlich, dass eine Grundkonstante der menschlichen Existenz ist, dass wir als Personen wahrgenommen werden wollen. Daher spricht die Business-Class Stewardess jeden ihrer Passagiere mit dem Namen an. Weil wir nur einmal leben und die Aussicht auf das Jenseits in Zeiten der Säkularisierung eher für unwahrscheinlich gehalten wird, ist es umso wichtiger, in den begrenzten Jahrzehnten unserer Existenz nach außen hin als Individuum in Erscheinung zu treten. Den allerwenigsten gelingt es, durch künstlerische Meisterwerke oder besonders herausragende wirtschaftliche Erfolge den eigenen Lebensweg kenntlich zu machen. Die Sozialwissenschaftler Jean M. Twenge und W. Keith Campbell haben in ihrer Untersuchung „The Narcissism Epidemic" (2010) zahlreiche Befragungen zum Selbstwertgefühl der Amerikaner durchgeführt. Dabei kam u. a. heraus, dass auf die einfache Frage „Sind Sie eine wichtige Person?" mehr als 80 % aller 14- bis16-Jährigen mit „Ja" antworteten – 1950 waren es noch zwölf

Prozent gewesen. Dass heutzutage „Votings" von der Talentshow über die Arztbe-
handlung bis hin zum Uniprofessor anstandslos üblich sind, um vermeintlich die
„Qualität" zu verbessern, hat einen anderen Grund: Der Einzelne und seine Meinung
sollen berücksichtigt werden. Ob der Einzelne überhaupt eine Grundlage für seine
Meinung zu diesem Thema besitzt, wird dabei nicht gefragt.

In diese sozialpsychologische Bresche springt der Markenartikel, denn durch den
Kauf eines bestimmten Produkts mit einem guten Namen werde ich als Individuum
erkennbar. Damit löst der Markenartikel den Widerspruch zwischen Individualität und Masse auf. Die Marke gibt dem Einzelnen das Material, um er selbst zu
werden. Oder: Das Produkt ist die Grundlage für jede Individuation. Es ist kein
Zufall, dass eine der erfolgreichsten Markenreihen der Geschichte mit „i" beginnt:
iPhone, iMac, iPod usw. Das kann man persönlich bedauern und auf die Bosheit
der Konsumindustrie hinweisen, aber die Vorstellung, dass wir als autonome Wesen
handeln, ist eher hehres Ideal denn Wirklichkeit. Der französische Philosoph Alain
Finkielkraut schreibt: „So weit man in die Geschichte auch zurückgeht, wird nicht
die Gesellschaft aus dem Menschen geboren, sondern dieser wird in eine bestimmte
Gesellschaft hineingeboren. Von Anbeginn an ist er gezwungen, sein Tun einzuglie-
dern, so wie er sein Reden und Denken in einer Sprache ansiedelt, die sich ohne ihn
entwickelt hat und die sich seiner Macht entzieht. Von Anbeginn an: Ob es nämlich
um seine Nation oder um seine Sprache geht, der Mensch steigt in ein Spiel ein,
bei dem es ihm nicht zusteht, die Regeln aufzustellen, sondern ihm gebührt, sie zu
erlernen und einzuhalten." (Vgl. Errichiello und Zschiesche 2011, S. 16)

Gerade, weil nahezu sämtliche Bereiche unseres Lebens von und mit Markenar-
tikeln angefüllt sind, können wir ihre prädisponierende Wirkung auf Wahrnehmung
und Verhalten nicht ausschließen. Die kapitalistisch-dynamisierte Warenwelt ist
allumfassend – Nichtkonsum ist nicht möglich (bis auf einige höchst individuelle
Nischenlebensentwürfe). Leben ist Konsum – Konsum ist Leben ... so frustrierend
es für den Einzelnen auch sein mag.

Marken nutzen diesen Kompositionswillen und die Kulturgebundenheit des
Menschen. Alexander Deichsel formuliert eindeutig: „Wir versammeln Dinge um
uns, weil sie für uns Bedeutung haben. Sie erzählen uns viel von uns und anderen. In unseren Verbundenheiten spielen Dinge eine wesentliche Rolle." (Deichsel
2006, S. 47) Marke kennzeichnet, dass sie einen klar definierten Inhalt für mich und
andere hat, also in der Lage ist, den Menschen eine eindeutige, wiedererkennbare
Geschichte zu erzählen.

Es sind diese Geschichten, über deren Kauf wir uns als Kunden individualisie-
ren. Indem wir bei Alnatura einkaufen, ein T-Shirt von Hess Natur tragen und einen
Toyota Prius fahren, entsteht unser Selbst. Wir nutzen aufgeladene Symbole, um
unser Selbst zu konstruieren. Vom Fundamental-Philosophen, TV-Kindergärtner

und Modeschöpfer Wolfgang Joop ist das Bonmot überliefert: „Je mehr Marken, desto kräftiger ist das Ich." Das stimmt, denn das Allerwenigste, was uns als Person definiert, haben wir selbst erschaffen. Der Sozialpsychologe und Liebeskünstler Erich Fromm formulierte etwas profunder, dass wir „denken [lernen], indem wir andere beobachten und von ihnen unterrichtet werden. Wir entwickeln unsere emotionalen, intellektuellen und künstlerischen Fähigkeiten dadurch, dass wir mit dem angehäuften Wissen und den von der Gesellschaft geschaffenen künstlerischen Leistungen in Berührung kommen." (Errichiello und Zschiesche 2011, S. 14)

Individuell durch Masse
Im Kern substituiert die Massenware den Wunsch nach Individualität, denn Marken bieten uns das Material zur Individualisierung. Das Verhältnis zwischen Masse und Individuum gilt als Beschreibung von zwei Extremen. Die Masse würde den Einzelnen entpersonalisieren, aber als „Deutsche", „Berliner" oder „Grüne" sind wir ständig Angehörige von Massen. In der Marke wird dieser Aspekt besonders augenscheinlich. Indem wir Produkte und Dienstleistungen mit Botschaftscharakter wählen, deren Inhalte möglichst weitläufig bekannt sind („Ich trage Knowledge Cotton Apparel und nicht Superdry" oder „Only fair trade"), werden wir als individuelle Wesen wahrnehmbar. Aus den Tausenden von Konsumentscheidungen entsteht die Person. Aber Achtung: Die individuelle Auswahl der Inhalte ist frei, denn niemand kann uns zwingen, die Farbe „Blau" zu mögen oder irgendeinen bestimmten Geschmack zu haben. Immanuel Kant hat dies in der Einleitung zur „Kritik der Urteilskraft" folgendermaßen begründet: „Ein ästhetisches Urteil im allgemeinen kann also für dasjenige Urteil erklärt werden, dessen Prädikat niemals Erkenntnis (Begriff von einem Objekte) sein kann (ob es gleich die subjektive Bedingungen zu einem Erkenntnis überhaupt enthalten mag). In einem derartigen Urteil ist der Bestimmungsgrund Empfindung. Nun gibt es aber nur eine einzige so genannte Empfindung, die niemals Begriff von einem Objekte werden kann, und diese ist das Gefühl der Lust und Unlust." (Kant 1990, S. 30 f.)

Im Ergebnis steht, dass der Massenartikel nicht vereinheitlicht, sondern individualisiert. Marken sind das Recht auf Ungleichheit. Erst diese Logik erklärt den unaufhaltsamen Aufstieg der Marke in den vergangenen 100 Jahren. Oder wie es die Postbank in ihrer Werbung formuliert: „Unterm Strich zähl ich."

Als Menschen des 21. Jahrhunderts sind wir jeden Tag Teil einer unübersichtlichen Anzahl von Massen: Wir stehen morgens auf und sind beim Duschen Kunde des Wasserwerks, beim Ermahnen der Kinder, „sich endlich anzukleiden", Vater, beim Abschiedskuss mit der Frau Ehemann, dann Autofahrer und Hörer des Deutschlandfunks … Ständig sind wir in der westlich geprägten Welt mit sozialen Massen

bzw. Kreisen verbunden, in die wir ständig ein- und wieder aussteigen, denen wir
uns aber in ihrer Stilistik und Ausprägung unterwerfen.

Vorurteile – Die entscheidende Wettbewerbswaffe
Um Vertrauen zu einem Angebot aufzubauen, bedarf es möglichst irritationsfreier
positiver Erfahrungen. Wenn eine Marke über Jahrzehnte ihren Auftritt in typischer
Qualität, Sprache und Optik in bestimmten Geschäften pflegt, wird ein klares Bild in
den Köpfen der Menschen verpolt. Das im besten Fall entstehende Positive Vorurteil
ist konstituierend für die Existenz einer Marke. Eine Marke liegt dann vor, wenn
in der für das Produkt relevanten Öffentlichkeit Einigkeit über die Merkmale des
Angebots besteht.

Ein Vorurteil im wissenschaftlichen Sinne ist ein Urteil, welches Menschen auf
Grundlage von Informationen fällen und generell auf ein Objekt projizieren. Ein
Ahnherr der Vorurteilsforschung, der Amerikaner Gordon W. Allport, definierte
1954: „Vielleicht lautet die kürzeste aller Definitionen des Vorurteils: Von anderen ohne ausreichende Begründung schlecht denken. Diese knappe Formulierung
enthält die beiden wesentlichen Elemente aller einschlägigen Definitionen: den Hinweis auf die Unbegründetheit des Urteils und auf den Gefühlston. Sie ist jedoch für
die völlige Klarheit zu kurz. Zuerst einmal bezieht sich diese Formulierung auf
das negative Vorurteil. Aber manche haben auch positive Vorurteile über andere."
(Allport 1971, S. 20)

Für die Markenführung gilt: Marktwirtschaft ist der Kampf um das stärkste
Vorurteil. Vorurteile erfüllen – wissenschaftlich betrachtet – eine gesellschaftliche
Funktion. Denn sie geben Orientierung und die Möglichkeit zu schnellen Entscheidungen in einer immer unüberschaubareren Umwelt. Der Mensch ist ohne Vorurteile
nicht lebens- und gesellschaftsfähig. In jedem Bereich unseres Lebens agieren wir
auf Basis von positiven wie negativen Vorurteilen.

Vorurteile sind Ergebnis eines sozialen Willens innerhalb einer Gemeinschaft.
Diese sozial „aufgeladenen" und äußerst stabilen Inhalte wirken über eine Gruppe
hinweg und sind in der Lage, die Kritikfähigkeit des Individuums zu reduzieren.
So greifen wir bei unseren Lieblingsmarken blind ins Regal und vertrauen darauf,
dass alles so sein wird wie immer. Eine unbewusste Unmündigkeit tritt ein, die
den eigentlichen Markenwert bedingt: Je unbewusster die Entscheidung für eine
Marke getroffen wird, desto stärker ist die Markenkraft. Der französische Ökonom
Jean-Noel Kapferer führt aus: „Marke ist Referenz, aber auch Signal, das aufgrund
einzigartiger Zusammensetzung von visuellen Elementen (Packungsform, Farbge-
bung, Verteilung der grafischen Massen, Logo, Namen) wiedererkannt wird. Sie ist
auch Vertrag: Im Laufe der Zeit wird ein Warenzeichen zum Versprechen hoher

Qualität und einer bestimmten Leistung. Dies verleiht der Marke, insbesondere der großen Marke, sehr hohe Anziehungskraft." (Kapferer 1997, S. 1)

Positive Vorurteile sind die Grundlage jeder erfolgreichen Markenbildung und verwandeln das zunächst unbekannte Produkt über die Erfahrung zu einer Marke mit Botschaftscharakter. Ist dieser Markenzustand erreicht, ist für die Kundschaft der Einsatz beim Kauf minimiert, weil das Vergleichen und Abwägen entfällt. Dabei gilt:

Positive Vorurteile entstehen nie durch Werbung, sondern durch Leistung. Die reine Bekanntheit einer Markierung sagt noch nichts darüber aus, ob die relevanten Menschen mit diesem Namen auch ein gleichgerichtetes Positives Vorurteil verbinden. Erst wenn dies erreicht wurde, spricht man von Marken.

Eine Leistung zu behaupten oder einen Namen mittels massiven Werbeinsatzes bekannt zu machen, ist eine interessante Sache – andere Menschen dauerhaft von einer Leistung zu überzeugen, ist etwas völlig anderes.

Erfolgsprinzip Selbstähnlichkeit: Starke Marken agieren selbstähnlich

Eine Marke, die ausschließlich auf Werbung basiert, wird nicht lange bestehen. Faktisch wahrnehmbare Leistungsbeweise sind entscheidend, um Kundschaft für eine Marke zu gewinnen. Jeder Fachverkäufer im direkten Kundenkontakt weiß, dass er seine Kunden niemals mit abstrakten und unspezifischen Informationen überzeugen kann. Wenn sein Gegenüber sich für den Kauf eines Autos interessiert, dann nützen ihm die hübschen Imagebroschüren und schicken TV-Werbespots wenig. In der Überzeugungsarbeit zählen Fakten: Preis, Verbrauch, technische Ausstattung, sogar das Schließgeräusch der Türen und des Handschuhfachs. Auch ein Mitarbeiter für eine grüne Bank gewinnt zu Beginn nicht allein „mit einem guten Gefühl" und Broschüren mit vielen Bäumen auf Hochglanzpapier. Ausschlaggebend sind die Art und Weise, wie die Bank mit dem Geld umgeht, welche Projekte sie finanziert und wie sie darüber informiert. Oft ist es noch nicht einmal das, sondern die Persönlichkeit und Person des Beraters, der im Direktkontakt einen vertrauensvollen Eindruck hinterlässt (was schwer zu verordnen ist und sich auch durch 100 Schulungen nicht „befehlen" lässt).

Entscheidend dafür, ob sich eine Marke energiekräftigend verhält, ist die Frage, ob sie „typisch" agiert. Die normative Kraft seine eigenen Gestaltregeln dauerhaft zu befolgen, bezeichnet die Markensoziologie als Selbstähnlichkeit. So ist es für einen Erdkorn-Supermarkt egal, ob er sich in Berlin oder Hamburg befindet: Im besten Fall betreten wir das Geschäft und es ist anhand der Gestaltung, des Auftritts der Mitarbeiter und am Sortiment umgehend klar: Dies hier ist ein Erdkorn-Supermarkt (Slogan: „Bio aus meiner Region."). Die einzelnen Gestaltelemente der

Marke „Erdkorn" wirken stimmig zueinander und „passen zusammen" – weit über die Gestaltungselemente hinaus.

Das Prinzip der Selbstähnlichkeit entstammt der fraktalen Geometrie. Damit ist gemeint, dass sich bestimmte Systeme nur hinsichtlich ihrer Größe, nicht aber in Bezug auf ihre Struktur verändern. Die als Fraktale bezeichneten Körper sind überall in der Natur wahrnehmbar: So finden sich an jedem Eichenbaum Tausende von Blättern. Keines dieser Blätter ist zu einem anderen in seiner Form identisch, aber dennoch sind alle für sich als Blätter eines Eichenbaumes erkennbar. Für soziale Systeme bedeutet dies, dass jeder Teil des Ganzen immer die Idee des Gesamtsystems in sich trägt. Der Nobelpreisträger für Physik, Gerd Binnig, macht deutlich, dass Selbstähnlichkeit ein Grundprinzip für evolutive Vorgänge ist: „Wir fanden überall darwinistische Prozesse wie Reproduktion, Mutation und Auslese. Wir fanden überall den Bausteincharakter und gezieltes Vorgehen, das wir als eine Selbstbeschränkung eines Systems auf ein Feld von Möglichkeit definiert haben." (Vgl. Deichsel 2006, S. 162).

Selbstähnlichkeit ist das *natürliche* Gegenprogramm zu einer identischen Reproduktion von Systemen. Die Vorstellung, eine Marke im Sinne einer Corporate Identity zu führen, ist problematisch, weil dies bedeutet, keine Anpassungen und Veränderungen vorzunehmen. Kein Blatt einer Eiche ist gleich, weil sich Nährstoffzufuhr, Sonneneinstrahlung und Windverhältnisse an einem Baum unterscheiden und eine unterschiedliche Anpassung erfordern. Vielleicht verkaufen sich in München andere Produkte besser als in Hamburg in einem Biomarkt? Natürlich muss ein Unternehmen dies berücksichtigen und sich anpassen, aber nur soweit, dass beide Sortimente weiterhin „typisch" für die Marke sind.

Starke Marken agieren niemals identisch, sondern immer selbstähnlich, denn eine Marke muss sich veränderten technischen oder gesellschaftlichen Entwicklungen anpassen, dabei aber immer sich selbst treu bleiben. Dabei können sich die einzelnen Elemente, wie beispielsweise Mitarbeiter, Rohstoffe oder Verarbeitung, beständig austauschen und im besten Fall optimieren. Man muss sich vergegenwärtigen, dass alle starken Marken ihre Kundschaft im Laufe ihres Lebenszyklus mehrfach austauschen – natürlicherweise. Bei Persil weiß man nicht nur seit 1907, was man hat, einmal hieß es in der Werbung: „Jede Generation hat ihr Persil". Eine der älteste Marken der Welt, die Katholische Kirche, hat seit ihrer Gründung vor mehr als 2000 Jahren bereits 60 bis 70 Mal ihre Kundschaft ausgetauscht, eine Marken-Ikone wie Coca-Cola kommt immerhin auch auf einen vier- bis fünffachen Austausch. Beide Markensysteme haben ihren Wesenskern seitdem nicht verändert, obwohl die ursprünglich konstituierenden Elemente längst zu Staub zerfallen sind … Starke Marken haben ihre Kernidee, ihren originären Einfall niemals außer Kraft gesetzt oder aufgegeben – ansonsten hätten sie nie Markencharakter, d. h. Vorurteile

entwickelt. In dieser Logik formuliert der amerikanische Marketing-Pionier David
A. Aaker: „[…] Marken existieren nicht in einer Zeitkapsel." (Aaker 1997, S. 110).
Selbstähnlichkeit umfasst alle Bereiche der Marke, die für einen Beobachter und
Käufer erfahrbar sind. Es gilt:

Jedes erfolgreiche Markensystem muss überall eindeutig zu erkennen sein, denn
es existiert nur als ein einmaliges System.

Die Vorteile einer selbstähnlichen Markenführung sind klar: Markensysteme
bleiben überlebensfähig, weil sie sich auch im Wandel des Zeitgeistes treu bleiben
und sich nicht durch Anpassung selbst unkenntlich machen. Hinzukommt, dass eine
selbstähnliche Marke auf Basis ihres fixierten Charakters auf das Vertrauen und die
Kenntnis bei der Kundschaft bauen kann und es daher ungleich weniger Energie
bedarf, das Produkt und seine Eigenschaften zu erklären. Der markensoziologisch
geprägte Werber Klaus Brandmeyer erklärt: „Wenn, und nur wenn sich eine Marke
ihren Kunden über längere Zeit in gleicher Gestalt, und nicht jeden Tag neu, überra-
schend, abweichend präsentiert, gewöhnen sich Menschen an ihre Formen, Farben,
Klänge, Düfte, ihren Gestus und ihre Botschaften. Nur so kann sich eine Beziehung
aufbauen und Vertrautheit entstehen." (Brandmeyer 1999, S. 397)

Vertrauen der Kundschaft bedingt Wertschätzung – und nur die Dinge haben für
mich einen Wert, die mich beständig begleiten und mir Leistungssicherheit bieten.
Wertschätzung ist die Basis für die Bereitschaft „mehr" zu bezahlen. Weil die Marke
in der Lage ist, ihre Besonderheiten zu bewahren und zu kommunizieren, hat der
Kunde die verstärkte Neigung, das angebotene Produkt/die Dienstleistung höher zu
bewerten als das Geld, das er investiert. Der Kauf ist trotz des faktischen Geldver-
lusts ein Zugewinn. Dieser psychologische Ausgangspunkt macht deutlich, warum
Marke immer wieder konkret verdeutlichen muss, warum sie ihr Geld wert ist. Dabei
ist es nicht entscheidend, möglichst vielen alles zu bieten, denn das macht eine Marke
unspezifisch, sondern sich im Gegenteil auf die wesentlichen Faktoren des eigenen
Erfolgs zu konzentrieren. Eine konsequente Berücksichtigung dieser markensoziologischen Grundregel hat dramatische Auswirkungen auf das heutzutage verbreitete
Verständnis von Markenaktivitäten: Sämtliche Strategien dürfen sich nicht mehr an
vermeintlichen Trends, persönlichen Meinungen und Vorlieben, kurzfristigen Mit-
nahmeeffekten, ominösen „Marktanforderungen" oder sogenannten „Benchmarks"
orientieren, sondern einzig und allein an der Frage, ob die selbstähnliche Genetik
der Marke realisiert bzw. gestärkt wird.

Marktforschung als Markenkiller
Eine besondere Gefahrenquelle für die Marke ist hierbei die Marktforschung: Permanent prasseln auf Verantwortliche Informationen über „den Markt" ein. Rückt

der Markt in den Fokus der Aufmerksamkeit, gibt sie vielleicht sogar noch die Markenstrategie vor, so kommt es unweigerlich zu einer Auflösung der Besonderheit. Denn der Markt orientiert sich nicht an den Besonderheiten einer Marke. Wenn wir Menschen in einer Fußgängerzone befragen, was sie von der Marke Weleda halten, so werden Kenner von Anthroposophie sprechen, einige werden sagen, dass die Marke hochqualitative Produkte anbiete, die allerdings zu teuer seien usw. Aber können all diese Aussagen seriöse Parameter für eine zukünftige Markenstrategie sein? Höchstwahrscheinlich ist z. B. der hohe Preis ein entscheidender Erfolgsbaustein der Marke, weil er den Qualitätsanspruch faktisch macht und die Kundschaft seit Jahrzehnten diesen Markenbestandteil wahrnimmt: „Mit dem Preis steigt die Achtung", sagen der ehrbare Kaufmann wie auch der ehrbare Markensoziologe: Die Marke Weleda muss daher rigoros darauf achten, den Preis für ihre Produkte durchzusetzen und keine Billiglinie einzuführen, weil der ominöse Markt laut aktueller „Mafo" nach günstigerer Naturkosmetik verlangt. Dieser Markt, der scheinbar ununterbrochen neue Forderungen aufstellt (branchenunabhängig), existiert nicht.

▶   Jede Marke, die sich dem „Markt" anpasst, ohne dabei ihren genetischen Code zu (be-)wahren, löst sich auf.

Anpassung an den Markt bedeutet, das zu tun, was alle tun. Denn man kann heute in den großen Branchen sicher davon ausgehen, dass alle potenten Wettbewerber denselben Markt per Marktforschung beobachten und „beackern". In jeder Marketingabteilung sitzen dafür ambitionierte arbeitswillige Mitarbeiter, die das beste Ergebnis für ihre Firma erzielen wollen, weil es ihnen Freude macht – oder auch nur, weil sie sich für ihre Erfolgsprämie einen Gasgrill leisten möchten. Bei Vorlage derselben Ergebnisse über eine komplette Branche hinweg, werden meist sehr ähnliche Resultate und Handlungen abgeleitet … mit dem Resultat, dass sich alle einander angleichen und die Produkte austauschbar werden. Das, was Marke sein soll, nämlich das Besondere, der besondere Impuls der die Kaufentscheidung bedingt, geht verloren. Und wenn es keine leistungsspezifischen Unterschiede mehr gibt, zählt zum Schluss nur noch der Preis als einziges verbliebenes Unterscheidungsmerkmal. Genau dies ist der Bankrott der Markenführung.

▶   Wer seine eigene Geschichte und damit seine Identität nicht berücksichtigt, wird sich selbst gleichmachen. Das Ergebnis: Austauschbarkeit – das Todesurteil für jede Marke.

Es gilt, auf veränderte Umwelt- und Rahmenbedingungen „typisch" zu reagieren. Die Frage, was exakt dieses Markentypische umfasst, macht Markenführung zu einer sensiblen Führungslehre, die analytisch die typische d. h. spezifische Struktur einer Marke erfassen muss. Selbstähnliche Markenführung ist niemals Stillstand, im Gegenteil, sie erfordert eine immerwährende Interpretation externer Veränderungsprozesse von einem festen Standpunkt aus. Verfügt ein Unternehmen über eine treue Kundschaft, so ist es die oberste Verpflichtung der Marke, die Erwartungen der Gemeinschaft zu erfüllen und einen gleichbleibenden Leistungskörper anzubieten. Diesbezüglich gilt aber auch der Umkehrschluss:

▶   Marken müssen klar definieren, was sie nicht sind. Mitarbeiter und Kunden müssen jederzeit wissen, wofür die Marke kein Angebot macht. Erst diese klare Abgrenzung, das Nein, lässt Profil entstehen.

Was ist die Folge? Neue Leistungen, Produkte oder Dienstleistungen können nur von aufgebauter Markenkraft profitieren, wenn sie zum bestehenden Positiven Vorurteil, zum genetischen Code der Marke passen. Sie müssen es sogar: Nicht nur, dass eine Marke, die ihre bestehenden Positiven Vorurteile nicht nutzt, höchst ineffizient handelt: Hinzukommt, dass unpassende Leistungen auch das bereits vorhandene Vorurteil langfristig zerstören, sodass am Ende kein Mensch mehr weiß, wofür die Marke eigentlich steht.

3.4   Das ist Marke

Marken entziehen sich oftmals bewusst einer Überprüfung anhand ökonomischer Kennzahlen. Dennoch gilt die Marke als ein genuin betriebswirtschaftlicher Gegenstand, der mit den Instrumenten und Methoden der Ökonomen zu steuern wäre. Der Wissenschaftsjournalist Mitchell Waldrop betont: „Genau wie Physiker vorhersagen können, wie ein Teilchen auf vorgegebene Kräfte reagiert, konnten die Ökonomen vorhersagen, wie der Wirtschaftsmensch auf eine bestimmte wirtschaftliche Situation reagiert: Er optimiert einfach seine ‚Nützlichkeitsfunktion'. Die neoklassischen Wirtschaftswissenschaften beschreiben zudem eine Gesellschaft, in der die Wirtschaft immer im vollkommenen Gleichgewicht verharrt, wo das Angebot immer genau der Nachfrage entspricht, wo der Börsenmarkt weder von Kurssteigerungen noch von Zusammenbrüchen erschüttert wird, wo keine Firma je so groß wird, dass sie den Markt beherrscht, und wo die Zauberkraft eines freien Marktes alles zum Besten wendet." (Waldrop 1993, S. 27) Indem dieser Glaube gepflegt wird, erweist er sich als Mythos. Der deutsche Philosoph

Ralf Konersmann hat über das Wesen des Mythos Folgendes geschrieben: „Der Mythos spricht von Dingen, die jedenfalls nicht wir gemacht haben und für die wir deshalb auch keine Verantwortung tragen müssen, auf die wir aber ebenso wenig zugreifen und verändernd einwirken können. Die Welt des Mythos ist die Welt des ‚So ist es und so bleibt es‘, und weitab von Zweifeln und Kritik sieht die Rezeptionsregel des Mythos vor, sich die Dinge ein für alle Mal gesagt sein zu lassen." (Konersmann 2015, S. 74)

Es ist klargeworden, dass dieses absolute Markenverständnis zwar verbreitet, aber äußerst problematisch ist. Marken sind keine einfachen, linearen Systeme – niemals. Das wird allein an der Beobachtung deutlich, dass es sehr schwer ist, genau vorherzusagen, welche Marke sich als besonders erfolgreich im Markt erweisen wird. Niemand konnte den Aufstieg von Apple prognostizieren: zu teuer, technisch inkompatibel mit anderen Systemen, zu selektiert in der Distribution. Unter Berücksichtigung reiner Unternehmens- und Marktdaten ist der Markenerfolg nicht nachvollziehbar bzw. unlogisch.

Die Schwierigkeit der Markenführung liegt in der Tatsache begründet, dass in dem Moment, wo Menschen mit Menschen bzw. Menschen mit Produkten interagieren, ein lebendes System entsteht und die Dynamik innerhalb dieses sozialen Körpers (z. B. einer Marke) nicht vollständig abbildbar ist. Im Gegensatz zu unbelebten Systemen (beispielsweise einer Maschine oder einer Software, sogenannte Triviale Systeme), deren internes Zusammenwirken klar geregelt ist und die somit definierte Ergebnisse produzieren (sich aber nicht veränderten Marktbedingungen anpassen können), bestehen lebende Systeme aus einer unzähligen Anzahl von schwer zu prognostizierenden Elementen. Wirken Menschen an einem Projekt mit, so kann ein einziges emotionales Missverständnis sofort zu Reibungen und Energieverlusten führen, die wiederum direkte Auswirkungen auf das System haben. Lebende Systeme besitzen demnach einen viel höheren Komplexitätsgrad als triviale Systeme und müssen umfassender kontrolliert und gesteuert werden. Als einer der ersten Wissenschaftler beschäftigte sich der britische Ökonom Brian Arthur mit der Komplexität des Wirtschaftslebens, die mit der klassischen volks- und betriebswirtschaftlichen Lehre kaum vereinbar war (Waldrop 1993). Die herkömmlichen Wirtschaftslehren gehen in fast allen Varianten davon aus, dass ökonomische Systeme einer deterministischen, d. h. einer eindeutig vorhersagbaren Dynamik folgen. Dabei charakterisiert Wirtschaftssysteme die Vorstellung, dass sich die „beste Idee" generell durchsetzen würde. Aber wie ist es dann erklärbar, dass IBM noch 1950 behauptete, dass es in den USA niemals mehr als 18 Computer geben würde?

Ein anderes Beispiel erläutert Waldrop eingängig: „Gegen Ende des 19. Jahrhunderts […] hatte Benzin in den Augen der Zeitgenossen wenig Aussicht, der Treibstoff der Zukunft zu werden. Sein Hauptrivale, die Dampfkraft, war hochentwickelt, vertraut und sicher. Benzin dagegen war teuer, lärmte, konnte gefährlich explodieren, musste die richtige Oktanzahl haben und brauchte einen ganz anderen Motor mit komplizierten neuen Teilen. Benzinmotoren hatten zudem einen viel geringeren Wirkungsgrad. Wenn die Dinge anders gelaufen wären und Dampfmaschinen ebenso von neunzig Jahren Entwicklungsarbeit hätten profitieren können wie Benzinmotoren, könnten wir heute mit wesentlich geringerer Luftverschmutzung leben, und unsere Wirtschaft wäre viel weniger vom Erdöl abhängig. Aber das Benzin setzte sich durch – zum größten Teil, jedenfalls in den USA, aufgrund einer Reihe historischer Zufälle. [...] dann brach 1914 in Nordamerika eine Maul- und Klauenseuche aus, was dazu führte, dass die Pferdetränken entfernt wurden – und nur dort konnten die Dampfautos Wasser nachfüllen." (Waldrop 1993, S. 52)

Komplexe Systeme kennzeichnet also ein stetiges Erneuern. Kurzum: Evolution strebt permanent nach Verbesserungen, nicht nach Vollkommenheit. Arthur konnte nachweisen, dass die Wirtschaftsgeschichte nicht immer die „beste" Lösung befördert hat: „Wenn es von kleinen Zufallsereignissen abhängt, welches von mehreren möglichen Ergebnissen tatsächlich ‚einrastet', ist das so selektierte Ergebnis vielleicht nicht das beste. Die größtmögliche Freiheit des einzelnen – und der freie Markt – führen dann nicht unbedingt zur besten aller möglichen Welten." (Waldrop 1993, S. 52) Die Vorstellung vollständig rationaler Entscheidungen (Stichwort: Homo oeconomicus) folgt der klassischen Physik, allerdings verfügen Elementarteilchen über keine Vergangenheit und keine Erfahrung. Wissenschaftsjournalist Waldrop führt deshalb aus: „Das entscheidende Problem ist natürlich, dass die Handlungen der Menschen weder völlig rational noch völlig vorhersagbar sind [...]. Und selbst wenn man voraussetzte, die Menschen handelten völlig rational, könne der Glaube an perfekte Prognosen in gefährliche, theoretische Fallen führen. In nichtlinearen Systemen – und die Wirtschaft sei doch wohl nichtlinear – könne, wie die Chaostheorie zeige, die leiseste Ungewissheit in der Kenntnis der Anfangsbedingungen gewaltige Auswirkungen haben." (Waldrop 1993, S. 52) In dem Bestreben, die Betriebswirtschaft zu einer „harten" Wissenschaft zu machen, bemühte sich dieser Fachbereich stetig darum, „Gesetzmäßigkeiten" abzuleiten, die keinerlei Varianten zuließen. Vor diesem Hintergrund bildeten mathematisch-physikalische „Beweise" das Grundverständnis ... und diese Wissenschaft entfernte sich in diesem wirtschaftlich maßgeblichen Bereich zunehmend von der Realität – eingedenk der Tatsache, dass es in einer Markenanalyse primär darum geht, den sozialen Bereich der Erfahrungs- und Wissensverdichtung kollektiver Systeme zu berücksichtigen und in die Markensteuerungsprozesse zu integrieren, um betriebswirtschaftlich zu reüssieren.

Marke ist kein Wert an sich. Marke ist das entscheidende Mittel, um die Wertschöpfungskraft dauerhaft und signifikant zu erhöhen. Sie darf niemals kreative Spielwiese sein. Um Markenkraft aufzubauen, muss ein Unternehmen seine leistungsspezifischen Besonderheiten pflegen. Marke ist nur, wer in einem bestimmten Bereich erkennbar ist und für etwas steht. Erst diese Prämisse bedingt, dass die ausschließlich „rationale" Betrachtung einer Ware zugunsten einer emotionalen (preisunsensiblen) Zuneigung verhindert wird. Beschaut man sich Umfragen, so wird deutlich, dass die Bereitschaft, für eine „besondere Qualität" mehr zu bezahlen, auch im 21. Jahrhundert ausgeprägt ist. Je stärker der Preiskampf und eine aggressive Verkaufsstilistik um sich greifen, desto mehr wird der klare „Qualitätsansatz" geschätzt. Meist ist es auch der einzige, der überhaupt noch echte Gewinne erlaubt und ein Unternehmen dauerhaft absichert.

Marke bedeutet, unabhängig vom eigentlichen Produktnutzen einen immateriellen Mehrwert zu bieten, der allerdings in der Besonderheit des Unternehmens bzw. des Produkts begründet ist. Ein „Mehrwert", der nur Ergebnis einer ambitionierten Werbestrategie, also nicht leistungsspezifisch hinterlegt ist, mag für kurze Zeit Aufmerksamkeit erzielen, dauerhaft aber führt ein solches Vorgehen zum Zusammenbruch. Interessant ist bei der Beobachtung von Marken, dass gerade die Produkte/Dienstleistungen markenaffiner sind, die in ihrer Leistungsstruktur einen hohen Austauschgrad aufweisen (beispielsweise Getränke, Instantsuppen, Obst). Um überhaupt Gewinne zu erzielen und sich dem ruinösen Vergleichsparameter „Preis" zu entziehen, muss hier zwingend die Marke zum Einsatz kommen. Gern wird von verändertem Kundenverhalten, den neuen extrem preisgetriebenen Absatzkanälen (Internet) oder von mangelnder Kundentreue gesprochen. Sicherlich haben sich die Märkte in den vergangenen 15 Jahren dramatisch verändert – die an dieser Stelle kritische zu stellende Frage ist, ob und inwieweit die eigene Marke sich in den letzten 15 Jahren treu geblieben ist. Das Sprichwort, dass man nur dem treu ist, der sich selbst treu bleibt, muss Ausgangspunkt bei der Frage sein, wie man auf veränderte Marktbedingungen reagiert hat. Kurzum: Wie ist die Marke selbst in den vergangenen Jahren mit Veränderungen umgegangen? Wurde die „Marke" selbstähnlich durchgesetzt oder aber hat man sich oft – zu oft – vermeintlichen Marktgesetzen angepasst und ist fremdähnlich und damit austauschbar geworden?

Marke ist keine „Blackbox", keine diffuse Emotionalwelt, sondern ein Sachverhalt, der sich mit den Instrumenten der Markensoziologie detailliert beschreiben lässt. Indem Menschen unter dem Dach einer Marke sich förderlich unterstützen, entsteht ein lebendes System mit ganz eigenen Ge- und Verboten. Als System

unterliegt die Marke den identischen Strukturregeln wie jeder andere Leistungskörper (Familie, Land, Volk) – bestimmte Signale führen zu seiner Verdichtung
bzw. Schwächung. Starke Marken profitieren von hoher Selbstähnlichkeit und
Selbstreferenzialität. Veränderungen der Umwelt werden von starken Marken so
interpretiert, dass sie auch weiterhin zur Leistungsstruktur des Systems passen.

3.4.1 Abstrakt heißt nichts

Markensoziologische Markenentwicklung orientiert sich nicht an Business Trends
oder Best Practices, sondern fokussiert auf jede Marke individuell. Es gibt keine
allgemeingültigen Aktionsregeln für Marken, sondern bestimmte Wirkgesetze
der Markenstärkung, die allerdings in ihrer Interpretation der individuellen Biografie des Unternehmens folgen. Vor diesem markensoziologischen Hintergrund
ist nicht nur die vornehmliche Orientierung an Marktforschungsstudien höchst
wertvernichtend, es ist ebenso gefährlich, wenn eine Marke sich nicht an den
Ursachen des Erfolgs, d. h. ihren Besonderheiten, sondern ausschließlich an ihren
Wirkungen orientiert.

Viel zu oft finden sich in Selbstbeschreibungen, Unternehmensphilosophien
oder Markenvisionen und Briefing-Unterlagen folgende Attribute, die Grundlage
für eine Markenstrategie sein sollen. Marke x definiert:

- Qualität
- Tradition
- Innovation
- Serviceorientierung
- Nachhaltigkeit
- Kompetenz

Eine Internetrecherche von Anbietern bestimmter Branchen fördert auf der Inter-
netseite „Wir über uns" zu mehr als 90 % diese Charakterisierungen zutage – ein
Fiasko. Dass ein Unternehmen ordentlich, also qualitativ ansprechend produzieren sollte, ist eine Binsenweisheit. Auch Serviceorientierung sagt nichts aus – wie
und woran sollte sich ein Unternehmen ansonsten orientieren? Klar ist: Würde
man nicht wissen, wer sich hier mit diesen Selbstbeschreibungen darstellt, so
könnten diese Eigenschaften auch für jedes Konkurrenzunternehmen stehen. Im
Grunde sagen Unternehmen an dieser Stelle nichts aus. Sie sind das Gegenteil
einer Marke, da sie sich hinter einer abstrakten Absichtserklärung verschanzen.
Es werden Begrifflichkeiten verwendet, die in keiner Weise in der Lage sind, die

Spezifik des Unternehmens darzustellen. Als wäre dies nicht ärgerlich genug – immerhin ist die eigene Webpräsenz ein Ort, an dem das Unternehmen sich quasi umsonst darstellen kann –, nutzen Unternehmen in ihren Marktforschungskategorien bzw. ihren Briefing-Unterlagen diese Selbstbeschreibungen für strategische Entscheidungen: Die inhaltliche Festlegung des nächsten Werbespots, der zukünftigen Anzeigen oder Plakate oder kostspieliger Events werden auf Grundlage einer Markendefinition erstellt, die rein gar nichts definiert. Was genau unter Qualität zu verstehen ist, mag jeder Dienstleister individuell interpretieren, die Frage, wann Serviceorientierung tatsächlich vorliegt, hat eine hohe Bandbreite. Hinzukommt, dass für einen Hähnchenimbiss die Definition Qualität mit Sicherheit andere Aspekte berücksichtigt als für ein Gourmetrestaurant.

Was bedeutet dies? Sogenannte Markendefinitionen, die sich allein auf abstrakte Imagewerte beziehen, schwächen bzw. stoppen die Markenentwicklung. Sie erlauben Interpretationen und damit Abweichungen. Ziel bleibt, dass das Denken der Öffentlichkeit auf verankerte Vorstellungswelten immer wieder einzahlt.

Beispiel

Eine Marke wie Weleda wäre sicherlich unter der Definition „*Weleda = Naturnahe Beschützerin ...*" fassbar, aber kann eine solche Definition tatsächlich Handlungsvorgaben geben? Sind nicht bei der tagesgeschäftlichen Ausgestaltung dieser Definition weiterhin höchste Interpretationsgrade möglich? Bedeutet „naturnahes Beschützen", dass die Marke ihr Logo verändern sollte oder dass jedes Produkt der Marke bestimmte Ökokriterien zu erfüllen habe oder aber nur den Willen zu ökologischen Handeln verdeutlichen müsste? Wahrscheinlich würde auch EON von sich behaupten, naturnah zu agieren – schließlich nutzt das Unternehmen auch Sonnenenergie ...

Markensoziologisch beginnt bei der im Beispiel genannten Definition die eigentliche Markenarbeit:

• Was exakt bedeutet „Beschützen" für Weleda?
• Durch welche – für den Kunden spürbare Leistungsaspekte – schützt sie ihre Kunden?
• Was bedeutet naturnah für die Marke?

Bei der Beschäftigung mit diesen Fragen werden sich konkrete Leistungsmerkmale ergeben, die Weleda – ganz unverwechselbar – zu Weleda machen.

An dieser Stelle beginnt eine aufwendige Detailarbeit, die sich bis zu den einzelnen Zutaten und deren Mixtur erstreckt. Eine Arbeit, die sich die meisten Unternehmen nicht machen wollen bzw. die als nicht „relevant" erachtet wird.◄

3.4.2   Nur Grenze schafft Kraft

Wenn es um die grundsätzliche Stärkung einer Marke in der Öffentlichkeit geht, so gilt es, sich zu bekennen – für etwas zu stehen. Marke erhält ihre Stabilität und Anziehungskraft einzig durch die Abgrenzung von anderen Leistungssystemen – Erdkorn ist nicht Temma – und Porsche ist nicht Toyota. Es geht nicht darum, dass nur „elitäre" Marken sich abgrenzen können, Grenze ist vitaler Bestandteil jedes Markensystems. Auch ein Biohändler auf dem Wochenmarkt grenzt sich dadurch von den „herkömmlichen" Gemüseverkäufern ab, dass er ein Schild „Ausschließlich biologisch kontrolliertes Gemüse" an den Stand hängt. Es ist nicht der Unterschied zwischen oben und unten, sondern eben auch zwischen Puma/Nike, Lidl/Aldi, McDonald's oder Burger King – also eine horizontale Abgrenzung. Das, was Menschen in vielen Fällen an Unterscheidung kaufen, ist nicht die unterschiedliche Funktionalität, sondern der Stil, die Art und Weise, die Welt zu interpretieren. Nur das Besondere kann das Bedürfnis des Menschen nach Unterscheidung befriedigen. Diese Besonderheit sicherzustellen, ist die vornehmliche Aufgabe des Unternehmens.

▶   Jede Leistung kann zu einer Marke werden. Grenze ist die Grundlage
        für die Wahrnehmung einer Leistung.

Oder: Wer alles sein will, ist nichts. So gilt weiterhin: „Wird eine Leistung unter einem Namen beliebig, der stilistische Grenzzaun löchrig, entweicht automatisch Markenkraft, weil das Unternehmen austauschbar wird. Abgrenzung ist und bleibt eines der stärksten Mittel, um sich von anderen zu unterscheiden. Nur durch Kompression entsteht Anziehungskraft." (Errichiello und Zschiesche 2013, S. 73)
        Die Markensoziologie ist eine faktenorientierte Wissenschaft. Sie überträgt die Nachvollziehbarkeit und Regelhaftigkeit bestimmter Ergebnisse auf einen Sachverhalt, der heute vor allem individualpsychologisch hergeleitet wird. Geht es nämlich um Fragen der Markenführung oder der Markenkommunikation, werden Entscheidungsfaktoren mit „Ich glaube …", „Ich denke …", „Ich fühle …" eingeleitet. Diese Aussagen machen automatisch deutlich, dass hier nicht mehr

wissenschaftlich-analytisch argumentiert wird, sondern allein aus einem persönlichen bzw. ästhetischen Empfinden heraus. Interessant ist dabei auch Folgendes: In einer Zeit, in der sich gerade manageriale Leistungsträger gerne so geben, als ob jede ihrer Entscheidungen rein analytisch auf Faktenbasis getroffen wurde, erhält die Marke einen erstaunlich kreativen Freiraum – meist mit dem Ergebnis ihrer massiven Schwächung.

Marken unterliegen allein ihrer eigenen Leistungsbiografie, ihren eigenen Gestaltregeln, ihrer eigenen sozialen Genetik. Ob ein Produkt, ein Plakat oder ein Slogan für eine Marke passt, kann nur dann fundiert beantwortet werden, sofern zuvor analytisch herausgearbeitet wurde, welche individuellen Leistungsbausteine für die Marke konstituierend sind. Erst auf Basis dieses individuellen „Koordinatensystems" ist bewertbar, ob die vorliegende Kommunikationsmaßnahme geeignet ist, das Positive Vorurteil hinsichtlich eines Namens zu stärken, oder ob sie – im Gegenteil – den bisherigen Leistungsstrukturen entgegenläuft und damit die Markenkraft entlädt.

3.4.3 Leistung verdichten

Markenführung ist niemals ein „kreatives Wunschkonzert", sondern exakt das Gegenteil: Ernsthafte Markenführung verlangt zu einem großen Teil die Rücknahme eigener, persönlicher Empfindungen und die Interpretation von Bestehendem – Kreativität bedeutet markensoziologisch nicht das Sprengen von Grenzen, sondern das Ausfüllen klarer Grenzen. Langfristige Markenführung erfordert auch Demut gegenüber denen, die eine Leistungsidee auf spezifische Weise erdachten und realisierten.

Impliziert dieser Ansatz, dass kommunikative Markenarbeit eine Auflistung von harten Fakten sein muss und keinerlei Kreativität erlaubt? Dass derartige Kommunikation zwangsläufig den Charme eines Arznei-Beipackzettels verbreiten muss? Sicherlich gibt es Marken, die sogar bewusst auf eine ausgesprochene gestalterische Spitzenleistung verzichten müssen, zwecks Stärkung der Marke.

Beispiel

Aldi-Informationsbroschüren wirken höchst amtlich und rational im Vergleich zur Konkurrenz: Aldi wirbt nicht, Aldi informiert. Dies ist aber auch sinnvoll und selbstähnlich, beschaut man sich die Entwicklung des Aldi-Kommunikationsstils über die letzten Jahrzehnte. Viel wichtiger aus markensoziologischer Perspektive ist, dass es markenkonstituierend für Aldi ist, auf die rationale Vernunftentscheidung der Kunden zu setzen. Die Argumentation lautet: Aldi ist billig, weil auf kostspielige und nutzlose Beigaben verzichtet wird. Bei Aldi wirbt allein das Produkt. Es benötigt keine ablenkende Werbung. Aber Achtung: Das, was für Aldi gilt, gilt nur für Aldi und kann nicht auf ein anderes Markensystem übertragen werden. Für Edeka, Temma oder Lidl gelten wieder ganz andere Vorgaben.◄

In der Mehrzahl aller Fälle möchte ein Unternehmen allerdings passend und ansprechend werben. Es gilt: Leistungsbezogene Werbung kann durchaus kreativ, lustig und mitreißend sein, sofern sie die entscheidende Werbeaussage in den Mittelpunkt rückt. So warb die Automarke Audi vor einigen Jahren für den niedrigen Verbrauch des Models A6 TDI. In dem Werbespot sieht man einen Mietwagenfahrer, der den Audi nach einer extrem langen Fahrt an eine Kollegin mit der Bitte um Betankung weitergibt und auf die Frage „Wo ist der Tank?" keine Antwort weiß.

Markensoziologisch fundierte Werbung ist niemals anti-kreativ, sie rückt nur immer wieder konsequent die Leistung ins Zentrum der Überzeugungsarbeit und verweist nicht auf externe Trends oder vermeintliche Werteveränderungen innerhalb der Kundschaft. Die Integration sogenannter „Benchmarks" beinhaltet immer eine Gefahrenquelle, die die Spezifik der Marke auch im Hinblick auf ihre Leistungskommunikation nach außen in Gefahr bringt. Das häufig vorgebrachte Argument, dass es schwierig sei, „leistungsorientierte Kommunikation" zu betreiben, weil sich die Produkte und Dienstleistungen immer stärker angleichen würden, greift zu kurz. Gerade wenn sich Produkte immer ähnlicher werden, ist es inzwischen bedauernswerter Weise eine klassische (falsche) Strategie, sich Kommunikationsinhalte außerhalb der Marke zu suchen – zumeist Inhalte, die vollkommen abstrakt und austauschbar sind. Es ist kausal nicht logisch, allgemeine positive Wahrnehmungen auf eine Marke zu übertragen: „Allgemeinheit" ist das Gegenteil von Marke.

Was ist die markensoziologische Alternative? Die kommunikativ-werbliche Arbeit mit Leistungsbeweisen ist eine sensible Aufgabe. Es sollte deutlich geworden sein, dass die rein demonstrative Darstellung von bestimmten Sachverhalten noch keine Strategie sein kann, zum Beispiel die Tatsache, dass nur „beste Rohstoffe" verwendet werden. Dass die Zutaten zu „100 % biologisch" sind, mag interessant sein, aber diese Information verfehlt die Aufgabe, ein klares Bild in den Köpfen der Menschen zu verankern. Denn damit macht sich eine Marke vergleichbar mit dem Wettbewerb. Die reine Produktbeschreibung kann 1:1 von der Konkurrenz übernommen werden. Ein ähnliches Phänomen ist beispielsweise für die Auszeichnung durch die Stiftung Warentest diagnostizierbar: 80 % aller getesteten Produkte sind inzwischen mit „Sehr gut" oder „Gut" bewertet. Damit macht sich ein Testurteil irgendwann selbst obsolet.

3.4.4 Alltagskomplexität reduzieren

Hinzukommt die eigentliche Aufgabe des Markenartikels für die Allgemeinheit: Seine Aufgabe ist es, Alltagskomplexität zu reduzieren, denn Marken geben uns Orientierung in einer immer unübersichtlichen Welt. Wer einmal bewusst in einem großen Supermarkt vor einem Joghurt-Regal stand, kann sich vorstellen, wie schwierig bzw. unmöglich es wäre, eine Entscheidung ohne jedes Markenvorwissen zu treffen. Wer einmal in einem McDonald's in Indien war, weiß, dass eine Großzahl der Kundschaft aus Europäern und Amerikanern besteht (auch weil sich nur diese Klientel die Preise leisten kann), die sich nach einer abenteuerlichen Backpacker-Tour auf ihren vollkommen unaufgeregten Big Mac mit Salatblatt und Gürkchen freuen.

▶ Marken macht im Kern aus, dass man weiß, was man bekommt. Sie sind im besten Sinne des Wortes „langweilig" und vollkommen „berechenbar".

Dies ist in Zeiten, in denen gerne der Kult des „Neuen" in den Medien zelebriert wird, kaum kommunizierbar, aber bei der Analyse von Markensystemen ist die Beständigkeit immer ein Kernwert. Jedes Leistungssystem, das langfristig wirtschaftlich prosperieren will, braucht ein hohes Maß an Wiederholung – egal, wie wild-kreativ oder spießig-konservativ die Unternehmung ist. Eben diese Charakteristik erspart dem Käufer langes Nachdenken, Überprüfen und im Endeffekt Zeit. Allein diese Charakteristik befähigt Marken, Alltagskomplexität zu reduzieren. Was passiert, wenn dies nicht geschieht, machen psychologische Pathologien deutlich: Das klinische Bild des Autisten ist dadurch gekennzeichnet, dass sämtliche Reize ungefiltert auf das Denken einwirken.

Erst Marken bzw. das in sie gesetzte Vor-Vertrauen machen es möglich, einen Einkaufswagen im Supermarkt binnen weniger Minuten quasi „blind" zu befüllen. Das bedeutet aber auch, dass jede Marke ihre erwartbare Leistung mit absoluter Konsequenz bis ins Detail erbringen und Abweichungen sofort abstellen muss. Nur wer seinen Kunden nicht die Möglichkeit gibt, die erwartete Leistung infrage zu stellen, pflegt das blinde Vertrauen.

▶   Verlässlichkeit durch Gewohnheit evoziert Zuverlässigkeit – nur so
entsteht Bindung, gerade in Zeiten des Überflusses.

Es gibt Marktbeobachter und leider auch Berater, die das Ende von „normalen"
Markenstrategien und Positionierungen auf Kosten jeder Festlegung postulieren:
In Zeiten, in denen Marken in ein Umfeld turbulenten technischen und gesellschaftlichen Wandels eingebettet sind, sei es fatal, sich in irgendeiner Form
festzulegen. Man laufe Gefahr, nicht mehr adäquat reagieren zu können. Das
Gegenteil ist der Fall, zumindest für starke, selbstbewusste Marken – und dies sind
exakt diejenigen, die langfristig wirtschaftlich erfolgreich sind: Nur der wird in
einem immer schnelleren Markt überleben, der „klare Kante" zeigt und als Anbieter irritationsfrei sein Angebot unterbreitet. Dabei geht es, wie zuvor beschrieben,
nicht um die sklavische identische Reproduktion einer Markenidee, sondern um
die Anpassung der Idee im Rahmen der Selbstähnlichkeit. Weniger ist tatsächlich
mehr (wie so oft).

3.4.5 Weglassen als Tugend

Das heißt allerdings auch: Marken dürfen ihre Kunden nicht mit einem Über-
maß an Informationen belasten. Kein Kunde muss über das gesamte Bio-
Engagement von Andechser Naturjoghurt informiert sein (wahrscheinlich gibt
es eine Unmenge an Bedingungen und Bestimmungen, die das Unternehmen
in der langen Zeit seines Bestehens installiert hat), sondern die Kundschaft
muss aus einigen wenigen Informationen – die sich strukturell stets wiederholen
– schließen können, dass es sich um ein „grünes Produkt" handelt (Gestaltung, Hinweis auf Biomilch und die selektierte Distribution über vornehmlich
biologisch-orientierte Handelspartner). In Zeiten voller Terminkalender und eines
dramatisch-drastischen Aufmerksamkeitskampfes durch eine Vielzahl von Signalen ist es vollkommen absurd zu glauben, dass Menschen sich so umfassend
wie möglich über eine Marke informieren wollen (es sei denn, es handelt sich
um Markenfans). Es ist Aufgabe des Markenmanagements, die eigentlichen Leis-
tungstreiber der Marke zu identifizieren und diese immer wieder – selbstähnlich
variiert – zu betonen. Marken reduzieren Komplexität. Marken sind immer spezifisch. Warum? Weil anders kein Vertrauensaufbau stattfinden kann, der die
Grundlage für den regelmäßigen Geldzufluss bildet. Dies bedeutet, sich auf seine
Kernwerte zu besinnen – jeden Tag neu.

Tab. 3.1 Beispiele für das Wirkprinzip einer markensoziologischen Analyse

Leistungsbeweis/Besonderheit	Vorurteil/Abstrakte Wertung
Speick verzichtet auf chemische Zusätze	Speick ist ein naturnaher Anbieter
Wooden radio baut ein Radio in 16 h Handarbeit	Wooden radio ist ein hochwertiges Produkt

Eine Kommunikation, die allein auf Leistungsbeweisen aufbaut, agiert an der Oberfläche, sie gibt dem Kunden eben nur Informationen. Informationen sind vielleicht die Grundlage für eine positive Beziehung, aber es geht vor allem darum, eine Beziehungsebene zwischen Kunden und Produkt herzustellen. Diese entsteht erst dann, wenn sich einige wenige Grundhaltungen der Marke verfestigt haben, die der Kunde als solche annehmen oder ablehnen kann. In Tab. 3.1 ist das Wirkprinzip einer markensoziologischen Analyse verdeutlicht. Diese Markencharakterisierung ist einfach und kann gut gemerkt werden (Achtung: In Tab. 3.1 wird exemplarisch jewels nur ein Leistungsaspekt der zwei Marken dargestellt). Hinzukommt, dass ich als Einzelner für mich entscheiden kann, ob ich die mit dem Vorurteil verbundene Werthaltung teile und mich damit identifizieren kann.

Marken dürfen aus gutgemeinter interner Leistungsorientierung und starkem Darstellungsdrang nicht ihre Kundschaft mit einem „Zuviel" an Informationen überfrachten. Viel eher sollte sich eine Marke auf die entscheidenden Inhalte fokussieren und so die vorhandene Vorurteilsstruktur im Sinne einer klaren Orientierungs- und Bekenntnismöglichkeit stärken. Sofern eine Marke Werte vertritt, die ich für mich selbst als erstrebenswert und wertvoll reklamiere, so fungiert sie zum einen als Orientierungsmöglichkeit nach innen und gleichzeitig als Bekenntnisobjekt nach außen, indem ich durch meinen Kauf und meinen gut sichtbaren Einsatz der Markensymbolik ihre Aussage für meine Zwecke verwende, z. B. ein bestimmtes Mineralwasser steht auf dem festlich gedeckten Tisch. Die Marke wird zu einem externen Sprachrohr meines Selbstbildes, indem klar wird: So bin ich. Das kann im traurigsten Falle ein Porsche Cayenne sein, aber auch eine Flasche „Viva con agua", die lässig durch die Straße getragen wird. Gerade Getränke und Genussmittel bieten die Möglichkeit, sich relativ preiswert und dennoch öffentlichkeitswirksam zu einem bestimmten Lebensstil zu bekennen.

Marken geben uns die Möglichkeit, durch ihre Verwendung und das Bekenntnis zu ihnen unsere eigene Persönlichkeit zu definieren. Schließlich kennzeichnet starke Marken, dass wir mit ihnen bestimmte Wesensattribute verbinden. So hat es eine Marke wie Volvo erreicht, dass unabhängig davon, ob wir uns in Deutschland, Italien, den USA oder Japan befinden, die überwiegende Anzahl aller Menschen bei Nennung dieses Markennamens Eigenschaften wie „Sicherheit", „Schweden", „Design" und „Familie" einfallen. Eine unglaubliche Leistung: Einer Marke ist es gelungen, bei bloßer Nennung ihres Namens und unter Berücksichtigung, dass im Vergleich zum vorhandenen Wissen, nur wenige Menschen Fahrer dieses Autos sind, ein global übergreifendes Bild in den Köpfen der Menschen zu verankern. Ein Zustand von dem so manches ambitionierte Kulturprogramm altehrwürdiger Nationen träumen kann. Der Volvo-Fahrer, der genau dieses Auto gewählt hat, weiß um diese Strahlkraft und nutzt sie, um sein Außenbild mithilfe des Volvos deutlich zu machen. Das kann bewusst oder unterbewusst geschehen.

Auf Basis der vorhergehenden Gedanken, ergibt sich folgende „markensoziologische Kausalkette":

Markensoziologische Kausalkette
1. Marke ist ein Bündnissystem.
2. Bündnisse haben idealtypisch zwei Wesensformen: Sie sind gemeinschaftlich oder gesellschaftlich fundiert.
3. Marken sind gemeinschaftliche Bündnisformen, Produkte funktionieren gesellschaftlich.
4. Marken sind zu einem großen Teil die Wiederkehr des immer Gleichen – homolog zur Sitte in Familienverbänden. Aus Leistungsroutine entsteht Erwartbarkeit.
5. Nur zu Signalen, die gleichartig sind, kann der Mensch Vertrauen aufbauen. Denn Vertrauen entsteht durch Vertrautheit. Dabei steht das Vertrauen in eine Leistung am Ende einer kausalen Kette: Vertrauen entsteht erst, wenn Produkt, Form, Versprechen und der Gesamtauftritt einer Marke stimmig zueinander sind. Erst dann wird einer Marke geglaubt, sie wird *glaub-würdig*.
6. Indem eine Marke immer wieder bestimmte typische Leistungsmerkmale in die Öffentlichkeit sendet, bildet sich im Optimalfall – d. h. die Leistung stößt auf positive Resonanz im Publikum – ein Kundschaftskörper, der mit einem bestimmten Namen bestimmte positiv wahrgenommene Leistungen verknüpft. Dieser über die Zeit gewachsene Kundschaftskörper ist bindungswillig und deshalb preisunsensibel (im Rahmen des vertrauten Preisgefüges der Marke). Dem Unternehmen ist es gelungen,

von einem markierten Produkt zu einer Marke mit sozialer Symbolkraft
zu werden. Der Begriff „Kunde" macht diesen Sachverhalt deutlich,
indem klar wird, dass der Käufer einer Ware über die Merkmale dieses
Produkts oder dieser Dienstleistung „kundig" ist.

7. Werden unter einem bestimmten Namen über die Zeit bestimmte Leistungen erbracht, bildet sich ein Positives Vorurteil über diese Leis-
tung(en). Im Gegensatz zu Einzelerfahrungen haben sich die persönlich-
individuellen Urteile sozial verknüpft. Menschen machen unabhängig
voneinander gleichartige Erfahrungen: Ein kollektives Urteil ist entstanden – dabei ist die Zielgruppenausweitung dieses Urteils unerheblich.
Schließlich muss ein solides Restaurant nur seine geografische Nachbarschaft erreichen, während ein global agierendes Unternehmen auch
Menschen in Tokio oder New York erreichen muss. Markensoziologisch
ist nicht die „Größe" des kollektiven Urteils entscheidend, sondern die
Durchsetzung in der jeweils relevanten Neigungsgruppe.

8. Die Marke steht nunmehr in einem stabilen Austausch mit ihrer Umwelt:
Sie erbringt Leistungen in gleichbleibender Qualität und Stilistik. Diese
werden wahrgenommen, geprüft und bei Gefallen gekauft. Dank der
Wiederholungskäufer ist ein Kundschaftsverhältnis entstanden, welches
das prüfende Moment in dieser Gruppe reduziert – sofern die Marke sich
treu bleibt und selbstähnlich agiert. Neben der Tatsache, dass die Kundschaft regelmäßig Geld für die Leistung bezahlt und somit die Firma
wirtschaftlich absichert, entsteht ein immaterieller, aber noch höherer
Wert: Das positive Vorurteil – die Grundlage jeder erfolgreichen Marke.

Die vorliegende Wirkungskette macht die Wissenschaftlichkeit der Markensoziologie eingängig: Wie Marken wirken und warum sie ein kultur- und weltumfas-
sendes Phänomen sind, wird über die Herleitung von der Individualpsyche bis
hin zum kollektiven Gedächtnis in Gruppen deutlich. Alle Stufen bauen aufeinander auf. Dies unterscheidet die Markensoziologie von anderen Ansätzen, die
zumeist nur am Ende der Kette Lösungen anbieten, aber eben die anthropologisch-
kulturellen Dispositionen außer Acht lassen. Allerdings sind dies die einzig
relevanten, um Marke wirksam zu managen.

Die inhaltliche Zusammenfassung in Tab. 3.2 stellt die markensoziologische
Methode dem klassisch-marketingorientierten Ansatz gegenüber.

Tab. 3.2
Gegenüberstellung
markensoziologischer und
marketingorientierter
Ansatz

Markensoziologie	Marketingmethode
Innenorientiert	Außenorientiert
Identitätsgeleitet	Imagegeleitet
Konkret	Abstrakt
Bewusst	Unbewusst
Eigenentwickelt	Marktforschungsorientiert
Wahrgebung	Wahrnehmung
Ursache	Wirkung
Erfolgsprofil/Genetischer Code	Imageanalyse

Literatur

Aaker D (1997) Langfristige Markenstrategien. In: Brandmeyer K, Deichsel A (Hrsg) Jahrbuch Markentechnik 1997/98. Deutscher Fachverlag, Frankfurt/Main

Allport GW (1971) Die Natur des Vorurteils. Kiepenheuer & Witsch, Köln

Brandmeyer K (1999) Selbstähnliche Markenführung. Die Gestalt-Gemeinschaft und der Einzelne. In: Kl B, Deichsel A (Hrsg) Jahrbuch Markentechnik. Deutscher Fachverlag, Frankfurt/Main

Bundesministerium der Justiz und für Verbraucherschutz (o. J.) Markenrecht § 3. https://www.gesetze-im-internet.de/markeng/__3.html. Zugegriffen: 30. Okt. 2020

Crary J (2014) 24/7. Schlaflos im Spätkapitalismus. Wagenbach, Berlin

Dahm A (2021) PRIMAVERA Bio-Anbaupartnerschaften weltweit – gelebtes Vertrauen. In: Zschiesche A (Hrsg) Vertrauen – die härteste Währung der Welt. Unveröff. Manuskript. Gabal Verlag, Offenbach (in Vorbereitung)

Deichsel A (2006) Markensoziologie. Deutscher Fachverlag, Frankfurt/Main

Deutscher G (2012) Im Spiegel der Sprache. dtv, München

Errichiello O, Zschiesche A (2011) Wir Einmaligen. Eichborn, Frankfurt/Main

Errichiello O, Zschiesche A (2013) Markenkraft im Mittelstand. Springer Gabler, Wiesbaden

Esch FR, Wicke A (2001) Herausforderungen und Aufgaben des Markenmanagements. In: Esch FR (Hrsg) Moderne Markenführung, Grundlagen – Innovative Ansätze – Praktische Umsetzungen. Springer Gabler, Wiesbaden

Gabler-Wirtschaftslexikon Band 3 (1997) Springer Gabler, Wiesbaden

Harte-Bavendamm H (2015) Deichsel, die Markentechnik und das Recht. In: Homann T, Zschiesche A, Errichiello O (Hrsg) Die Soziologie, der Gestaltwille und die Marke. Soziale Systeme verstehen und führen. Springer Gabler, Wiesbaden

Haug WF (1971) Kritik der Warenästhetik. Suhrkamp, Frankfurt/Main

Horkheimer M (1962) Über das Vorurteil. In: Arbeitsgemeinschaft für Forschung des Landes Nordrhein-Westfalen (Hrsg) Heft 108. Köln

Kant I (1990) Erste Einleitung in die Kritik der Urteilskraft. Meiner, Hamburg

Kapferer JN (1997) Marke und Ebenbild. In: Unveröffentlichte Konferenzdokumentation des Instituts für Markentechnik Genf zum 1. Internationalen Markentechnikum 1997, Genf

Klein N (2000) No Logo. Flamingo, London

Konersmann R (2015) Die Unruhe der Welt. S. Fischer Verlag, Frankfurt/Main

Luhmann N (2000) Vertrauen: Ein Mechanismus der Reduktion sozialer Komplexität. UTB, Stuttgart

Marx K (1973) Das Kapital. Kritik der politischen Ökonomie. Erster Band. Dietz Verlag, Berlin (Ost)

Meffert H (1998) Marketing. Grundlagen marktorientierter Unternehmensführung. Springer Gabler, Wiesbaden

Packard V (1962) Die geheimen Verführer. Der Griff nach dem Unterbewußten in jedermann. Ullstein, Berlin

Pohrt W (2013) Das allerletzte Gefecht. Über den universellen Kapitalismus, den Kommunismus als Episode und die Menschheit als Amöbe, den Kommunismus als Episode und die Menschheit als Amöbe. Verlag Klaus Bittermann, Berlin

Pohrt W (2012) Kapitalismus forever. Über Krise, Krieg, Revolution, Evolution, Christentum und Islam. Verlag Klaus Bittermann, Berlin

Pschera A (2011) 800 Millionen. Apologie der sozialen Medien. Matthes & Seitz, Berlin

Readers Digest: Most Trusted Brands (2019) https://www.horizont.net/marketing/nachrichten/trusted-brands-studie-das-sind-die-vertrauenswuerdigsten-marken-und-medien-der-deutschen-173964. Zugegriffen: Aug. 2020

Rosa H (2005) Die Veränderung der Zeitstrukturen in der Moderne. Suhrkamp, Frankfurt/Main

Schmoll T, Winkelmann M (2015) Grüne Propaganda. In: enorm 05/2015, Hamburg

Sombart W (1908) Die Reklame. In: Der Morgen 06.03.1908, Berlin

Twenge JM, Campbell WK (2010) The narcissism epidemic. Living in the age of entitlement. Simon & Schuster, New York

von Weizsäcker CC (2001) Vertrauen als Koordinationsmechanismus. In: Brandmeyer K, Deichsel A, Prill C (Hrsg) Jahrbuch Markentechnik 2002/2003. Deutscher Fachverlag, Frankfurt/Main

Waldrop MM (1993) Inseln im Chaos. Die Erforschung komplexer Systeme. Rohwolt, Reinbek

Williams R (1961) Advertising: the magic system. In: Problems in materialism and culture. Verso, London

Winkelmann M (2013) Überholtes Modell. Interview mit Pavan Sukhdev. In: enorm: 05/2013, Hamburg

Zernisch P (2003) Markenglauben managen. Eine Markenstrategie für Unternehmer. Wiley-VCH Verlag, Weinheim

Zschiesche A, Errichiello O (2009) Erfolgsgeheimnis Ost: Survival-Strategien der besten Marken – und was Manager daraus lernen können. Springer Gabler, Wiesbaden

Entwicklung, Entfaltung und Führung einer grünen Marke

4

Zusammenfassung

In diesem Kapitel wird das Projekt „wooden radio", eines der erfolgreichsten globalen Ecodesign-Projekte, eingängig beschrieben und der „genetische Code" der Marke, d. h. das Erfolgsprofil, exemplarisch analysiert und operationalisiert. Im Erfolgsprofil, einem der gängigsten Markensteuerungsinstrumente, werden sämtliche Eigenschaften herausgearbeitet, die ein Unternehmen über die Zeit typisch erbracht hat. Diese Ursachen können von der Unternehmensleitung gezielt gesteuert werden. Zukünftige strategische Entscheidungen in den Bereichen Markenentwicklung, Markenaufbau, Markenarchitektur erhalten dadurch eine wissenschaftlich fundierte Grundlage und Absicherung. Darauf aufbauend geben Projektbeschreibungen und Handlungsanweisungen zum Erfolgsprofil der Marke einen Überblick, wie eine bestehende Marke planvoll aufgebaut und gesteuert werden kann bzw. wie neue Marken einem höchst individuellen Bauplan folgen.◄

4.1 Grüne Markenführung am Beispiel wooden radio

4.1.1 Ausgangslage

1971 schrieb der Designer Victor Papanek in einem dünnen Heftchen sein gestalterisches Credo unter dem Titel „Design for the Real World" nieder. Dort führte er aus: „Es gibt Berufe, die mehr Schaden anrichten als der des Industriedesigners, aber viele sind es nicht." (Papanek 2014, S. 20) Die Überlegung Papaneks ist nachvollziehbar vor dem Hintergrund, dass grünes Design bis vor wenigen Jahren kaum eine Rolle spielte. Gerade Marken, die als gestalterische Trendsetter gelten, werden normalerweise nicht mit Ökologie oder fairer Produktionsweise in Verbindung gebracht. Aus diesem Grund formuliert der „David Report", ein Thesenpapier der Produktdesigner David Carlsson und Brent Richards, auch noch 40 Jahre nach Papaneks Gedanken: „Lets face it; design is now a major source of pollution, as process and a phenomenon, design has degenerated into a state of aesthetic proliferation that has accumulative and destructive levels, in terms or floss of meaning, value, and identity." (Carlsson und Richards 2010) Eine qualitative Evolution des Designs sei nur mit einem veränderten Selbstverständnis möglich: „The diagnosis is not making Design better, but making Design matter.[…] Design is no longer about the lifestyle, but the lifecycle. […] What makes us want to retain and keep certain objects (however worn and bettered) while we throw away others without thinking twice about it? Is there a lesson to be learnt, and is there a useable formula for making Design matter more? […] We need new storytellers." (Carlsson und Richards 2010) Aus dieser Einsicht entstand die Vorstellung eines nachhaltigen Designs, des sogenannten Ecodesigns in den letzten zehn Jahren.

Was wird unter Ecodesign verstanden? Folgende Definition findet sich auf den Internetseiten des „Ecodesign Preises Deutschland":

> „Der Begriff ‚EcoDesign' beschreibt eine systematische Vorgehensweise, die zum Ziel hat, möglichst frühzeitig ökologische Aspekte in den Produktplanungs-, -entwicklungs- und -gestaltungsprozess einzubinden. Das heißt, zu den klassischen Kriterien der Produktentwicklung wie Wirtschaftlichkeit, Sicherheit, Zuverlässigkeit, Ergonomie, technische Machbarkeit und nicht zuletzt Ästhetik kommt die Anforderung ‚Umwelt' hinzu. Die Bezeichnung EcoDesign drückt aus, dass Ökologie (Ecology) und Ökonomie (Economy) innerhalb der EcoDesign-Vorgehensweise mit Hilfe von gutem Design vereint werden sollen. Kurz gesagt, führt EcoDesign zu Produkten, Systemen, Infrastrukturen und Dienstleistungen, die bei optimaler Erfüllung des gewünschten Nutzens eine minimale Menge an Ressourcen, Energie und Fläche benötigen, bei gleichzeitiger Minimierung des Schadstoffeinsatzes und -ausstoßes und der Abfälle – und das über den gesamten Produktlebenszyklus hinweg." (Vgl. Tischner et al. 2000, S. 12).

Das wooden radio setzte diese Grundsätze um, als es noch keine Definitionen und Auszeichnungen gab, und leitete damit ein neues Produktverständnis exemplarisch ein. Umso erstaunlicher, weil das zugrundeliegende Produkt- und Nachhaltigkeitsverständnis nicht das Resultat eines westlichen „Thinktanks" war, sondern aus der Erfahrungs- und Lebenswelt des „Erfinders vor Ort", der an keinem der üblichen Designer-Netzwerke eine Teilhabe hatte, resultierte.

4.1.2   New Craft: Die Geschichte des wooden radio

Das wooden radio ist die Idee und das Produkt des indonesischen Designers Singgih Susilo Kartono, der in den 1980er Jahren an der Universität Bandung Design studierte und anschließend vor der Frage stand, ob er als angestellter Designer für ein lokales Möbelunternehmen tätig werden sollte (vgl. Abb. 4.1). Kartono entschied sich gegen eine Festanstellung und baute in seinem Heimatdorf Kandangan (Distrikt Temanggung), ca. 500 km südlich von der Millionenstadt Yogyakarta entfernt, eine eigene Produktion auf. Diese Entscheidung war nicht zu erwarten, kennzeichnet doch Kandangan im Gegensatz zu anderen Landesteilen Indonesiens

Abb. 4.1   Aus dem Dorf in die Metropolen: Singgih Susilo Kartono und das „Magno wooden radio". (Mit freundlicher Genehmigung von © Errichiello/Zschiesche gbr (wooden radio) 2020. All Rights Reserved)

keine nennenswerte „Produktionskultur von Möbeln oder Accessoires", sondern eher eine landwirtschaftliche Prägung.

Während seines Studiums hatte er aufgrund begrenzter finanzieller Mittel nur selten die Möglichkeit, in seine Heimat zu reisen, bemerkte jedoch gerade über die längeren zeitlichen Abstände zwischen seinen Besuchen die Veränderungen in seiner Region: Durch Regierungsprogramme forciert, wurden die Landwirte angehalten, „schnelle Modernisierungsmaßnahmen" zu ergreifen und dafür traditionelle Methoden der Landwirtschaft aufzugeben. Die künstliche „Kräftigung" der Böden durch chemische Dünger und genmodifizierte Saaten veränderte die Landwirtschaft und hatte negative Auswirkungen auf Arbeitsweisen, Abläufe und letztlich die gesamte Dorfgemeinschaft. Arbeitsplätze gingen zunehmend verloren. Viele Bewohner verließen das Dorf und zogen als Fabrikarbeiter in die umliegenden Städte. Kartono wurde deutlich, dass die „modernen Formen" der Landwirtschaft nicht in der Lage waren, sein Dorf als funktionierende Gemeinschaft zu festigen. Konnte Design zur Stabilisierung des sozialen Mikrosystems Dorf beitragen? Kartonos Ziel: Durch zeitgemäße Handarbeitsprodukte sollte das Dorf als Lebens- und Arbeitsstätte für alle Generationen wieder eine ernsthafte Option sein (vgl. Abb. 4.2).

Abb. 4.2 Wiege des wooden radios: Team und Produktionsstätte. (Mit freundlicher Genehmigung von © Errichiello/Zschiesche gbr (wooden radio) 2020. All Rights Reserved)

Während seines Studiums lernte Kartono beim indonesischen Künstler und Gestalter Surya Pernawa. Pernawa entwickelte die Methode des „New Craft" (Neue Handarbeit), nach der es im Unterschied zu traditionellen Formen der „folkloristischen Gestaltung" nicht um die Herstellung *eines* Produkts durch *einen* Handwerker geht (der Handwerker kümmert sich um alle Produktionsstufen/Teile des Produkts), sondern um die Gliederung der Produktion in verschiedene Stufen und die Operationalisierung und Organisation dieser Gestaltungsbereiche auf einzelne Spezialisten. Auf diese Weise wird das Herstellungs-Know-how schnell erarbeitet und größere Mengen können in kurzen Zeitintervallen hergestellt werden – gleichzeitig handelt es sich zwar um Handarbeiten, aber die Variationsbreite im Hinblick auf die Verarbeitung ist eingeschränkt. Ein Händler bekommt immer eine *marginal* unterschiedliche Variante eines Produkts.

Die Methodik des New Craft hat viele Vorteile: Sie erlaubt die Schaffung innovativer wirtschaftlicher Aktivitäten in Gebieten, die durch keinerlei Handwerkskultur gekennzeichnet sind. Gleichzeitig können sowohl bestehende wie auch „sterbende" handwerkliche Betriebe erfolgreich revitalisiert werden. Im Ergebnis von New Craft stehen handgearbeitete Waren, die gleichbleibende Qualitätsstandards erfüllen. Handarbeitsprodukte werden mit New Craft zeitgemäß definiert: Statt folklorisierender Gestaltung basiert die Formensprache auf einem professionellen und zeitgemäßen Produktions- und Designkonzept. Die Vorstellungen des Designs werden in einem kontrollierten Vorgang mit Herstellungserfordernissen in Einklang gebracht und ermöglichen auf diese Weise eine wertschöpfungsstarke Vermarktung.

Design bedeutet für Kartono nicht die Entwicklung eines fertigen Produkts am Schreibtisch und die Umsetzung in der Werkstatt. Er selbst formuliert: „Für mich heißt Gestalten ohne Landkarte zu agieren." Marktstudien lehnt er strikt ab. Vielmehr geht es darum, im Prozess des Ausprobierens selbst Relevanzen zu erkennen, die schließlich in ein Produkt fließen. Gerade, weil Produkte niemals den Anspruch erheben dürfen, perfek zu sein, arbeitet Kartono vornehmlich mit dem „unperfekten" Werkstoff Holz, der in Textur und Farblichkeit keine exakten Standards einhält. Grundsätzlich versucht er, durch seine Produkte die Beziehung zwischen Objekt und Mensch zu verändern. Es soll nicht mehr nur um das bloße Funktionieren gehen, sondern um die Herausforderung, das Produkt als Objekt wieder erlebbar zu machen, indem ein besonderer Wert auf Details gelegt wird. Der Name Magno (für „magnify", engl. für „vergrößern") weist auf seinen Wunsch hin, Details wieder erkennbar zu machen. Beispielhaft verzichtet das wooden radio auf eine Senderskala, damit der Verwender gezwungen ist, sich mit dem Objekt zu beschäftigen.

4.1.3 Markenentwicklung des wooden radio

Kartono begann Anfang der 2000er Jahre mit der Herstellung von Kinderspielzeug aus Holz – erste Erfahrungen, die ihm nützlich waren, um 2005 mit der Produktion des ersten wooden radio zu beginnen – als Ein-Mann-Betrieb im Kinderzimmer eines gemieteten Hauses (vgl. Abb. 4.3).

Eine Zufallsbegegnung führte ihn zum Erfolg, aber vor allem zu einer langjährigen, beidseitig inspirierenden interkontinentalen Zusammenarbeit zwischen Indonesien und Europa: Im Jahr 2006 war ich, Oliver Errichiello, Marketingleiter eines deutschen Gartenmöbelproduzenten und besuchte in dieser Funktion die Jakarta Fair, eine Art internationaler Leistungsshow indonesischer Unternehmen. Dabei unterscheidet sich diese Messe kaum von den typischen Konsummessen dieser Welt: Unternehmen überbieten sich mit hohen Qualitätsansprüchen, einem guten Preis-Leistungsverhältnis, kurzen Lieferzeiten, flexiblen Produktionskapazitäten. Die Besucher erhalten umzuhängende Eintrittskarten, auf denen

Abb. 4.3 Individual- statt Massenproduktion. (Mit freundlicher Genehmigung von © Errichiello/Zschiesche gbr (wooden radio) 2020. All Rights Reserved)

unmissverständlich „Buyer" zu lesen ist. Bleibt man nur kurz an einem der Hunderten Stände stehen, so überschlagen sich die dortigen Mitarbeiter in devoter Freundlichkeit, um den europäischen oder amerikanischen Händler für sich zu gewinnen. Eine Haltung, die viel zu oft ein inadäquates Gebaren der westlichen Einkäufer mit sich bringt: Wirtschaftskolonialismus der neuen Zeit. Inmitten dieser am Massenmarkt orientierten Messe, zwischen den räumlich gewaltigen Präsenzen der Hersteller, fallen zwei kleine Regale kaum auf. Aussteller hier war die indonesische Regierung, die in einem bescheidenen Pavillon Kleinbetrieben die Möglichkeit gibt, ihre Waren zu zeigen. Auf den Regalen standen Radios, die im Einerlei der standardisierten Formensprache auffielen: Sie widersetzten sich einer etablierten Ästhetik und verfügten über eine eigenständige Gestaltung. Ganz im Gegensatz zu den anderen Ständen kam kein einziger Verkäufer unmittelbar „zur Hilfe". Man ließ mich ungestört die Radios betrachten, bis schließlich mein unsicheres Umdrehen und Suchen nach einem Ansprechpartner dazu führte, dass ein schüchterner Mann auf mich zukam. Wir unterhielten uns freundlich, ich durfte das Radio anfassen und seine Knöpfe und Schalter betätigen – und wollte eines sofort kaufen. Der Mann stellte sich als der Designer und Produzent der Radios, Singgih Susilo Kartono, heraus und … lehnt meinen Kaufwunsch kategorisch ab: Diese Radios seien sein Lebenswerk, das Resultat eines jahrelangen Findungsprozesses und sollten die Lebensfähigkeit seines Dorfes absichern. Ungewohnte Aussagen an einem Ort, an dem die Wirklichkeit nur schnelle Reaktionen und Antworten vorsieht – und eine Verkaufsverweigerung das Absurdeste ist, was sich ein Einkäufer vorstellen kann. Dort, wo es ansonsten um „Money, profit und margin" geht, spricht nun ein Anbieter zunächst von „community". Vor dem Verkauf wollte er mich zunächst kennenlernen, schließlich gebe man „sein Baby" nicht jedem Menschen zur freien Verwendung. Das Radio sei lediglich ein Träger für die Fragen des Verhältnisses der Menschen zu ihren Produkten und gleichzeitig Schlüssel zu der Frage, wie man kleine, abgelegene Dörfer wieder zukunftsfähig für junge Menschen machen könne. Irritation auf meiner Seite, ein Lächeln auf der Seite dieses sonderbaren Menschen inmitten einer Verkaufsmesse. Wir tauschten E-Mail-Adressen aus und gingen zurück in unsere beiden normalen Leben.

Oftmals haben erste Treffen die Eigenart, die grundlegende Stilistik einer Beziehung vorwegzunehmen: Es war klar, dass sich hier kein Produzent darstellte, der trotz eines herausragenden Angebots auf das schnelle Geschäft hoffte, sondern hier ging es um Verständnis für die Menschen in einer besonderen Lebenssituation. Einige Monate nach dem Treffen in Jakarta fiel mir die Adresse Kartonos wieder in die Hände und ich schrieb meine erste E-Mail: „Dear Singgih, please tell me more about your village – Best wishes, Oliver". Die Antwort kam prompt.

Abb. 4.4 Das
Ursprungsmodell: Magno
wooden radio
wr01a-2bipod. (Mit
freundlicher Genehmigung
von ©
Errichiello/Zschiesche gbr
(wooden radio) 2020. All
Rights Reserved)

Was folgte, war ein Jahr der Diskussion und des regen E-Mail-Austauschs zwischen einem kleinen javanischen Dorf und Hamburg – eine Zeit, die gut und hilfreich war, um zu begreifen, warum ein derart besonderes Radio in einer Region entstand, die ansonsten meist mit Massenproduktion auf Kosten von Mensch und Umwelt verbunden wird. Kartono wiederum erfuhr, dass unsere Profession als Sozioökonomen die wissenschaftlich fundierte Führung von Marken ist. Das dahinterstehende ethisch-kaufmännische Verständnis von Marken und Leistungen passte zu seinem Anspruch an den Vertrieb und Verkauf seines Holzradios perfekt. So ergab sich die Idee, gemeinsam den europäischen Markt für ein indonesisches Holzradio zu gewinnen. Der naive Start: Ohne schriftlich fixierten Vertrag, ohne Businessplan, sondern allein durch die Kommunikation einer Geschichte und einer dahinterstehenden, herausragenden Gestaltungsleistung, wollten wir dieses einzigartige Produkt nach Europa tragen. Die erste Lieferung von 48 wooden radios erreichte den Hamburger Hafen am 18. Juli 2007 (vgl. Abb. 4.4).

Die Ausgangssituation schien aussichtslos: Kein Mensch benötigte im Jahr 2007 ein handgebautes analoges Radio aus Holz für 179 €. Denn zur gleichen Zeit wurden Internetradios zunehmend massengängig. Highfidelity-Sound auch aus kleinen Radios wurde selbstverständlich, und digitale Radioempfänger wurden zu Standards. Auf den ersten Blick bestand keinerlei Aussicht auf wirtschaftlichen Erfolg – und Mitleidskäufe sind äußerst selten eine langfristig tragfähige Geschäftsgrundlage. Auch bestand kein Vertriebsnetz, und wir hatten zu diesem Zeitpunkt auch kein Werbebudget, mit dem wir hätten arbeiten können. Im Gegenteil, wir mussten zunächst einmal diverse TÜV-Tests absolvieren, um das Radio überhaupt in den deutschen Markt zu lancieren, sowie jährliche Kosten einberechnen, um deutschen Elektrogesetzen und Altgeräteverordnungen nachzukommen. Daher wurde zunächst ein Hauptaugenmerk auf die Information über das Radio und seine Hintergrundidee sowie die besondere Herkunft gelegt und über diese

Geschichte gezielt mögliche mediale Multiplikatoren angesprochen – diverse Zeitungen und Magazine informiert. Erste Artikel erscheinen auch in internationalen Design-Blogs und berichten über ein Holzradio aus Java. Erste Anfragen treffen bei uns ein.

Es galt zunächst, regional Geschäfte zu finden, die bereit waren, dieses Radio ihrer Kundschaft anzubieten. Trendgebende Geschäfte waren hier der erste Anlaufpunkt, um mit dem Radio hausieren zu gehen: Wir fuhren mit dem Auto kreuz und quer durch Hamburg, suchten passende Unternehmen und versuchten dann vor Ort, Termine mit den Geschäftsführern oder Verantwortlichen für den Bereich zu machen. Denn die Präsenz des Radios in den Fachgeschäften sollte ein wichtiger weiterer strategischer Schritt sein, damit Menschen sich selbsttätig „über ein einzigartiges Radio" unterhalten. Um gezielt überregionale Fachhändler als Vertriebspartner zu gewinnen, mussten Messeauftritte folgen: 2008 stellte wooden radio zum ersten Mal auf der „ambiente" und der „tendence"-Konsumgütermesse in Frankfurt aus. Auf die üblichen „grünen" Messen wurde verzichtet und stattdessen Präsenz auf betont hochkonsumigen Messen gezeigt. Das Radio und der Messestand fielen auf: Dabei erlaubten wir uns notgedrungen einen Trick und buchten „Restflächen" bei den Messeveranstaltern, die die Besonderheit des Projekts erkannten (und auch für sich nutzten). Der kleinste Stand der Messe (4 qm) war nicht nur wegen des Radios einzigartig. Es folgten in den Jahren 2009 Messeauftritte in Berlin, Paris, Mailand, Stockholm, Kopenhagen und London. Insgesamt kommt das wooden radio von 2008 bis 2014 auf 15 nationale wie europaweite Messepräsenzen. Im Einerlei der großen Handelsanbieter und Hersteller fiel das Produkt dem Händler, der nach Besonderheiten sucht, nicht nur auf, sondern widersetzte sich eigenspielten Regeln der Branche: So führt die von Singgih Kartono festgelegte Beschränkung der Produktion auf 300 bis 600 (unterschiedliche Jahresproduktion) wooden radios im Monat zur Einführung von Wartelisten für die Händler. Sämtliche „unserer" Fachhändler wurden stets auf ihre Verantwortung gegenüber dem Gesamtprojekt hingewiesen mit der eindringlichen Bitte, nicht aufgrund kurzfristiger Überlegungen drastische Preisreduktionen vorzunehmen (vgl. Abb. 4.5 sowie 4.6).

2009 begann der Aufstieg der Marke: Ein zehnminütiger Fernsehbericht zu guter Sendezeit brachte den Durchbruch. Plötzlich war das wooden radio deutschlandweit bekannt. Wir mussten unsere Urlaube unterbrechen, um den ganzen Tag wooden-radio-Bestellungen telefonisch aufzunehmen und Päckchen zu packen. Viele der Kaufwilligen mussten wir auf eine Wartezeit von mindestens zwei Monaten hinweisen, es gab keinen einzigen Protest, alle zeigten Verständnis. Wöchentliche Berichte über das Radio in europäischen Medien sowie die

Abb. 4.5 Messen mit Message: ambiente Konsumgütermesse, 2012. (Mit freundlicher Genehmigung von © Errichiello/Zschiesche gbr (wooden radio) 2020. All Rights Reserved)

Durchdringung der Märkte durch Präsenz in gehobenen Design- und Einrichtungshäusern führten zu einer permanenten und stetig wachsenden Nachfrage. In der Spitze (2010 bis 2012) betrug die Wartezeit für ein wooden radio sechs Monate. Die stärksten Märkte bilden Deutschland (ca. 50 % des Absatzes), Italien (20 %), Österreich (10 %) sowie Dänemark, BENELUX, Frankreich und Großbritannien (vgl. Abb. 4.7). Aus den Erlösen konnte eine vorbildliche Produktionsstätte finanziert werden, die auch Seminar- und Sozialräume für die Dorfgemeinschaft umfasst. Gleichzeitig starteten wir ein Baumpflanzungsprogramm mit der örtlichen High-School: Die Schüler pflanzen Baumsamen, ziehen sie heran und geben sie schließlich in der betriebseigenen Baumschule zur Aufzucht ab, die die kleinen Bäume schließlich in einer dorfweiten Pflanzaktion um das Dorf herum ausbringen.

Bis 2013 hielt die große Nachfrage aufgrund der vielfältigen medialen Berichterstattung an, dann wurde es langsam ruhiger. Engagierte Händler verkaufen das wooden radio weiterhin ausdauernd und mit hohem Engagement.

Abb. 4.6 Mega-Plakat am Pariser Messestand – Marke ist Grenze. (Mit freundlicher Genehmigung von © Errichiello/Zschiesche gbr (wooden radio) 2020. All Rights Reserved)

2015 kam es schließlich zur zukunftssichernden Veränderung der Markenaktivität: Zwar hat sich das „wooden radio" zu einer weltweiten Ecodesign-Ikone entwickelt, aber die geringere Nachfrage aufgrund des organischen Produktlebenszyklus machte einen kostendeckenden internationalen Vertrieb schwierig: Singgih Kartono stellt weiterhin wooden radios her, vertreibt sie allerdings vornehmlich über Designgeschäfte in Indonesien bzw. die touristischen Zentren des Landes. Der Fokus wird nun auf die Vermittlung der Produktions- und Vertriebserfahrungen für „grüne Produktion im Sinne des New Craft" gelegt. Singgih Kartono ist der Auffassung: „Craft is an alternative economic activity that has the potential to be developed and to grow in villages. It has characteristics that

Abb. 4.7 Wooden radio-Radios 2012. (Mit freundlicher Genehmigung von © Errichi-ello/Zschiesche gbr (wooden radio) 2020. All Rights Reserved).

are suitable for villages' living conditions and growth prospects. These characte-ristics are that it is labor intensive, requires low technology and investment and abundance of local material input." (Dunn 2016) Über Seminare und Schulungen erfahren Designer sowie Unternehmer über diese Form des lokalen Wirtschaftens. Die Erlöse des wooden radios fließen direkt in die Umwidmung großer Flächen in biologische Landwirtschaft und Fischzucht sowie den Aufbau eines naturnahen Tourismus.

Im Jahr 2014 veranstaltete Kartono eine erste internationale Konferenz zu diesem Thema, „The 1st International Conference on Village Revitalization", in seinem Heimatdorf, und stellte ein weiteres Produkt zur Stärkung der wirt-schaftlichen Tragfähigkeit vor: Das „Spedagi Bambus-Fahrrad". Kartono führt aus:

„The bamboo bicycle was created to be a conversation-starter about a sustainable design movement. While of course it is still a real product made by Indonesians for the local market, the purpose was never to focus solely on production of bamboo bicycles – there are many international companies already making bicycles out of alternative materials. The Spedagi is a way of showcasing local Indonesian design potential that doesn't rely on the export market for economic survival – as is mostly the case with Magno wooden products. Kartono's intentions also link to eco-tourism ambitions for the village. It is hoped that the bamboo bicycle acts as a magnet to draw people to the village, inviting curiosity, as well as being a handy method of transportation for visitors and volunteers who stay in the guesthouses." (Dunn 2016).

Damit dient wooden radio als tragendes Element für die ökosozialen Veränderungsprozesse auf lokaler Ebene und als weltweites Beispielprojekt weit über ein Produkt hinaus.

4.2 Das Erfolgsprofil grüner Marken am Beispiel wooden radio

Was lässt sich aus der knappen Beschreibung der Marke „wooden radio" für das Führen einer Marke im Tagesgeschäft lernen? Vor allem, dass die Spezifik einer Marke immer nur aus sich selbst heraus, aus ihrer individuellen Geschichte entstehen kann. Wenn Marke ein Positives Vorurteil ist, das durch die tagtägliche Einlösung erwarteter Leistungen entsteht, dann kann nur eine substanzielle Aussage über die Kernwerte der Marke getroffen werden, sofern die Ursachen für dieses Bild dezidiert vorliegen. Das heißt: Eine wertschöpfungsorientierte Markenanalyse muss bei der Betrachtung des ersten Tages beginnen.

Beschaut man die Entwicklung des Unternehmens und der Marke wooden radio über die Zeit, so ergeben sich bestimmte Merkmale und Leistungsinhalte, die trotz sich verändernder Rahmen- und Marktbedingungen – nahezu gleichgeblieben sind. Sie bilden auch heute die Grundlage für die planvolle Weiterentwicklung des Unternehmens. Sie geben das Koordinatensystem vor, in dem die Marke agieren muss, will sie das Positive Vorurteil hinsichtlich ihres Namens tiefer verankern, um gezielt die Wertschöpfungskraft zu stärken.

Wie zuvor beschrieben: Die markensoziologische Analyse nimmt die Wirkungsebene (Image) als Ausgangspunkt, um die Ursachen für dieses Außenbild in den internen Handlungen des Unternehmens zu isolieren. Konkret:

- Was sind die Ursachen dafür, dass viele Menschen heute der Marke „Dr. Hauschka" eine hohe Kompetenz im Bereich Naturkosmetik zubilligen? Sogar Menschen, die niemals ein Dr. Hauschka-Produkt gekauft haben.
- Was sind die Ursachen dafür, dass Lemonaid gerne als hippes, junges Produkt wahrgenommen und mit gutem Gewissen getrunken wird?
- Was sind die Ursachen dafür, dass es einem handgebauten Radio aus Holz, das in Zeiten des High-Fidelity-Sounds noch mit einem einfachen analogen Empfänger ausgestattet, sich trotzdem in ganz Europa zu einem Premiumpreis verkaufen lässt?

Entscheidend ist, dass das Strukturmuster – der organische Bauplan von Markenkörpern – nie offen vorliegt: Im Gegensatz zu einem Maschinenbauplan, ist der Bauplan einer Marke als einem lebenden System hochkomplex und wird vor allem durch Menschen gelebt, die zwar im besten Falle ein „Gefühl" für die Marke entwickeln, aber dieses Gefühl nicht roboterhaft abarbeiten. Denn die Genetik einer Marke ist, obwohl sie bei jedem Kontakt in zahlreichen Variationen erkennbar ist, nirgendwo abgebildet. Dies macht eine Analyse schwierig: Intuitive Gefühläußerungen hinsichtlich einer Marke („Ich bin der Auffassung, dass diese Marke für Qualität/Innovation/etc. steht") müssen nämlich sämtlich auf ihre konkreten Ursachen zurückgeführt werden. Nur durch eine genaue und weit zurückreichende Beobachtung lassen sich diese erfolggebenden Strukturmuster innerhalb des Systems erkennen. Mithilfe einer Langzeitbeobachtung werden sich wiederholende Interaktionen zwischen Marke und Mensch, aber auch der einzelnen Menschen untereinander erkennbar. Es wird deutlich, in welchen Bereichen sie das spezifische Markensystem bilden. Die entscheidenden Leistungsinhalte einer Marke, ihre Substanz, lassen sich durch das Erfolgsprofil der Marke herausarbeiten und für die Markenführung operationalisieren.

Das Erfolgsprofil entzieht sich der Flut neuer wie auch revitalisierter alter Ansätze und Modelle, weil es kein Modell im herkömmlichen Sinn ist. Denn das Erfolgsprofil bezieht seinen Inhalt nicht aus „neuen Erkenntnissen", sondern es ist ein logisches Kausalmodell von Ursache und Wirkung. Damit ist die markensoziologische Analyse einer Marke kein Zauberhandwerk, keine Management-Mode aus den Kernspintomografen dieser Welt (siehe Neuromarketing) oder die Marketingidee eines abgefahrenen Trend-Gurus, der ein neues Konsumentenbild propagiert.

▶ **Ganz simpel:** Eine Marke kennzeichnen spezifische Leistungen und Eigenarten, die zusammengenommen einen spezifischen System-Code bilden. Dieser „Genetische Code", das Erfolgsprofil, lenkt die Evolution einer Marke.

Auf die Analogie von organischen Lebewesen (Menschen, Tiere, Pflanzen) und ideellen Lebewesen (z. B. Marken) wies der französische Wirtschaftswissenschaftler Jean-Noel Kapferer bereits in den 1990er Jahren hin, als er schrieb: „Die genetische Analogie liegt im Verständnis der Marke. Der Informationsspeicher trägt das Programm künftiger Entwicklungen in sich, die besonderen Attribute künftiger Produktarten, ihre Gemeinsamkeiten und Ähnlichkeit, die die einzelnen Produkte des Portfolios verbinden." (Kapferer 1992, S. 50).

Das Erfolgsprofil der Marke charakterisiert, dass die entscheidenden Erfolgsbausteine des Unternehmens ermittelt und der Markenführung zugänglich gemacht werden. Dabei ist die Zielsetzung deutlich: Mit dem Erfolgsprofil soll das Handlungsmuster freigelegt werden, das den Erfolg des Unternehmens bedingt hat, und zwar auf Grundlage der überzeugenden Leistungen von der Vergangenheit bis heute. Im Effekt ist das Erfolgsprofil die analytische Basis für die Pflege der existenziellen Erfolgsgründe und damit Ursache für die maximale Wertschöpfung – eine Handlungsanweisung zur Lenkung eines Sozialkörpers.

▶ Die grundsätzliche Frage bei der Analyse des Erfolgsprofils ist: Welche konkreten Leistungszusammenhänge haben die Marke erfolgreich gemacht und sich in den Köpfen der Menschen verankert?

In Rückgriff auf die markensoziologische Funktionskette von Marken muss diese Frage in den Mittelpunkt gerückt werden, weil nur eine erfolgreiche Leistung von einem System reproduziert wird. Dies ist logisch: Marken können nur das reproduzieren, was ihnen wirtschaftlich etwas einbringt. Auf Dauer kann es sich kein System leisten, Dinge zu unternehmen, die sich nicht lohnen und keine wirtschaftliche Resonanz bzw. Kundschaft erzeugen. Natürlicherweise muss eine Marke mit ihren Leistungen stetig nach Resonanz und damit nach Erfolg suchen. Dabei stellt die markensoziologische Forschung fest, dass Marken zu Beginn ihrer Entwicklung noch hohe Freiheitsgrade aufweisen: Ausgehend von einer Leistungsidee probiert sich eine Marke aus, beschreitet teilweise höchst unterschiedliche Strategien, da sie ihr Erfolgsprofil zunächst noch finden muss. Dies funktioniert solange, bis sie schließlich mit einem bestimmten Produkt und einer individuellen Form der Vermarktung Zuspruch erfährt und Umsätze erwirtschaftet – oder sie vergeht.

Sobald die Marke jedoch auf Resonanz gestoßen ist, bleibt sie dieser erfolgreichen Systematik treu, schließlich hat ihr das Muster den erhofften Erfolg gebracht. Änderungen finden jetzt mit zunehmender Zeit immer behutsamer statt – nichts soll das bestehende Erfolgsprofil durcheinanderbringen, das mühsam aufgebaute Vertrauen erschüttern. Eine Marke ist entstanden. Kurzum:

▶   Eine Marke kennzeichnet vor allem auch die Integration von systemerhaltenden Mutationsblockaden: die Ziehung von Grenzen.

Mit dem Erfolgsprofil entsteht ein klares Bild davon, welche Leistungen für die Marke entscheidend sind, welche in Zukunft selbstähnlich weiterentwickelt werden müssen und welche Attribute nicht zur Disposition stehen.

Die Erfahrung zeigt, dass einige Erfolgsbausteine bereits seit Gründung eines Unternehmens bestehen, andere erst durch Ausprobieren Teil des Erfolgsprofils wurden – als lebendes System integriert die Marke immer wieder neue Aspekte und sortiert nicht erfolgreiche Leistungsbestandteile aus. Wichtig ist bei der analytischen Betrachtung von Marken: Eine Marke besitzt ihren Zweck nie in sich selbst, sie ist immer Mittel zum Zweck: Marken werden nicht deshalb von Menschen gekauft, weil sie Marken sind (auch Prada muss der Hochwertigkeit bzw. dem trendangebenden Charakter der Marke *faktisch* entsprechen), sondern immer, weil sie eine bestimmte Form der Leistung und Haltung anbieten. Zwar mag der Impuls, eine Markenware zu kaufen, durchaus psychologisch fundiert sein (das Prestige des guten Namens soll auf den Käufer abstrahlen), allerdings wird auch ein derartiger Käufer prüfen, ob die Leistung der Marke ihrem Wertigkeitsanspruch entspricht. Knapp formuliert:

▶   Image allein verkauft kein Image.

Vor diesem Hintergrund muss ein Unternehmen nicht nur für bestimmte Werte stehen und diese kommunizieren, sondern es ist die besondere Herausforderung, diese Werte operationalisierbar und konkret zu machen.

Wie zuvor erwähnt, werden Marken sehr oft mit sogenannten Imagekategorien beschrieben. Ihnen allen gemeinsam ist die Tatsache, dass hier Marken anhand von allgemeinen, abstrakten und meist interpretationsoffenen Begrifflichkeiten gefasst werden sollen. Bei großen Unternehmen kommt noch intensive Marktforschung hinzu: Dabei handelt es sich oft um Aussagen von Kunden oder sogar willkürlich ausgesuchten Personen über die Marke, die im Rahmen von Befragungen oder Marktforschungsuntersuchungen erhoben wurden. Diese Ergebnisse bergen markengefährdende Probleme, denn:

- **Abstraktionen** beschreiben niemals Realitäten. Abstraktionen kommen im Leben nicht vor. Sie suggerieren allenfalls eine Definition. Kein Mensch spricht darüber, einen besonders „naturnahen" Urlaub genossen zu haben. Stattdessen wird er von dem Gemüse aus dem eigenen Garten des Biohotels berichten oder von der Solaranlage auf dem Dach, der selbstgemachten Konfitüre, den „niedlichen Eseln" auf dem Hofgelände. Der italienische Biobauernhof und Biolebensmittelversand „La Viala" verstößt in seiner Internetpräsenz gegen alle üblichen Regeln: Die Schrift ist eine kaum lesbare Schreibschrift, die Bildaufteilung erlaubt kaum eine Wahrnehmung, die Texte sind endlos … und doch: Die Marke gilt als hoch erfolgreich und ihre Produkte sind Bestandteil vieler Vorratskammern ökologiebewegter Oberstudiendirektoren. Kommunikation geschieht stets konkret, nur sind es – entgegen aller Lebenserfahrung – viele Menschen im Marketing gewohnt, von abstrakten Sachverhalten auszugehen. (Die Marke hält diese Form der Gestaltung über sämtliche Kanäle und Produktgestaltungen seit vielen Jahren irritationslos durch.)
- **Images** sind immer Wirkungen langfristiger Handlungen des Unternehmens. Im Gegensatz zu Handlungen sind allerdings Image-Wirkungen nicht steuerbar, also für den Markenmanager nicht operationalisierbar. Kein Unternehmensmanager kann explizit steuern, welche Gefühlswelten für seine Kunden zu erfahren sind.
- **Images** sind für die Führung einer Marke unbrauchbar. Was genau unter Qualität zu verstehen ist, kann in Meetings tagelang ohne hinreichende Lösung diskutiert werden. Was ein hoher Qualitätsstandard ist, wird in Schwaben anders definiert sein als in Berlin oder gar in den USA. Für einen Öko-Bauernhof mit Hofladen bedeutet Qualität etwas völlig anderes als für einen ökologischen Stromanbieter. Was ist eine Definition wert, wenn sie keine Eindeutigkeit liefert und somit nicht klarmacht, wofür eine Marke steht?

Gewinner einer solchen „Logik" sind nicht die Marken, sondern allein jene Anbieter, die von Marken bzw. deren Beratung leben. Die Fokussierung auf abstrakte Markendefinitionen beschert Marktforschungsdienstleistern und Werbeagenturen ein profitables Geschäftsmodell. Abstrakte Markendefinitionen erlauben die Entwicklung von „Standardrezepten", die problemlos an jeden Auftraggeber angepasst werden können. Marken sind allerdings höchst individuell und haben – analog zur Sitte – ihre Begründungen in sich selbst. Die Rezepte und Strategien, die für ein Unternehmen gelten, sind für ein anderes Unternehmen vollkommen unbrauchbar. Dies vorausgesetzt, kann nur entschieden werden, ob eine Aktion oder Werbung einem Unternehmen hilft, wenn die Ursachen für den Erfolg konkret vorliegen.

▶ Der Verweis auf die Konkurrenz gibt dem Management ein scheinbares „faktenorientiertes" Argument für die eigene Entscheidung: „Wenn es ein anderer gemacht hat, dann kann es nicht schlecht sein."

Um die Schwächen der klassischen Markenführung zu umgehen, arbeitet eine markensoziologisch fundierte Markenanalyse ausschließlich mit real erfassbaren Leistungen, die unter einem Namen erbracht werden. Erfasst werden lediglich sinnlich wahrnehmbare Elemente und Interaktionen, die im Laufe der Zeit „typisch" für die Marke sind. Sie sind die Merkmale, welche die kollektive Erinnerung und Bewertung einer Marke beschreiben. Entscheidend ist: Markensysteme werden immer durch mehrere Erfolgsbausteine gebildet.

Es gilt die Wertschöpfungs*treppe*, im Sinne einer qualitativen Anreicherung auf jeder Stufe – im Gegensatz zum Begriff einer Wertschöpfungs*kette* – herauszuarbeiten. Dabei bleibt die Analyse des Erfolgsprofils nicht auf die üblichen Marketinginstrumente (d. h. Marketing-Mix) beschränkt, sondern umfasst alle Bereiche, die für die Kundschaft in direkter oder indirekter Weise erfahrbar werden. Dazu gehören beispielsweise auch Forschung und Entwicklung, Produktion, Vertrieb, Distribution und Kundenservice. Denn die folgenden Fragen lassen sich mit einer Analyse der „Werberolle" nicht beantworten, obwohl sie entscheidend für die Wahrnehmung der Marke sind:

• Wie ist das Unternehmen vom Tag seiner Gründung bis heute in welcher Weise aufgetreten?
• Was wurde in diesen Bereichen „typisch" reproduziert?
• Was konnte sich nicht durchsetzen und beschreibt die Grenzen der Marke?

Jedes lebende System entfaltet ein individuelles Erfolgsprofil. Auf Basis seiner Stilistik produziert jedes Markensystem etwas Einzigartiges, denn sämtliche (austauschbaren) Informationen, Rohstoffe, Dienstleistungen und Verarbeitungsmethoden werden integriert, interpretiert und schließlich realisiert.

Mit dem Erfolgsprofil der Marke liegt ein Instrument vor, mit dem der Markenverantwortliche (s)eine Marke gezielt aufbauen kann. Dabei ist der vorgegebene Weg kein Wunschkonzert, keine Idealisierung im Sinne eines „So-wären-wir-gerne". Vielmehr befindet sich das Material für die Entwicklung einer Marke einzig und allein im Unternehmen selbst. Dieses Vorgehen hat Vorteile:

1. Die Markenführung beruht auf nachprüfbaren Fakten.
2. Die Markenführung kann nur die Inhalte in den Fokus rücken, die auch tatsächlich erbracht werden – keine Chance für Green Washing.

3. Interne Diskussionen auf Basis von Bauch- bzw. Gefallensurteilen entfallen, weil die Bewertung, ob ein Produkt oder eine Werbung „stimmig" ist, sich einzig und allein am Erfolgsprofil beweisen lassen muss.

Im Folgenden wird nun am Beispiel der Marke wooden radio anhand klarer Arbeitsschritte erläutert, auf welche Weise das „Erfolgsprofil einer Marke" herausgearbeitet werden kann und wie diese analytische Arbeit das Tagesgeschäft direkt beeinflusst und im Effekt eine positive Wertschöpfungskraft des Unternehmens bedingt. Dieser Analyseaufbau erfüllt die Zielsetzung, den genetischen Code einer Marke herauszuarbeiten und hat sich als Methodik seit über 20 Jahren in mehr als 500 Unternehmen bewährt.

4.2.1 Schritt 1 zur Stärkung der Wertschöpfung: Wie wird eine Analyse des Erfolgsprofils organisiert?

Eine herausragende Bedeutung für die Analyse des Erfolgsprofils der Marke spielt die Projektorganisation. Dabei müssen neben analytischen Fragen auch die psychologischen Dispositionen der Beteiligten berücksichtigt werden. Denn eine markensoziologische Analyse beschäftigt sich mit intuitivem Know-how und versucht, übergreifende Strukturmuster in Individuen in Bezug auf ein Unternehmen zu erkennen. Sofern am Ende eines Analyseprozesses verbindliche Strukturen für jeden einzelnen Mitarbeiter definiert werden, ist es entscheidend, eben auch möglichst viele dieser Menschen an dem Prozess der Erarbeitung zu beteiligen und um ihr Wissen zu bitten. Dies hat zwei Vorteile: Zum einen beschäftigt man sich mit den lang gepflegten Leistungsinhalten der Marke, zum anderen integriert man möglichst die gesamte Mitarbeiterschaft in die Analyse. Dieses Vorgehen verhindert, dass die Ergebnisse als „aufgedrückt" empfunden werden, und hilft bei der Akzeptanz, wenn es im Anschluss um die Umsetzung geht. Um diese Prämisse zu erfüllen, sollte der Analyseprozess wie folgt strukturiert werden:

Erfolgsprofil: Struktur des Analyseprozesses
1. **Gruppenanalytisches Interview**
   In einer eintägigen Gruppenklausur treffen sämtliche Bereichsleiter bzw. wichtige (und langjährige) Leistungsträger zusammen. In einer moderierten Diskussion werden die einzelnen Abteilungen dezidiert hinsichtlich ihrer Leistungsgeschichte und inhaltlichen Entwicklung sowie ihren

Besonderheiten befragt. Etwa zwei Wochen davor ging den Teilnehmern ein detaillierter Fragebogen zu. Im Interview geht es nicht darum, anlassbezogene, formvollendete PowerPoint-Präsentationen durchzuarbeiten, sondern in Gesprächen die entscheidenden Wegmarken und Arbeitsprozesse der Bereiche zu erfahren. Kurze Präsentationen können die Themenbereiche einleiten. Die erhaltenen Informationen werden dokumentiert. Auf Ton- oder Filmmitschnitte sollte aus psychologischen Gründen verzichtet werden.

Achtung: Es hat sich in einigen Unternehmen für den Informationsfluss als sinnvoll erwiesen, auf die Präsenz des Unternehmensleiters zu verzichten. Zu groß ist die Gefahr, dass die Teilnehmer selektiv berichten bzw. interne Schwierigkeiten auslassen. Die Entscheidung für ein solches Vorgehen muss intern erfolgen. Denkbar ist bei einem solchen Auftaktmeeting die Integration von Mitarbeitern, die sich bereits im Ruhestand befinden. In der Regel tragen diese viel dazu bei, die Entwicklung eines Unternehmens nachvollziehbar machen zu können – und es wird intern ein positives Signal gesetzt: Bei uns zählt Erfahrung.

2. **Einzelinterviews/Unternehmensuntersuchung vor Ort**
   Auf Basis der zuvor erhaltenen Informationen im Gruppeninterview werden einzelne Teilnehmer nochmals in ca. einstündigen Interviews befragt. Auch wird gegebenenfalls nun die Geschäftsführung integriert. Die von den Teilnehmern gemachten Aussagen werden vertieft besprochen. Hinzu kommen Recherchebesuche im Unternehmen bzw. an den Schnittstellen zur Kundschaft, u. a. Geschäfte, Callcenter, Lager, Vertriebsfahrten, Schulungen, ritualisierte Events/Festivitäten für die Kundschaft. Gerade diese Bereiche sind entscheidend, um die Genetik eines Unternehmens umfassend zu verstehen. Die Ergebnisse werden dokumentiert.

3. **Analysephase**
   Überlassene Unterlagen (Betriebswirtschaftliche Auswertungen, alte Verkaufsunterlagen, Werbematerialien usw.) werden ausgewertet und in Verbindung mit den Aussagen der Gruppen- und Einzelinterviews gebracht. Die markensoziologische Analyse wird angewendet. Auf Basis des vorliegenden Informationsmaterials werden wiederkehrende Muster und „typische" Strukturen innerhalb der Marke gewonnen. Im Ergebnis steht das „Erfolgsprofil der Marke" mit seinen Erfolgsbausteinen und Leistungskomponenten.

4. **Faktencheck**

   Die erarbeiteten Erfolgsbausteine der Marke sowie die sie konstituierenden Komponenten/Leistungen werden vor der Präsentation auf ihre Richtigkeit überprüft.

5. **Präsentation vor einem kleinen Kreis**

   Das Erfolgsprofil der Marke wird der Geschäftsführung präsentiert, etwaige strategische Korrekturen integriert, erste generelle Empfehlungen im kleinen Kreis diskutiert. Auf Basis des Erfolgsprofils können Empfehlungen hinsichtlich sämtlicher untersuchter Leistungsfelder und Abteilungen unternommen werden. Abweichungen und Fehlentwicklungen von der Genetik der Marke werden benannt.

6. **Präsentation vor einem größeren Kreis**

   Die im Gruppeninterview befragten Mitarbeiter erfahren das Ergebnis der Untersuchung. Im optimalen Fall gibt die Geschäftsführung auf Basis der Ergebnisse ihre Markenstrategie bekannt bzw. präsentiert die einzelnen Erfolgsbausteine und leitet daraus die strategischen Weichenstellungen für die Mitarbeiterschaft in verständlicher Weise ab.

Den Dreh- und Angelpunkt der Analyse bildet die Historie mit den konkreten Leistungsinhalten und daraus resultierenden einzigartigen Merkmalen der Marke. Dabei ist es auf den ersten Blick völlig unerheblich, ob einzelne Leistungsmerkmale auch durch Wettbewerber identisch erbracht werden, da erst die Gesamtheit aller Charakteristika die Gesamtgestalt der Marke bedingt. Beschaut man sich eine Marke wie wooden radio, so wird der Werkstoff „Holz" sicherlich auch ein Leistungsmerkmal anderer Radioanbieter sein, aber erst aus der Vielzahl der unterschiedlichen Bausteine (in der Regel verfügt jede Marke über acht bis zwölf Erfolgsbausteine) entsteht die einmalige Marke.

4.2.2 Schritt 2 zur Stärkung der Wertschöpfung: Wo und wonach wird gesucht, um das Erfolgsprofil der Marke zu bestimmen?

Nachdem das organisatorische Raster, in dem die Untersuchung stattfindet, gesetzt ist, gilt es, Rechercheinhalte und ihre Operationalisierbarkeit genau zu bestimmen: Die Isolierung des „Erfolgsprofils der Marke" beruht zum einen auf der fundierten

Sachkenntnis des zu untersuchenden Gegenstands und – noch wichtiger – auf seiner markensoziologischen Anordnung und Verdichtung. Die Soziologie als Lehre, die sich mit kollektiven Mustern und Anziehungskräften beschäftigt, greift auf diese erlernbare Mustersensibilität zurück. In unserer 20-jährigen Markentätigkeit hat sich ein Know-how herausgebildet, diese Muster zu erkennen. Immer wieder stellen wir fest, dass die genaue Differenzierung zwischen Image, Erfolgsbaustein und Komponente im Unternehmen nicht auf Anhieb gelingt. Auch der Markensoziologe benötigt die ständige Selbstüberprüfung in einem dialogischen Findungsprozess, um Inhalte einer Marke operabel zu machen. Auf dem Weg dorthin helfen ein

- dezidierter Fragenkatalog sowie
- eine eindeutige Strukturierung der Leistungsfelder einer Marke.

Auf der Basis des Leistungsterritoriums einer Marke und ihrer Wirkungsfelder lassen sich essenzielle Fragen für die Analyse des Unternehmens formulieren. Wo wird für eine markensoziologische Analyse gesucht?

Markenaktionsfelder

Im Gegensatz zu einer klassischen marketingorientierten Strategie besteht bei einer markensoziologischen Markenanalyse keine Beschränkung auf die klassischen Aktionsgebiete Werbung, Kommunikation und PR. Bei vielen Marken spielen diese Bereiche nur eine untergeordnete Rolle. Es gilt dagegen, sämtliche Bereiche operationalisierbar zu machen, die in direkter Weise für den Kunden erfahrbar sind. Denn ein Kunde differenziert beim Kontakt mit einer Marke nicht zwischen gewollter und ungewollter Kommunikation. Alles, was unter dem Dach einer Marke erbracht wird, komponiert der Mensch zu einem Gestaltgebilde: Die persönlichen Erfahrungen mit einem Verkäufer der Marke, seine Kleidung (Anzug oder Polo-Shirt), das Ambiente am Ort des Verkaufs, den Zustand der Lieferwagen, die Ausdrucksweise der Mitarbeiter im Callcenter kreieren das Bild in unseren Köpfen. Vor diesem Hintergrund ist es nicht nur fahrlässig, sondern schlichtweg falsch, sich auf klassische Marketingfelder zu beschränken. Die organisatorischen Beschränkungen sind interne Abgrenzungsmechanismen, die mit der Markenrealität nichts zu tun haben.

Die Strukturierung anhand von fünf Aktionsfeldern verdeutlicht den Gestaltzusammenhang um eine Leistungsidee herum. Im Zusammenspiel bilden die Felder einen Leistungskörper, der die Stilistik der einzelnen Bereiche ordnet und prägt. Folgende fünf Dimensionen bilden in der Regel die Leistungen einer Marke ab:

1. Produkt

2. Werbung/Kommunikation
3. Population
4. Distribution
5. Management

(1) Dimension Produkt

Das Produkt bzw. die Dienstleistung ist nichts anderes als die Realisierung der eigentlichen Markenidee. Hinter jedem Produkt findet sich zunächst der Impuls eines Gründers, ein kräftiges „Ich will, dass das so wird", das eine spezifische, noch nicht existente Lösung für ein Problem anbietet.[1] Manchmal sind dies „geniale Erfindungen" (ipod), manchmal ist es nur eine Schwerpunktsetzung innerhalb eines vorhandenen Leistungssystems (Auslieferung binnen 24 h), obwohl ein „Nur" manchmal der entscheidende Wettbewerbsvorteil sein kann.

Die (Ur-)Markenidee ist in vielen Fällen – in selbstähnlicher Variante – bis heute noch der Kernnutzen einer Marke. So trat das Modeunternehmen C&A in seiner Gründungsphase ab 1841 in den Niederlanden (Deutschland 1911) unter der Zielsetzung an, „Qualitätsvolle Mode zu einem günstigen Preis anzubieten" – das ist mittlerweile weit über 100 Jahre her und wird bis heute nicht zur Debatte gestellt (als es einmal dazu kam, führte es zu nachhaltigen wirtschaftlichen Turbulenzen). Das Getränkeunternehmen „beckers bester" begann in dem Moment zu existieren, als Bertha Becker im Jahr 1932 zu viele Früchte auf ihrem Stückchen Land erntete und daraus Süßmost machte. Da auf dem Gelände viele Apfelbäume standen, wurde viel Apfelsaft hergestellt – bis heute das stärkste Produkt des Unternehmens. Wooden radio hat ein technisches Produkt mit traditioneller Herstellungsweise verknüpft. Bei der planvollen Weiterentwicklung der Marke und der Frage nach neuen Produkten wird dieser Aspekt stets eine Rolle spielen. Er kumuliert in der Aussage: Wenn wooden radio ein Produkt anbietet, dann genügt nicht nur ein herausragendes Design, sondern das Design muss moderne Elektronik handwerklich gekonnt integrieren.

Über die Zeit kommt es meist zu einer Ausdifferenzierung des Angebots einer Marke: Das Sortiment wird erweitert, um neue Kundengruppen anzusprechen oder noch individuellere Produktlösungen anzubieten. Allerdings kann bereits ein

---

[1]Dieser seriöse langfristige Ausgangspunkt einer unternehmerischen Tätigkeit ist allerdings in Zeiten von Business-Start-ups manches Mal bedroht. Gelegentlich hat man den Eindruck, viele junge (internetbasierte) Unternehmen werden gegründet, um möglichst schnell viel „Venture Capital" einzusammeln und eine sogenannte „Exit-Strategie" zu fahren. Kein Wunder, dass bisher nur wenige Unternehmen der New Economy bewiesen haben, dass sie Marken und nicht nur Business-Konzepte sind.

unüberlegter Line-Extender, der nicht die ursprüngliche Markenidee trifft, die selbstähnliche Markenstruktur verletzen – und somit die Kundschaft verunsichern. Deshalb ergeben sich in Bezug auf das *Handlungsfeld Produkt* folgende Fragen für den Fragenkatalog der Analyse:

Fragenkatalog zum Handlungsfeld Produkt
- Was war die Gründungsidee der Marke?
- Gab es besondere/einzigartige Methoden/Techniken?
- Auf welche Resonanz stießen die Gründungsprodukte zunächst? Warum?
- Ist das Produkt/die Dienstleistung auf eine Idee beschränkt oder hat es bereits Ableger entwickelt?f
- Welche Produkte/Dienstleistungen konnten sich innerhalb der Geschichte nicht durchsetzen?
- Wie originär ist das Produkt in seinem Segment in Vergleich zu den Konkurrenzunternehmen?
- Falls vorhanden: Wie wichtig ist der Bereich Forschung & Entwicklung? Welche Produkte wurden hier entwickelt oder erfunden?
- Steht das Produkt in Verbindung mit besonderen Persönlichkeiten und Entdeckungen?
- Wie ist der Einkauf organisiert? Existieren besondere Regeln und Grundsätze? Wenn ja, welche?

(2) Dimension Werbung/Kommunikation

Wenn es darum geht, beim Publikum langfristig ein einheitliches Bild, d. h. ein Positives Vorurteil konstant zu verankern, so muss die Werbung einen hohen Grad an Selbstähnlichkeit aufweisen. Stetige Änderungen der Stilistik und die werbetechnische Anpassung an Zielgruppen erschweren die Bildung einer einheitlichen Vorstellung über die Ware oder über eine Dienstleistung, welche ja schließlich erst die Marke bildet. Hans Domizlaff, der Begründer der Markentechnik, einer europäischen Form der unternehmerischen Vertrauensgewinnung, schrieb in seinem zum Klassiker avancierten Werk „Die Gewinnung des öffentlichen Vertrauens – Ein Lehrbuch der Markentechnik", das erstmalig im Jahr 1939 erschien: „Nicht die Werbung soll bewusst werden, sondern das Markenvertrauen soll unterbewusst verstärkt werden." (Domizlaff 2005, S. 111) Beschaut man sich beispielsweise eine Marke wie

Bärenmarke, so wird deutlich, dass der Bär seit Jahrzehnten im Einsatz ist und das Bild der Marke nachhaltig bestimmt. Für wooden radio steht in der Kommunikation stets das Ursprungsprodukt im Fokus und ist der visuelle Ankerpunkt, um mit einem bestimmten „Produkt" verbunden zu werden – selbst wenn unterdessen noch weit mehr Produkte das Portfolio bereichern. Der Slogan „It takes 16 h to create a fine radio" wird auch weiterhin ein zentraler Kommunikationsinhalt sein. Dabei erlaubt dieser Slogan im Rahmen der Selbstähnlichkeit Variationen, sofern der eigentliche Aussagegehalt – „Handarbeit" und damit der im kollektiven Gedächtnis verankerte Zusammenhang „Wertigkeit" – beibehalten wird, beispielsweise bei dem wooden-radio-Schreibtischset: „It takes 3 h to create a fine desktop set."

In Bezug auf das *Handlungsfeld Werbung/Kommunikation* ergeben sich folgende Inhalte für den Fragenkatalog der Analyse:

Fragenkatalog zum Handlungsfeld Werbung/Kommunikation

- Wie sahen die ersten Werbungen des Unternehmens aus? Dabei können auch Briefe/Prospekte untersucht werden, die nicht in den Bereich der klassischen Werbung fallen, aber erste Argumente/Ideen auflisten.
- Wie ist der Stil der Werbung/PR? Wie sieht die Entwicklung im Zeitverlauf (Gestaltung, Sprache, Argumente, Farbe, Motive, usw.) aus?
- Welche Werbeträger werden in welchem Maße eingesetzt?
- Wo und wann wird geworben (historisch/aktuell)?
- An wen richtet sich die Werbung/PR (historisch/aktuell)?
- Gibt es herausragende Motive, Slogans oder Events seit der Gründung?
- Gibt es Vorkommnisse/Leistungen, die in unserem Publikum für besondere Aufmerksamkeit gesorgt haben (dies muss nicht unbedingt ein klassischer Werbeträger gewesen sein)?

---

(3) Dimension Population

Eine Marke ist erst dann eine Marke, wenn eine einheitliche, stabile Vorstellung über bestimmte Merkmale im Markt existiert. Ein Mercedes-Stern wäre ohne das Wissen um die Geschichte dahinter nur ein abstraktes Zeichen, das drei lange Zacken in einem geschlossenen Kreis zeigt. Erst ein gerichtetes, kollektives Vorurteil macht eine Marke erkenn- wie auch kalkulierbar und senkt auf Dauer die Überzeugungsaufwendungen erheblich. Aus diesem Grund ist bei der Bewertung, ob es sich um eine starke oder eine schwache Marke handelt, eine zweifache Analyse erforderlich: Zum einen geht es darum, die typologische Zusammensetzung der Markengemeinschaft (ihr soziales Mischverhältnis) zu ergründen, zum anderen sollte die Markenöffentlichkeit auf Basis strukturanalytischer Daten behandelt werden. Dies ist in erster Linie für Konzernmarken wichtig, weil interne Strukturen oftmals diese Art der doppelten Absicherung fordern.

Die Markensoziologie beschreibt die Dichtegrade einer Markenöffentlichkeit über das sogenannte 4-K-Schema: Konsument, Käufer, Kunde und Kundschaft. Wichtigstes Kriterium für die Messung der Markendichte ist die Geschlossenheit des Vorurteils über die Marke. Marken können nur dann Orientierung im Markt bieten, wenn sie in hohem Maße einheitlich normativ aufgeladen sind. Kurz: Die starke Marke ordnet Käufer zur Kundschaft. Diese Muster bleiben stabil, trotz der natürlichen Fluktuation innerhalb der Individuen im Kundschaftskörper.

Das 4-K-Schema

- Der *Konsument* ist in Bezug auf die Markenleistung ungebunden, er ist ein neutraler Marktteilnehmer: Ähnlich einem Kioskkäufer in einem Bahnhof betritt er ein Geschäft, um möglichst schnell seine Bedürfnisse zu realisieren. Es besteht kaum der Anspruch, hier eine dauerhafte Kundenbeziehung aufzubauen bzw. es würde erheblichen Aufwand erfordern, dem Konsumenten die Leistung zu erklären und ihn zu einem langfristigen „Überzeugungstäter" zu machen. Er ist somit irrelevant für die Markenführung.
- Der *Käufer* hat bereits Erfahrungen mit einer Leistung gemacht und weiß „dass er grundsätzlich nichts falsch machen kann". Die Marke gehört zu seinem „relevant set", muss aber nicht unbedingt präsent sein. Ist sein Produkt vergriffen, greift er auch zum Konkurrenzprodukt. Fazit: Auch er stellt keine verlässliche Größe für das Unternehmen dar und ist als langfristiger Finanzier ungeeignet.
- Der *Kunde* kauft regelmäßig ein bestimmtes Produkt, Ähnliches gilt für die *Kundschaft*. Beide Typen betrachten die Marke als wichtigen Bestandteil ihres Alltages. Mit dem Kunden kommt die erste Regelmäßigkeit in den Markenkörper, eine erste Stabilität charakterisiert das Vertrauensverhältnis, die Kalkulationssicherheit ist deutlich erhöht.
- Die *Kundschaft* ist die soziale Steigerungsform des Kunden, sie verlässt sich blind auf die ihnen bekannte Markenleistung und empfiehlt

die Marke gerne im Bekanntenkreis weiter. Die Kundschaft ist zudem der Erfahrungsspeicher einer Marke. Der Kunde hält bedingungslos zu „seiner" Marke, seine Bindung ist allerdings durch individuelle Erfahrungen geprägt, während der Kundschaftsangehörige an ein kollektives Urteil im wahrsten Sinne des Wortes „glaubt".

Diese Typologie ist ein wertvoller Ansatz, um die Konsistenz und damit Zukunftsfähigkeit eines Markenkörpers zu beschreiben. Vor allem geht es darum, das Mengenverhältnis der 4-Ks innerhalb des Markensystems zu quantifizieren. Das Wissen um die Anteilsverhältnisse dient als Ausgangspunkt, um die Stabilität, den Durchsetzungsgrad und die zukünftigen Entwicklungslinien einer Marke zu operationalisieren.

Marken sind besonders stabil, wenn sie größtenteils aus Kundschaft bestehen. Je höher der Kundschaftsanteil, desto alternativloser ist das Produkt. Ein hoher Anteil an Kunden oder gar Konsumenten dagegen lässt auf einen großen Anteil kaum vernetzter, überwiegend rational kaufender Individuen schließen. Ein solches System ist nicht stabil, leicht zu irritieren und muss immer wieder versuchen, beispielsweise durch Preisaktionen Menschen für sich zu gewinnen. Der Aufwand für solche Aktionen und die Überzeugungsarbeit sind immens.

Interessanterweise verfügen wir Menschen über ein untrügliches Gefühl dafür, ob eine Marke auf einer stabilen Kundschaft beruht oder aber auf Basis von Laufkundschaft und vagabundierenden Konsumenten „funktioniert". Klar ist: Je sensibler eine Marke auf Preisaktionen reagiert (d. h. je häufiger der Einsatz von Reduktionen stattfindet), desto unsicherer wähnt sich eine Marke hinsichtlich ihres Kundschaftskörpers. Für den grünen Markt gilt, dass üblicherweise ein hoher Anteil an Kunden und Kundschaft besteht: Allein das höhere Preisniveau macht die Kundschaft immun gegen Abwerbeversuche. Für den grünen Markt bedeutet dies, dass der höhere Preis klarer Signalgeber für eine anspruchsvolle Veredelung des Produkts ist (und eine Abgrenzung erlaubt).

Die Frage, welcher Zustand vorliegt, bemisst sich vor allem daran, wie hoch der Grad der Vernetzung innerhalb einer Gruppe in Bezug auf eine Marke ist. Die Leitfrage lautet: Hat die Vernetzung zur Entstehung bestimmter Vorurteile geführt?

In Bezug auf das *Handlungsfeld Population* ergeben sich folgende Inhalte für den Fragekatalog der Analyse:

Fragenkatalog zum Handlungsfeld Population
- Wer waren die ersten Kunden?
- Gibt es noch viele Kunden der Startphase?
- Wie erfährt normalerweise ein Kunde zum ersten Mal von der Marke?
- Wer kauft wie oft die Marke (Beschreibung des typischen Kunden bzw. der „Buying persona")?
- Gibt es Ereignisse, die den Ruf der Marke besonders positiv/negativ beeinflusst haben?
- Bestehen wiederkehrende Aussagen hinsichtlich der Marke in der Kundschaft?

(4) Dimension Distribution

Die Distribution charakterisiert den Weg des Produkts/der Dienstleistung zum Kunden. Dieser Bereich ist besonders sensibel für ein Markensystem, da hier externe Akteure massiv auf die Stilistik Einfluss nehmen können. Die Wichtigkeit des Handels ist deshalb so bedeutsam, da der Kunde – bis auf den Direktvertrieb – meist nicht unmittelbar mit dem Händler in Kontakt tritt, sondern über einen Mittelsmann. Wie wird das Produkt in einem Geschäft präsentiert? Fein drapiert in der Mitte des Regals oder in der Schütte liegend? Stets von Rotstift und Rabattaktion „gezeichnet" oder kontinuierlich ein Preis/eine Preislage? Diese Bedingungen des Auftritts haben eine fundamentale Auswirkung auf den Vorstellungszusammenhang der Kundschaft. Der Handel hat damit einen immensen Einfluss auf die Qualität des Markenauftritts, da der Kunde nicht zwischen Hersteller und Vertrieb trennt. So stand das Unternehmen wooden radio immer wieder vor der Frage, ob ein großer Warenkaufhauskonzern das wooden radio verkaufen könne (neben der wettbewerbsrechtlichen Freigabeverpflichtung). Rein betriebswirtschaftlich betrachtet, hätten wir ohne Zögern „ja" sagen müssen. Allerdings: Die bereits in der Produktionsweise angelegte Limitierung (bis hin zu den Wartelisten) verdeutlicht die Tatsache, dass das Produkt nirgendwo massenhaft verkaufsfähig ist und dass es sich bei wooden radios um Einzelstücke handelt. Gerade auch in Bezug auf die Tatsache, dass das Gros der Unterhaltungselektronik heute ein Massenprodukt ist, das nach kurzer Zeit (trotz Funktionsfähigkeit) wieder erneuert (sprich: weggeworfen) wird, verkörpert das wooden radio ein Gegenkonzept. Vor diesem Hintergrund steht ein POS, der typisch für den massenhaften Abverkauf ist, der Markenidee diametral gegenüber. Zwar besteht eine Belieferungspflicht, allerdings kann wooden radio dieser Pflicht nicht entsprechen, weil zu wenige Radios produziert werden. Aus dieser Schwäche wurde eine Stärke: Ab dem Jahr 2016 kommunizierte wooden radio, dass neue Radios jeweils ab Herbst eines Jahres eintreffen werden und dass man sich auf Wartelisten eintragen kann. Dieser Leistungszusammenhang verdeutlicht der Kundschaft nochmals konkret den zeitintensiven Herstellungsprozess jedes einzelnen Radios.

Einer starken Marke gelingt es, ihrem eigenen Werteverständnis folgend, sich einen angemessenen Platz zu erkämpfen. Dieser Ort muss nicht zwingend hochwertig sein, im Gegenteil: Für manche Marken ist gerade die „preiswerte" Präsentation entscheidend. Wird die Marke vom Handel als stark in ihrem Preissegment und Qualitätslager wahrgenommen, räumt man ihr automatisch einen entsprechenden Platz ein. Zeigt eine Marke jedoch Schwäche, so wird dies von den Entscheidungsträgern im Handel sensibel wahrgenommen und sofort thematisiert: Meist verliert das Produkt umgehend seinen angestammten Platz. Indikatoren für die Distributionsgenetik erschließen sich durch die im Fragenkatalog formulierten Fragen.

In Bezug auf das *Handlungsfeld Distribution* ergeben sich folgende Inhalte für den Fragenkatalog der Analyse:

Fragenkatalog zum Handlungsfeld Distribution

- Welche Handelstypen verkaufen das Produkt (Fachhandel, Supermärkte, Verbrauchermärkte, Discounter, Direktvertrieb, Internet)?
- In welchen Kanälen wird wie viel verkauft?
- Welche Vertriebsphilosophie gilt im Unternehmen?
- Im Umfeld welcher anderen Marken wird das Produkt präsentiert?
- Folgt der Auftritt einer vorgegebenen stilistischen Linie oder gibt der Handel die Stilistik vor?
- Inwieweit hat sich der Auftritt seit seiner Gründung (weiter-)entwickelt?
- Neben der klassischen Distributionsanalyse sollte ein Markenkörper auch hinsichtlich seines Preises untersucht werden. Entscheidend ist dabei vor allem die Einheitlichkeit der Preisgestaltung eines Produkts bzw. einer Dienstleistung:
- Wie hat sich die Preisstabilität bzw. Preisspanne über die Zeit bis heute entwickelt?
- Welche Rolle spielten und spielen Sonderangebote und Rabattaktionen?

(5) Dimension Management

Kaum etwas ist entscheidender für die Entwicklung einer Marke als die Exekutive der Markenführung. Kaum etwas ist für das Verständnis der Markenführung ähnlich entscheidend wie die Frage, wer führt (z. B. Familienunternehmen oder Manager ohne persönlichen Bezug). In diesem Systemelement geht es vor allem darum, die Geschichte und Entwicklung eines Unternehmens wie auch seiner gesellschaftlichen bzw. marktrelevanten Veränderungsprozesse aufzuführen, um Managemententscheidungen in einen übergreifenden Kontext zu rücken.

Gerade der Bereich der grünen Unternehmen ist geprägt von vielen Kleinst- und mittelständischen Firmen. Dabei sind die Kleinunternehmen oftmals durch „überzeugte" Macher gekennzeichnet, die mit ihrer Firma „anders" agieren wollen. Im Zusammenhang mit der Arbeit am wooden radio durften wir vielen solcher Unternehmensgründer begegnen, die, aus der „klassischen Wirtschaft" kommend, von der Idee beseelt waren, ihr klassisches Know-how „grün" zu interpretieren. Ob Druckerei oder Fashionlabel, das „reine, optimierte Geldverdienen" war in keinem Gespräch Treiber des Engagements. Was bedeutet dies für die Markenführung? Die Kräfte und das Management, die die grüne Wirtschaft bestimmen, sind durch höchste Glaubwürdigkeit gekennzeichnet. Umso wichtiger ist es, diese positiven Motivationen immer wieder aufzugreifen und die Differenzierung zum klassischen Produktangebot mit den Erfahrungen der Unternehmer zu verknüpfen.

Viele mittelständische Unternehmer der dritten und vierten Generation haben sich in den vergangenen Jahren entschlossen, auf die „grüne Option" zu setzen. Gerade der Preisverfall und die Einkaufskonditionen in hochkompetitiven Verdrängungsmärkten machen den grünen Markt auch betriebswirtschaftlich attraktiv und zukunftsfähig. So charakterisiert die Marke Kneipp mit Gründung durch den Würzburger Apotheker Leonhard Oberhäußer die Orientierung an naturheilkundlichen Methoden und Wirkstoffen. Die Präparate basieren auf natürlichen Pflanzenessenzen und anderen reinen Inhaltsstoffen – prinzipiell also ein konkreter Vorläufer „grüner Produkte". Die Betonung dieser faktisch grünen Leistungsphilosophie erfolgte allerdings erst mit dem Relaunch im Jahr 2005 unter dem Leitgedanken „Kneipp wirkt. Seit 1891". Eine ähnliche Strategie verfolgt die Firma Speick: 1928 vom Unternehmer und Anthroposophen Walter Rau gegründet, verfolgt das Unternehmen seit jeher die Idee, sanfte, natürliche Seifen herzustellen. Grundbestandteil ist die Speick-Pflanze. In den Folgejahrzehnten entwickelte sich die Marke erfolgreich, stellte aber diesen natürlichen Hintergrund kaum dar. Erst mit der Massengängigkeit des „grünen Lebensstils" nutzte die Marke offensiv ihre glaubwürdig-grüne Biografie und firmiert heutzutage unter der Bezeichnung: Speick Naturkosmetik.

In Bezug auf das *Handlungsfeld Management* ergeben sich folgende Inhalte für den Fragekatalog der Analyse:

Fragenkatalog zum Handlungsfeld Management
- Welcher Zusammenhang besteht zwischen Produkt und Biografie bzw. beruflichen Erfahrungen des Gründers?
- Welche Führungs- und Entwicklungsgrundsätze gelten im Unternehmen?
- Welche Formen der Gemeinschaftsbildung und der Firmenkultur gibt es?
- Wie wird Mitarbeiterpflege konkret betrieben?
- Gibt es eine Gewinnverteilung im Unternehmen?

4.2.3 Schritt 3 zur Stärkung der Wertschöpfung: Was genau beschreibt das Erfolgsprofil der Marke?

Die eigentliche Erfolgsdynamik starker Marken liegt darin begründet, dass kollektives Vertrauen erst entstehen kann, wenn ein Unternehmen über lange Zeit in typischer Art und Weise agiert. Über die eindeutige Definition von Leistungen, die sämtliche Präsenzen der Marke umfassen, wird ein Unternehmen gezwungen, in einem erwartbaren Leistungs- und Stil-Korridor zu agieren, d. h. sich selbst und seiner einmaligen Struktur treu zu bleiben. Externe Faktoren oder Einflüsse werden nicht ausgeschlossen, sondern durch die Anpassung an das Erfolgsprofil selbständlich integriert oder aber vollends als „unpassend" verworfen – nicht aus psychologischen Empfindungen oder vor dem Hintergrund eines persönlichen Gefallensurteils, sondern aufgrund der inneren Logik des Markensystems. Gute Markenführung kennt kein generelles „Richtig" oder „Falsch", sondern lediglich ein „Das ist für *diese* Marke richtig oder falsch!"

Die Gesamtkomposition der Erfolgsbausteine ergibt das „Erfolgsprofil der Marke". Bei der Definition eines Erfolgsbausteins ist es entscheidend zu ergründen, ob der jeweilige herausgearbeitete Leistungszusammenhang systemrelevant für die Marke ist. Anders formuliert: Was würde geschehen, wenn es diesen Erfolgsbaustein nicht gäbe? Wäre dies noch die Marke, die man kennt? Kommt der Erfolgsbaustein in Berichten der Kundschaft signifikant vor?

Teilweise verfügt eine Marke über Schlüsselprodukte, bestimmte Werbungen, Give-aways oder Geschenke, die sich aufgrund ihrer Besonderheit tief in das kollektive Gedächtnis der Kundschaft eingegraben haben: Die äußerst erfolgreiche Müsli-Marke Seitenbacher wirbt mit vom Gründer und Geschäftsführer Willi Pfannenschwarz eigenproduzierten Radio-Werbespots, die gegen jegliche „Regeln" moderner Kommunikation verstoßen (teilweise redundante, dialektgefärbte Formulierungen), aber gerade deshalb Teil des kollektiven Gedächtnisses Deutschlands geworden sind. Es gilt: Auch schlechte Werbung wird irgendwann gut, wenn sie konsequent durchgehalten wird …

Der Ovomaltine-Tischmülleimer des Neuenegger Herstellers des berühmten Schweizer Malzgetränks (Wander AG) ist ein Objekt, das bis in die 1980er Jahre hinein auf fast jedem SchweizerHotelfrühstückstisch stand und bis heute erinnert wird. Ein typisches Accessoire, beispielsweise ein besonderer Bademantel für ein Wellness-Hotel oder eine Werbefigur wie das Michelin-Männchen, kann entscheidend für eine Marke sein, auch wenn sie nicht direkt zur Wertschöpfung beiträgt. Sie wird immer wieder von der Kundschaft zurückgespielt und ist somit ein Kristallisationskern der Marke.

Wie zuvor beschrieben verfügen Marken über mindestens fünf bis maximal 15 Bausteine. Ist eine Marke unter fünf Bausteinen konstituiert, so ist sie instabil, und es gelingt ihr nicht, ein resonanzfähiges Netzwerk an interagierenden Leistungen aufzubauen, die in der Lage sind, ein Markenbild zu erzeugen. Verfügt eine Marke über zu viele Erfolgsbausteine, so kann sie ihre eigentliche Daseinsberechtigung nicht einhalten, nämlich Komplexität zu reduzieren (eine Markentrennung wäre erforderlich). Eine Marke mit zu vielen Leistungen ist nicht überschaubar.

Die Erfolgsbausteine bilden die inhaltlichen Grundlagen für die weitere Entwicklung, den Innovationsspielraum der Marke. Die Integration weiterer Leistungen ist prinzipiell möglich, es muss allerdings geprüft werden, ob die neue Leistung geeignet ist, das Gesamtmarkensystem substanziell zu stärken und das Positive Vorurteil zu vertiefen. Alles andere wird einen ungleich höheren Energieaufwand bedeuten bzw. die Markenaussage langfristig schwächen. Besonders schwierig wird es, wenn die neue Leistung ein vollkommen neues Feld definiert, hierbei sind die langfristigen Auswirkungen meist zerstörerisch. Schließlich müssen die kollektiven Vorurteilsmuster hinsichtlich der Marke aufgelöst bzw. erweitert werden – ein solcher Vorgang gelingt nur sehr behutsam und über lange Zeiträume (20 bis 30 Jahre bei stark verankerten Marken). Marken haben sich von einem bestimmten Zeitpunkt an über ihre einmalige Leistung definiert, sie bewegen sich dann in einem Koordinatensystem, das sie schwerlich verändern können. Verändern sie sich zu schnell und inhaltlich zu abrupt, so entsteht entweder eine neue Marke oder aber die bestehende Marke zerfällt: Menschen werden in ihrer Vorurteilsstruktur erschüttert und erhalten nicht mehr das, was sie erwarten. Eine massive Kundenabwanderung ist das Resultat.

Definition der Erfolgsbausteine

Es gelten folgende *Faustregeln* bei der Bestimmung der *Erfolgsbausteine:*

- Schreiben Sie sämtliche Leistungsmerkmale auf.
- Versuchen Sie, diese Leistungsmerkmale auf Ähnlichkeiten hin zu gruppieren. So gehören „Gut ausgebildete Handwerkmeister" und „Jeder Mitarbeiter durchläuft umfangreiche Schulungen" zu einer übergreifenden Leistungsidee.
- Sobald alle Leistungsmerkmale gruppiert sind, muss herausgearbeitet werden, was die übergreifende Leistungsidee sämtlicher zu einem Themenfeld gehörender Merkmale charakterisiert. Aufgabe ist es, eine generelle Überschrift für die den Baustein realisierenden Leistungsmerkmale zu finden.
- Besteht eine erste Definition, gilt es abzuwägen, ob es sich bei der Beschreibung tatsächlich um Erfolgsbausteine handelt.

Was macht einen Erfolgsbaustein zu einem Erfolgsbaustein?

- Der Erfolgsbaustein ist seit langer Zeit (meist seit Gründung) essenzieller Bestandteil der Markenpräsenz.
- Der Erfolgsbaustein trägt zur Wertschöpfung des Unternehmens maßgeblich bei – ohne ihn würde das Unternehmen in wirtschaftliche Schwierigkeiten geraten (ist nicht für alle Erfolgsbausteine relevant).
- Der Erfolgsbaustein löst hohe Resonanz in der Kundschaft und darüber hinaus aus. Bisher wurde der Erfolgsbaustein immer wieder den veränderten Kundschaftsbedürfnissen selbstähnlich angepasst.
- Die Wirkungen des Erfolgsbausteins sind für die Kundschaft direkt erfahrbar.
- Der Erfolgsbaustein ist Teil des kollektiven Gedächtnisses innerhalb der Firma und in der Stammkundschaft und wird auch von jungen Mitarbeitern bzw. Kunden als Besonderheit zurückgespielt.
- Der Erfolgsbaustein hat für die Außenwirkung (Werbung/PR) eine herausragende Position und wird überdurchschnittlich stark erinnert.

Das Erfolgsprofil der Marke wooden radio

Zur Verdeutlichung des normativen Charakters von Erfolgsprofil und Erfolgsbaustein sowie Leistungen werden im Folgenden einige Erfolgsbausteine sowie die jeweiligen Leistungskomponenten der Marke wooden radio beschrieben Die folgenden Erfolgsbausteine sowie die dahinterliegenden Leistungskomponenten bilden die Marke wooden radio:

1. **Der Markenname „wooden radio":** Der Name ist Unternehmens-, Produkt- und Markenname und macht das Aktionsfeld deutlich. Aufwendige Erklärungsarbeit entfällt zugunsten einer klaren Vorstellungsverankerung. Der Erfolgsbaustein wird realisiert durch (Auszug):
   - Unternehmensname
   - Branding auf der Verpackung
   - Verwendung auf Dokumenten, Katalogen, Messestand, Pressemitteilungen und im telefonischen Kundenkontakt
2. **Das Holzradio:** Das Ursprungsmodell „wr01a-2bipod" hat sich zu einer Ecodesign-Ikone entwickelt und ist durch zahlreiche Medienbeiträge international bekannt. Es vereinigt auf sich einen überdurchschnittlichen Umsatzanteil und wird von Medien und Geschäften als exponiertes „Schaustück" eingesetzt. Der Erfolgsbaustein wird realisiert durch (Auszug):
   - Ursprungsprodukt war das Holzradio: wooden radio wr01a-2bipod
   - Key Visual auf Plakaten, Katalogen, Informationsbroschüren
   - Holzherkunft ist Teil der Information für den Kunden
   - Produktionsablauf ist an der Verarbeitung und der Herstellung von Holzmaterialien orientiert
   - Ausbildung des Teams zu Holzhandwerkern
   - Wiederaufforstungsprogramme werden aus den Erlösen finanziert
3. **Herkunft Java:** Das wooden radio wird ausschließlich im Heimatdorf Kandangan des Designers Singgih Susilo Kartono gebaut, veredelt und verpackt. Von dort tritt es seine Reise in die Welt an. Der Erfolgsbaustein wird realisiert durch (Auszug):
   - Das Heimatdorf des Designers Kandangan, Temanggung, Central Java, Indonesien
   - Studium des Designers in Bandung, Central Java, Indonesien
   - Werkstatt befindet sich im Heimatdorf des Designers
   - Mitarbeiter sind Schulabsolventen aus Kandangan
   - Beiliegende Informationsbroschüre thematisiert den Herkunftsort
   - Hinweis auf die Herkunft im Batteriefach und auf dem Produktkarton
   - Inhalt der PR-Kommunikation
4. **Am Detail orientierte Formensprache:** wooden radios orientieren sich nicht an Gestaltungstrends oder vermeintlichen Handhabungsgesetzmäßigkeiten. Stattdessen verweist die indonesische Markenbezeichnung Magno für Magnify (engl.

„vergrößern") auf die besondere Berücksichtigung handwerklich anspruchsvoller Details. Der Erfolgsbaustein wird realisiert durch (Auszug):

- Das New Craft-Konzept
- Individualisierte und eigenentwickelte Werkzeuge und Maschinen zur Designumsetzung
- Fundierte Ausbildung und Qualitätskontrolle durch den Designer selbst
- Vorgegebene Bau- und Herstellungsanleitungen
- Der Name Magno für Magnify

5. **Die Handwerker treten in Erscheinung:** In Zeiten anonymer Massenproduktion sind wooden radios Hand- und Menschenwerk. Genauso individuell wie das Produkt ist die Herkunftsgeschichte der Macher. Sie sind fundamentaler Bestandteil des Markenverständnisses und treten wahrnehmbar auf. Der Mensch ist hier nicht Mittel zum Zweck, sondern Zweck für sich. Der Erfolgsbaustein wird realisiert durch (Auszug):

- Bau des Radios durch ein festes Team von Mitarbeitern
- Teilweise unterschreiben die verantwortlichen Mitarbeiter das von ihnen gefertigte Radio
- Thematisierung und Vorstellung der Handwerker in Artikeln, in den sozialen Netzwerken und in Informationsbroschüren in Text und Bild

6. **Der Vertrieb ist selektiv und gemeinschaftsorientiert:** Ein wooden radio darf nicht überall, sondern nur an den passenden Stellen zu erwerben sein. Das Verständnis der Besonderheit der Marke umfasst sämtliche Lebensäußerungen – auch die Verkaufsorte, die stimmig zu dem Menschen- und Umweltbild des Gesamtkonzepts sein müssen. Der Erfolgsbaustein wird realisiert durch (Auszug):

- Interessierte Einzelhändler müssen ihr Geschäftskonzept erklären und vorstellen
- Verpflichtung (europaweit), einen einheitlichen Verkaufspreis durchzusetzen
- Vermeidung von Preis- oder Rabattaktionen
- Händler stehen persönlich mit wooden radio in Kontakt
- Reklamationen werden zumeist ungeprüft und innerhalb eines Tages bearbeitet

7. **Persönlicher Kundenservice aus Hamburg/Deutschland:** Trotz aller ethischen Verankerung bezahlt am Ende der Kunde für sein Radio einen hohen Preis und darf einen reibungslosen Service erwarten – gerade wenn es einmal Probleme gibt. Die Tatsache, dass das Produkt zwar von „weit her kommt", aber in unmittelbarer Nähe „organisiert" wird, gibt Sicherheit und schafft damit Vertrauen, dass bei einem Problem schnell geholfen werden kann. Der Erfolgsbaustein wird realisiert durch (Auszug):

- Lager und Kundenservice befinden sich in Hamburg
- Anfrage werden persönlich von einem präsenten bzw. bekannten Team bearbeitet
- Stempel „WOODEN RADIO Tested in Hamburg, Germany by ..." (Versehen mit persönlicher Unterschrift des Testers und Einpackers)
- Hinweis auf den Standort in Hamburg in Broschüren und im Internet

8. **Ausschließliche Verwendung unbedenklicher Naturmaterialien:** wooden radio verzichtet auf Produktkomponenten, die schädlich für Mensch und Umwelt sind. Für den Bau der Produkte wird ausschließlich Holz verwendet, das von Plantagen stammt und/oder von der lokalen Bevölkerung normalerweise für einfachere Zwecke verwendet werden würde (beispielsweise als Feuerholz). Zertifizierungen sind kein Muss, sofern keine adäquaten und finanzierbaren Lösungen für Kleinstprojekte von den zuständigen Organisationen angeboten werden – diesbezüglich setzt wooden radio auf eine transparente Kommunikation der Materialherkünfte und lädt Verantwortliche ein. Der Erfolgsbaustein wird realisiert durch (Auszug):

- Einkauf der Materialien nur in unmittelbarer Gegend der Produktion (jeder Baumstamm wird im Idealfall „gekannt"
- Dokumentation der Herkünfte
- Zusammenarbeit mit lokalen Umweltorganisationen (WWF, Greenpeace), die vor Ort die Materialpolitik beobachten
- Wo immer möglich, werden Holzreste/als Feuerholz deklariertes Material verwendet
- Verzicht auf chemische Schutzlackierungen usw.
- Thema der Materialherkunft in der PR, in Broschüren und im Internet

4.2.4   Schritt 4 zur Stärkung der Wertschöpfung: Auswirkungen auf das Tagesgeschäft

Das Erfolgsprofil der Marke definiert die Markenstruktur für die Zukunft. Es ist das Koordinatensystem, auf dessen Basis ein Unternehmen zukünftige Herausforderungen bewerten und – sofern als stärkend befunden – selbstähnlich integrieren muss. Von daher ist die Erstellung des Erfolgsprofils kein wiederkehrender Prozess. Einmal definiert, prägt das Erfolgsprofil die Aktivitäten des Unternehmens. Sinnvoll ist jedoch ein regelmäßiger Abgleich des Erfolgsprofils mit der tagesgeschäftlichen Unternehmensaktivität:

- Werden die Erfolgsbausteine weiterhin umgesetzt?

- Welche Abweichungen haben sich eingeschlichen?
- Welche Konsum-/Produktentwicklungen sind relevant? Auf welche Weise könnten sie in das Erfolgsprofil integriert werden?

Konkret auf die Handlungsfelder der Marke bezogen, lassen sich generell folgende Empfehlungen für die Markenpraxis geben:

Auswirkung auf Produktmanagement und Produktentwicklung
Selbstähnliche Markenführung gibt den Korridor vor, indem sich ein Unternehmen weiterentwickelt. Durch die leistungsbasierten Vorgaben des Erfolgsprofils können neue Produkte und Dienstleistungen zum einem dahin gehend geprüft werden, ob sie in der Lage sind, den Vertrauensspeicher einer Marke zu stärken: Fließen in neue Produkte konkrete und damit überprüfbare Leistungen der Marke ein? Anstatt interpretationsoffener Entwicklungsvorgaben im Sinne einer generischen Aussage wie „hohe Qualität" definiert ein Erfolgsbaustein beispielsweise „Jedes Produkt unserer Marke hält 20 Jahre". Diese Vorgabe kann ein Techniker oder Ingenieur nunmehr überprüfbar umsetzen und die Arbeit am Produkt mit dem Anspruch gezielt vorantreiben. Im Ergebnis stehen Produkte, welche die Besonderheit des Unternehmens zeitgenössisch interpretieren. Aus diesem Grund lautet ein markensoziologischer Merksatz:

▶   Marken werden nicht durch junge Werbung, sondern allein durch junge Produkte jung!

Bezogen auf das Erfolgsprofil der Marke wooden radio muss auch ein neues Produkt die definierten Erfolgsbausteine aufweisen: So wurde ein Bluetooth-Lautsprecher nachgefragt, den Singgih Kartono in einer zweijährigen Entwicklungszeit realisierte und herstellte – in ihm wurden erneut sämtliche genetischen Vorgaben umgesetzt.

Auswirkung auf Werbung und Marketing
Werbung, Marketing und PR gelten speziell bei vielen größeren Unternehmen als Domäne eines kreativen Umgangs mit der Marke. Während der Vertrieb an seinen Zahlen gemessen wird, gewinnt das klassische Marketing allzu oft noch mit witzigen Ideen oder unerwarteten Lösungen. Heutzutage soll Werbung vieles: Sie soll unterhalten und/oder den Zeitgeist treffen, manchmal auch die Kunden dort „abholen", wo sie sind, und sie manchmal sogar „erziehen". Dabei hat Werbung nur einen einzigen Zweck: Sie soll für ein Produkt oder eine Dienstleistung werben. Sie soll für höhere Umsätze sorgen. Der amerikanische Werber Rosser Reeves wies bereits

vor mehr als 50 Jahren darauf hin: „Viele Werber unterstellen, dass Originalität und das Ausgefallene eine geheimnisvolle Kraft haben. Folglich muss eine Anzeige Aufmerksamkeit erzielen. Dies ist ein typisches Beispiel für die Verwechslung von Mittel und Zweck, denn wenn das Produkt es wert ist, Geld dafür zu bezahlen, dann ist es auch wert, dass ihm Aufmerksamkeit geschenkt wird." (Reeves1963, S. 135).

Lustige Werbungen mögen zu schönen Augenblicken in der Tristesse des All-tags zwischen Ehe, Reihenhaussiedlung und Pauschalurlaub führen, aber sie sind für die Markenarbeit irrelevant. Die Aufgabe langfristig orientierter Markenwer-bung ist es, das Vertrauen in die Marke dauerhaft zu stärken. Das gelingt, indem ein Positives Vorurteil weiter verstärkt wird. Das Material dazu bietet das Erfolgsprofil, denn allein dieser Fundus ist unverwechselbar und definiert die Marke als Marke. Das bedeutet aber nicht die kommunikative Beschränkung auf die Leistung als pures Faktum, sondern vielmehr kann nun intern wie extern die Kreativität in einem eindeutigen Korridor geschehen. Das Unternehmen definiert die zu bewerbenden Erfolgsbausteine, mitunter sogar die zu integrierenden Komponenten/Leistungen und kann auf dieser Basis eine kreative Interpretation einfordern. Die Qualität einer Werbung bemisst sich dann folglich an der Frage, ob die vorgegebenen Inhalte ansprechend-kreativ umgesetzt wurden. Jede Abweichung von den Inhalten mag möglich sein, hat aber zur Konsequenz, dass Positive Vorurteile nicht weiter ver-stärkt werden und neues inhaltliches Terrain mühsam erkämpft werden muss. In diesem Sinne gibt das Erfolgsprofil das Werbe- und Kommunikationsmuster vor und reduziert den Diskussionsaufwand innerhalb des Unternehmens wie auch für externe Dienstleister.

Auswirkung auf die Marktforschung
Marktforschung macht erst Sinn, wenn die Ergebnisse unter dem Fokus des Erfolgsprofils betrachtet werden. Der Ruf „nach billigeren Preisen" ist für die Strategieentwicklung obsolet, wenn das Erfolgsprofil definiert, dass z. B. der „angemessene Preis" konstituierend für die Marke ist. Aufgabe einer sinnvollen Kommunikation ist es dann, diesen angemessenen höheren Preis argumentativ im Sinne eines Leistungsbeweises zu verdeutlichen. So warb die ecofaire Bekleidungs-marke „Armed Angels" mit einem der H&M-Werbestilistik nachempfundenen Plakat, auf dem neben einem hüpfenden Model zwei Preisangaben zu finden waren, unter dem Slogan „Made by humans" auf folgende Weise: Der rot durchgestrichene Preis betrug 39,90 €, der Schwarzpreis 99,90 €. Es erfolgte eine Umkehrung des normalen Preisverständnisses im Sinne der Markenpositionierung.

▶   Veränderte Konsum- und Kaufgewohnheiten müssen im Sinne der Selbstähnlichkeit von jeder Marke berücksichtigt werden, allerdings gilt es diese Wandlungen wahrzunehmen und anschließend in einem gesteuerten Prozess „typisch" für die Marke zu machen.

Markensoziologen arbeiten ungern mit dem Begriff der „Zielgruppe", suggeriert diese Vorstellung doch, dass sich ein Unternehmen zum Empfänger bestimmter Kundschaftswünsche macht und sich anpasst, indem es sich zielorientiert neuen Kunden zuwendet. Starke Marken sind immer Sender und nie Empfänger. Durch eine unkontrollierte Anpassung verliert Marke ihren Markencharakter. Vor diesem Hintergrund ist es wichtig, Erfolgsprofil und Marktforschung miteinander zu kombinieren.

Sobald die Erfolgsbausteine der Marke herausgearbeitet wurden, kann durch eine versierte Marktforschung die Bedeutung, d. h. die Relevanz oder Hebelwirkung der einzelnen Erfolgsbausteine gemessen werden. Es ergibt sich ein Relevanz-Ranking, das direkte Prognosen hinsichtlich der kommunikativen Durchschlagskraft eines Erfolgsbausteins erlaubt. Hinzukommt, dass eine Zuordnung der Relevanz anhand von verschiedenen soziodemografischen Parametern sicherstellt, verschiedene Erfolgsbausteine gezielt in der Kommunikation unterschiedlicher Kundschaftsgruppen zu verwenden. Diese Form der Marktforschung erfolgt also im Rahmen der Markenstruktur und ist so konzipiert, dass sie das Positive Vorurteil hinsichtlich einer Marke konsequent stärkt.

Auswirkung auf den Vertrieb
Heutzutage bemisst sich die Qualität eines Vertriebs oftmals an seinen Berichten und Reports. Allzu gerne werden an der „Front" beobachtete (vermeintliche) Konkurrenzaktivitäten an die eigenen Abteilungen und die Geschäftsführung mit dringlicher Alarmstimme weitergegeben und besitzen den Tenor, dass die Konkurrenz „schneller, innovativer und auch günstiger" sei. Die Quintessenz ist immer identisch: Konkurrenz ganz weit vorne, wir kaum noch existent. Diese von außen nach innen getragene Unruhe führt mitunter zu schwerwiegenden Konsequenzen für die Markenstrategie, weil nicht mehr der innere Kompass des Unternehmens die Entscheidungen bedingt, sondern externe (vermeintliche) Signale. Es ist sicherlich wichtig und richtig, Marktveränderungen zu diagnostizieren, sie sind allerdings nie Schrittgeber für die eigene Strategie. Sinnvolle und langfristige Taktiken können nur aus dem Unternehmen selbst, aus seinem besonderem Know-how und seinen im positiven Sinne eingefahrenen Strukturen entstehen. Das zurecht als verwerflich postulierte Vorgeben einer „grünen Unternehmensstrategie" hat hier seinen Ursprung: Ohne die realen Leistungen einer Unternehmung zu berücksichtigen, die das Image einer Marke konstituieren, wird ein neues Image an die Marke „angeflanscht". Dies mag zwar wünschenswert und eine Zielsetzung des Managements

sein, aber sie wird faktisch nicht eingelöst. Besonders markenzerstörerisch ist es, wenn eine vermeintliche Umorientierung ökologisch begründet wird, sich dann aber als wirtschaftlich berechneter Schachzug herausstellt: So postulierte Marcel E. Brenninkmeijer, Investmentverantwortlicher der C&A-Familie, im Interesse der Nachfahren die Abschaffung fossiler Brennstoffe zugunsten regenerativen Energien. „Die Bewahrung der Schöpfung ist für mich selbstverständlich", wird Brenninkmeijer zitiert (enorm 04/2014, S. 31). Nach Ende des Solar- und Windenergiebooms steigt der Textilclan jedoch aus zahlreichen grünen Projekten wieder aus und investiert in die lukrative Förderung von Öl und Gas in Nordamerika. Die angestrebte Rendite von 15 % ist dort realisierbar, während grüne Projekte in den Anfangsjahren selten positive Ergebnisse erzielen konnten. Gut für das Konto, schlecht für den Ruf, aber nur, weil man sich zuvor öffentlichkeitswirksam auf „grünes Terrain" begeben hatte.

Die Unternehmenskommunikation bildet oft eine Werbeinsel, die zu Irritationen führt. In Bezug auf grüne Marken allerdings geht sie mit einem Vertrauensbruch einher: Die Marke ist in einem hoch sensiblen, von Ethik geprägtem Bereich nicht so, wie sie vorgibt zu sein.

▶ **Auch für den Vertrieb gilt:** Es kann nur das angestrebt werden, was in der Genetik des Unternehmens angelegt ist. Alles andere kann sich nicht dauerhaft durchsetzen und ist allenfalls in der Lage, die bestehende Kundschaft zu irritieren.

4.3   Wie entwickelt man grüne Marken neu?

Das Leistungsprofil bildet aus der Analyse der Vergangenheit heraus die zukünftige Markenentwicklung ab. Vor diesem Hintergrund stellt sich die Frage, wie neue bzw. noch zu gründende Marken auf Basis einer markensoziologischen Analyse Durchsetzungskraft entwickeln können. Bei dieser Aufgabenstellung ist es das Ziel, vorab reale Leistungsfelder zu definieren, kontrolliert aufzubauen und im Tagesgeschäft umzusetzen. Anstatt also aus der Vergangenheit das Erfolgsprofil abzulesen, kehrt sich bei einer jungen bzw. noch zu gründenden Marke das Vorgehen um: Im Vorfeld wird ein spezifischer „Bauplan" herausgearbeitet, der ein genaues Vorgehen für den Markenaufbau definiert.

Zum Start werden die zu erzielenden „Images", also Wirkungen in der Kundschaft, benannt: So kann die junge Marke für besondere Images beispielsweise für

Tab. 4.1 Ursache-Wirkungsprinzip des Erfolgsprofils

Wirkung/Image	Ursache
Natürlichkeit	Ausschließliche Verwendung von ökozertifizierten Rohstoffen
Zugänglichkeit	Breit aufgestellter Vertrieb
Handwerkskunst	Jedes Produkt wird in einem traditionellen Betrieb hergestellt

- Natürlichkeit
- Zugänglichkeit
- Handwerkskunst

stehen. Das Ursache-Wirkungsprinzip des Erfolgsprofils wird umgekehrt (vgl. Tab. 4.1).

Wie beschrieben können die zuvor genannten Images keine Leitlinie für einen kontrollierten und an der Entwicklung eines Positiven Vorurteils orientierten Markenaufbaus sein. Marken gelingt es nur dann, kollektives Vertrauen unter einem Namen zu bündeln, sofern sie auf der Ursachenebene agieren. Deshalb müssen die zuvor genannten imageorientierten Wirkungen nunmehr dezidiert auf ihren Leistungsgehalt untersucht werden. Dies gelingt in einem ersten Schritt anhand der nachfolgenden Leitfragen:

Leitfragen zum Markenaufbau
1. **Leitfragen Besonderheit**
   - Was soll das Besondere an der Leistung sein? Was ist einzigartig?
   - Was ist das individuell Besondere an der Vorstellung von Natürlichkeit, Zugänglichkeit und Handwerkskunst für die zu gründende Marke?
   - Was soll der Kunde/Interessierte als Kernleistung mit dem Produkt verbinden?
   - Wofür soll die Marke stehen?
2. **Leitfragen Produkt**
   - Was leistet das Produkt?
   - Welche Rohstoffe/Materialien werden verwendet?
   - Wer stellt es her?
   - Wie ist der genaue Produktionsvorgang?
   - Welche Werkzeuge/Maschinen werden verwendet – warum?

- Liegen bestimmte Gütezertifikate etc. vor?

3. **Leitfragen Gestaltung**
   - Welche Gestaltungsmerkmale sollen für die Marke stehen?
   - Gibt es Anknüpfungspunkte aus der Geschichte, die gestalterisch auf die Marke übertragen werden können?
   - Für welchen Stil soll die Marke stehen?
   - Wie setzen wir ihn gestalterisch um?
   - Was soll der Kunde erinnern?

4. **Leitfragen Ort**
   - Wo ist die Marke zu erwerben/welche Vertriebskanäle?
   - Welches ist idealerweise das Ambiente und die stilistische Umgebung für den Markenauftritt (im Internet: Welche stilistischen Vorgaben sollen realisiert werden)?

5. **Leitfragen Mitarbeiter**
   - Wie sieht der ideale Verkäufer/Berater für die Marke aus?
   - Was darf er unbedingt, was darf er nicht?
   - Wie verläuft ein typisches Verkaufsgespräch?
   - Was ist das entscheidende Verkaufsargument im direkten Gespräch mit dem Kunden (Achtung: maximal drei Verkaufsargumente)?

6. **Leitfragen Kundschaft**
   - Welchen Kundschaftskörper strebt die Marke an: Konsumenten oder Kundschaft (siehe Abschn. 4.2.2).
   - Was charakterisiert den idealen Kunden?
   - Was soll dem Kunden bei Nennung des Markennamens spontan einfallen?

7. **Leitfragen Resonanzfelder**
   - Gibt es gelernte Vorstellungen über das Land/Region der Herkunft („Wein von den Berghängen der Mosel")?
   - Gibt es geschichtlich verankertes Wissen („Dieses Dorf ist bekannt für …" oder „Generationen von Handwerkern haben …")
   - Für Markteinsteiger ist es sinnvoll, auf bereits vorhandene, kollektiv gespeicherte Erfahrungswerte zurückzugreifen, wenn sie nachvollziehbar und authentisch zu einem neuen Produkt passen. So wird die Herkunft „Bergkäse" automatisch beim Leser eine Vorstellung von „Reinheit" und „Natürlichkeit" evozieren.

Um beispielsweise auf die besondere Ursprünglichkeit und Exotik des Produkts hinzuweisen, nutzt die Marke wooden radio vor allem den Hinweis „Made in Java" und eher selten bzw. nur dort, wo es gesetzlich vorgeschrieben ist, die Herkunftsbeschreibung „Made in Indonesia". Seinen Hintergrund hat dieses Vorgehen in der Erfahrung, dass mit „Java" automatisch Bilder von klassischer und unberührter Natur/Exotik vor unserem geistigen Auge erscheinen, während „Indonesien" kaum Bilder in den Köpfen der Menschen erzeugt. Eine Markenneugründung hat die Möglichkeit, solche „Resonanzfelder" direkt vorab in die Markenentwicklung zu integrieren. Strategisch gut eingesetzte Herkünfte sind kostenlose Resonanztreiber für junge Marken, die noch über wenig eigene Geschichte verfügen.

Liegen auf Basis der Leitfragen die konkreten Leistungsmerkmale der Marke vor, so gilt es, eben diese Eigenschaften thematisch zu bündeln und in konkreten Erfolgsbausteinen zu fassen. Für neue Marken geht man in der Regel von ca. fünf bis acht Bausteinen aus, die die Marke konstituieren und die zuvor definierten Images evozieren (s. Tab. 4.2).

Die jeweiligen Erfolgsbausteine werden durch konkrete Leistungen hinterlegt. Entscheidend ist, dass mit dem Erfolgsprofil sämtliche zu entwickelnde Leistungen vorliegen. Sie bilden das konkrete Material, mit dem eine Differenzierung zum Wettbewerb möglich ist – sofern diese Leistungen auch eindeutig kommuniziert werden.

Ein interessantes Beispiel für die Integration von Nachhaltigkeitsaspekten in bestehende, markenkonforme Leistungsstrukturen findet sich bei Coca-Cola. In seiner langen Markengeschichte ist es dem Unternehmen gelungen, weltweit bestimmte Positive Vorurteile zu verankern. Ein wichtiger Erfolgsbaustein ist,

Tab. 4.2 Erfolgsbausteine bedingen Images

Erfolgsbaustein	Image
Käse wird nach 600 Jahre alter Tradition verarbeitet	Ursprünglichkeit
Jedes Produkt besteht zu 100 % aus organischer Baumwolle Keine künstlichen Zusatzstoffe	Umweltfreundlich Reinheit
Die Milchbauern werden persönlich vorgestellt Ein Radio entsteht in 16 h Handarbeit	Vertrauenswürdigkeit Echte Handarbeit/Handwerkskunst

dass man eine Cola überall bekommt (bis auf Nordkorea oder Kuba), also die globale Ubiquität des Produkts. Egal, ob am Bahnhofskiosk oder in einem Luxushotel, in einem Wüstendorf oder in New York, es wird sich innerhalb kürzester Zeit eine Dose oder Flasche der Brause finden. Was hat dies mit „grün" zu tun? Wenn die globale Ubiquität ein Leistungsmerkmal der Marke ist, so lässt sie sich gezielt für „gute Zwecke" einsetzen. Vor diesem Hintergrund entstand die Organisation „ColaLife". Der Gründer und ehemalige Entwicklungshelfer Simon Berry führt aus: „Bei meinen Auslandsaufenthalten fiel mir auf, dass es eine Cola fast überall zu kaufen gibt. Medikamente für Kinder aber nicht. Diese Vertriebserfahrung des Konzerns wollte ich nutzen." (Novak 2012, S. 40) Nunmehr werden in den auszuliefernden Cola-Kisten Anti-Durchfall-Kits für Kinder verschickt – manchmal auch dringend gebrauchte Medikamente. Markensoziologisch eine perfekte Lösung: Ein Erfolgsbaustein der Marke wird in einem „grünen" Sinne positiv verwendet und verdeutlicht damit gleichzeitig publikumswirksam die hervorragende vertriebliche Leistung der Marke.

Resonanzfelder – Kostenlose Durchsetzungsenergien im Markt
Es ist zu beobachten, dass grüne Marken in bestimmten „Themenwelten" agieren. Dabei ist zunächst unerheblich, ob es sich um einen Einmannbetrieb oder einen „grünen Bereich" innerhalb eines multinationalen Unternehmens handelt. Dies ist erstaunlich, weil doch das grüne Produkt- und Dienstleistungsportfolio äußerst heterogen ist. Wie allerdings im Abschn. 3.3.2 „Die Marke aus sozioökonomischer Sicht" deutlich wurde, ist es im ersten Schritt strukturell vollkommen unerheblich, was die eigentliche Leistung eines Markensystems ist, solange sich eine Gruppe Menschen von dieser Leistung angezogen fühlt. Diese Anziehungskraft beruht bei grünen Marken auf spezifischen Vorstellungswelten, die einer Ware oder Dienstleistung eine „gedankliche Heimat" geben. Auch „grün" ist in feststehende kulturelle Muster und Vorstellungswelten eingebunden, in die wir als Menschen hineinwachsen und die in ihrer Gleichartigkeit überhaupt erst Kommunikation ermöglichen. Die „grüne Marke" ist kein Sonderfall in der Geschichte des Markenartikels, denn auch ihr soll bzw. muss nichts anderes gelingen, als Anonymität aufzuheben und Vertrauen aufzubauen. Statt „Unkenntnis" sollen Menschen Vorstellungen und Erwartungen unter einem Namen entwickeln, und im besten Fall profitiert eine Marke von einem klar aufgeladenen Vorurteilsspeicher. Der generalisierende Charakter kollektiver Vorstellungswelten wird gerne kritisiert, da er die vorurteilsfreie Sicht gegenüber Menschen und Gruppen verstellt. Die Lebensrealität zeigt jedoch, dass wir immerzu auf die orientierende Funktion von Vorurteilen angewiesen sind. Für die Durchsetzung in hochkompetitiven Verdrängungsmärkten ist deren Einsatz sogar unvermeidbar. Denn:

▶   Die Marke will nicht vernunftgeleitete Urteile erzeugen, sondern
     wirkungsvolle Vor-Urteile.

Markensoziologisch können aber nicht nur geografische Herkünfte im Sinne eines
„Made in …" bestimmte Vorurteilswelten erzeugen (Reinheit der Alpen, Präzision
aus Deutschland, Exotik aus Bali, Gestaltraffinesse aus Italien), sondern sämtliche
Lebensäußerungen einer Marke. Folgende Wesenszusammenhänge einer Marke
können „Herkunft" abbilden:

- Historische Gegebenheiten, rekurrierend auf Epochen, z. B. „Geflochten in der
  Tradition Rügener Strandkörbe" etc.
- Genealogische Verwurzelung, z. B. „Familienunternehmen", „inhabergeführt",
  „in 3. Generation"
- Geistige Haltungen (Öko, Fair-trade)

Jedes Angebot einer Marke knüpft an kulturell bestehende Vorstellungen an.
Durch die Anbindung an eine Herkunft werden die kulturell bestehenden kollektiven Vorstellungen über diese Herkunft quasi automatisch an eine Marke
angebunden. Diese bestehenden kulturellen Vorstellungen sind die sogenannten
„Resonanzfelder" einer Marke. Die markendienliche Verknüpfung wird als „Resonanzmuster" bezeichnet. Es beschreibt das konkrete „Andocken" einer Marke
an bestehende kollektive Erfahrungswerte, die mitunter über mehrere Jahrhunderte
zurückgreifen, also tief im Kollektivbewusstsein einer Kultur verankert sind. So
gilt „Wein aus Frankreich" als hochwertig, während beispielsweise „Wein aus
Dänemark" sich auf kein funktionierendes Resonanzfeld berufen kann. Menschen
komponieren – ohne Zwang – aus übergreifenden Erfahrungswerten einen Zusammenhang zwischen einer individuellen Produkt- oder Dienstleistung und ihrer
(ideellen) Herkunft. Damit wird der anthropologisch tief verwurzelte Wunsch,
die Welt überschaubar zu halten, durch die resonanzfeldorientierte Marke eingelöst. Marken mit Herkunft verfügen über die wertvolle Eigenschaft, Menschen in
eindeutige Vorstellungsbahnen zu lenken. Denn Herkunft evoziert Hinkunft. Mit
Herkünften differenzieren sich Produkte/Dienstleistungen im Markt und stehen
erfahrungsgeschichtlich für eine spezifische Leistungsstruktur ein. Für die Marke
bedeutet die gezielte Einbindung von Resonanzfeldern, sich von Beginn an mit
bestimmten Vorstellungen aufzuladen. Es geht bei einer langfristigen Markenführung also nie darum, die Wahr-*ne*hmung der Menschen zu verändern, sondern
vielmehr darum, eine bestimmte Wahr-*ge*bung zu erzielen (siehe Tab. 4.2).

▶ Markenherkunft und Resonanzmuster docken aneinander an, um ein
bestehendes Muster zu aktivieren, das die Marke sensibel, d. h.
selbstähnlich in ihrem Sinne interpretiert und weiterführt.

Literatur

Domizlaff H (2005) Die Gewinnung des öffentlichen Vertrauens, Ein Lehrbuch der Marken-
   technik. Marketing Journal, Hamburg
Kapferer JN (1992) Die Marke. Mi-Wirtschaftsbuch, München
Novak A (2012) Brause Tabletten. Interview mit Simon Berry. Enorm 01/2012. Hamburg
Reeves R (1963) Werbung ohne Mythos. Kindler, München
Tischner U, Schmicke E, Rubik F, Prösler M (2000) Was ist EcoDesign? Ein Handbuch für
   ökologische und ökonomische Gestaltung. Frankfurt Main, Form-praxis

Markenmanagement: Die sechs Grundsätze grüner Markenführung

5

Zusammenfassung

Nachdem die Methodik und der Einsatz des Erfolgsprofils der Marke verdeutlicht, die Struktur und die Wirkweise des Phänomens Marke hergeleitet und die Entwicklung der „grünen Wirtschaft" veranschaulicht wurde, lassen sich Grundregeln für die Führung grüner Marken ableiten. In diesem Kapitel werden die „Sechs Gesetze grüner Markenführung" für den Einsatz im Tagesgeschäft zusammengefasst. Auf diese Weise liegen konkrete Parameter vor, um zu prüfen, ob eine Marke tendenziell ihre Markenkraft stärkt oder entlädt.◄

Folgende Grundsätze für das Führen grüner Marken gelten:

- Sie erzeugen Gemeinschaft durch Transparenz.
- Sie beschränken sich auf das eigene Leistungsterritorium.
- Sie kommunizieren ausgewählte Aspekte der Wertschöpfungskette.
- Sie verwenden Fakten, Kompetenzbeweise und Erläuterungsbeispiele.
- Sie wahren ihr selbstähnliches Leistungs- und Werbemuster.
- Sie knüpfen an kollektive Resonanzmuster an.

5.1 Grüne Marken erzeugen Gemeinschaft durch Transparenz

▶ Grüne Marken funktionieren wie Familien: Es wird offen gesprochen, gefeiert und gestritten. Alles muss gesagt werden.

© Der/die Autor(en), exklusiv lizenziert durch Springer Fachmedien Wiesbaden GmbH, ein Teil von Springer Nature 2021
O. Errichiello und A. Zschiesche, *Grüne Markenführung*,
https://doi.org/10.1007/978-3-658-33542-7_5

Grüne Marken kennzeichnet, dass – im Gegensatz zu klassischen Unternehmen – ihr Erfolgsprofil oftmals offen vorliegt. Man tut Gutes und spricht aus innerer Überzeugung viel darüber – auch wenn viele ihr Tun eben noch nicht im Sinne einer perfekt geölten Marketingmaschinerie instrumentieren (sympathischer Weise). Dabei ist das Sprechen nicht auf das Gute der Leistung, die Produktvorzüge beschränkt, sondern umfasst im Idealfall die gesamte Wertschöpfungstreppe, die der Produktpräsenz vorausgeht: Vom Erfinder/Produzenten der Ware/Dienstleistung bis hin zur Verpackung, dem Aufbau des Distributionsnetzes oder der Auswahl des Stromzulieferers in der Firmenzentrale. Markensoziologisch ist dies nachvollziehbar: Das entscheidende Differenzierungsmerkmal grüner Marken gegenüber klassischen Unternehmen ist, Marken nicht nur als Mittel zum Zweck zu begreifen. Der Käufer ist im Idealfall Mit-Akteur einer Wertschöpfungs*gemeinschaft*, bewusster Unterstützer einer Idee. Käufer und Produzent stehen sich nicht nur in Bezug auf die Leistungserbringung wohlwollend gegenüber, das Besondere grüner Marken ist, dass im Idealfall der rein faktische Produktnutzen von einer gemeinsamen geteilten Idee der „nachhaltigeren Welt" ummantelt wird. Die Beziehung kennzeichnet also Solidarität zwischen Produzent und Käufer. Dabei kommt es zu einem permanenten Zielkonflikt: Sobald ein Unternehmen Authentizität einfordert, verliert es de facto eben dieses Leistungsmerkmal …

Grüne Marken beruhen demnach stärker auf gemeinschaftlichen, denn auf gesellschaftlichen Dynamiken. Wenn dies den Verantwortlichen bewusst ist, wird auch klar, warum grüne Unternehmen besonders transparent agieren müssen: In einer intakten Familie ist (fast) nichts geheim. Aus dieser Haltung entsteht Vertrauen – ein sozialer Kitt, der Krisen übersteht und im Falle einer Familie generationenübergreifend funktioniert. Voraussetzung dafür ist allerdings eine enge Teilhabe am Lebensalltag des Familienmitglieds. Zuviel Geheimhaltung oder gar Unehrlichkeit sind in einer gemeinschaftlichen Beziehung noch verstörender als in der „rauen" Gesellschaft, der ohnehin wenig Gutes unterstellt wird. Welche Auswirkungen dieser Anspruch hatte, wurde am Bespiel der grünen Marke Hess Natur deutlich:

Beispiel

Hess Natur, eines der ersten Naturtextilhäuser Deutschlands, wurde 2001 von Neckermann übernommen und ging schließlich in der KarstadtQuelle-Gruppe auf. 2010 sollte das Unternehmen durch den amerikanischen Finanzinvestor Carlyle Group übernommen werden. Ein Affront, denn Carlyle stand u. a. auch für ein Engagement in der Rüstungswirtschaft – und ein Mitglied des Vorstandes der Carlyle Group war George W. Bush. Die Markenauthentizität geriet fundamental in Gefahr: Kann ein derart aufgestelltes Unternehmen noch wirklich „grün" sein? Es kam zur Gründung einer Genossenschaft von engagierten Mitarbeitern, Kunden und Interessierten, die das Unternehmen als *wahrhaft* grünes Unternehmen „retten" wollten. Schließlich überlebte das Unternehmen bzw. seine grüne Seele, als der sozial engagierte dm-Chef Götz Werner das Unternehmen kaufte.◄

Diese Entwicklungen machen deutlich, wie sensibel und übergreifend die Kundschaft Handlungen der Marke wahrnimmt und gemeinschaftliche Ehrlichkeit einfordert. Ähnliches geschah der Marke Bionade, die 1995 als rühriges Familienunternehmen in der Rhön begann und schließlich durch die Radeberger-Gruppe übernommen wurde, die wiederum zum Dr. Oetker-Konzern gehört. „Ben&Jerry ist wie Amnesty International in der Waffel" lautete eine geflügelte Beschreibung der Gefrier-Fans der zwei Öko-Eispioniere Ben Cohen & Jerry Greenfield, die 1978 in einer umgebauten Tankstelle anfingen, Kalorienbomben für eine bessere Welt zu verkaufen. Als die Marke im Jahr 2000 ein Teil des niederländisch-britischen Unilever-Imperiums wurde, hatte sie damit für viele Kunden ihre „Seele" verkauft, obwohl Unilever das soziale Engagement offiziell fortführt.

Marken sind rein faktisch selbstverständlich nicht in der sozialen Position eines Vaters oder einer Mutter, und doch gibt die zuvor genutzte Analogie erste Anhaltspunkte für die Führung grüner Marken: Grüne Marken müssen über ihre Herkunft und ihren Werdegang berichten. Sie müssen über ihr Geschick und Missgeschick offen sprechen und den Kunden in den Dialog, vielleicht sogar in die Lösung miteinbeziehen – ohne sich dabei selbst untreu zu werden. Gerade wenn man die heutigen Ansprüche an die digitale Markenführung analysiert, wird deutlich, dass viele grüne Marken als Pioniere ein neues (digital fundiertes) Verständnis der Kommunikation zwischen Hersteller/Anbieter und Kunde vorweggenommen haben. Grüne Marken haben in der Vergangenheit intelligenter gehandelt als der klassische Markt – mit der Folge, dass sie heute dem Lebensgefühl vieler Menschen entgegenkommen und oft Top-Platzierungen bei Befragungen zu den sympathischsten Marken einnehmen. So ist die Marke Alnatura 2018 die beliebteste Lebensmittelmarke der Deutschen.

Die „Bevormundung" durch ein klassisches, in den Markt hineinpressendes Marketing sowie die immer weiter zurückgehende allgemeine Akzeptanz der Werbung – nur noch 9 % der Deutschen vertrauen Fernsehwerbung (Statista 2017) – machen die „offene" Kommunikation weitaus effizienter. Menschen möchten sich selbst informieren und eigene Urteile bilden können. Dazu ist ein „demokratisches Informationsverständnis" bei den Herstellern nötig, die dies durch eine transparente Interaktion mit der Kundschaft bereitwillig ermöglichen (sogenannter „Instant Trust").

Der Schweizer Konsumforscher David Bosshard macht auf ein neues Verständnis dieses Austauschs aufmerksam: „Nur wenn ich lerne zu geben, kann ich auch davon ausgehen, dass ich etwas zurückbekomme, nur wenn ich zuhöre, werde ich gehört. So entsteht langsam ein neues Wirtschaften jenseits von herkömmlichen Vorstellungen von Staat und Markt." (Bosshard 2011, S. 33).

Diese Stilform reicht noch weiter: Beschaut man die Innengestaltung von grünen Einzelhändlern, so ist es nur konsequent, dass zumeist der Eindruck von „wohliger Heimeligkeit" vermittelt werden soll. Hier setzt die Marke den „Familiengedanken" konsequent um und macht den Verkaufsraum entweder zu einem „Wohnzimmer" oder versetzt den Kunden in die „gute alte Zeit" zurück, wobei „gut und alt" eine vom Optimierungswahn und unzähligen Consumer Insights befreite Epoche meint, deren Triebkräfte gemeinschaftlich geprägt waren.

Umso schwieriger ist es, wenn der Kunde eine Marke zwar mit Attributen von „Gemeinschaft" wahrnimmt, sich dahinter aber bei näherem Beschau ein multinationaler Konzern verbirgt. Ein Beispiel: Rewe bietet unter seiner Eigenmarke Rewe Bio vorbildliche 500 Bioprodukte an. Der Bioanteil am Gesamtumsatz des Supermarktes liegt im kleinen einstelligen Prozentbereich. Bei Obst und Gemüse sind ca. 20 % des Umsatzes ökologisch.

Das Unternehmen Wala lebt „grün" auch nach innen: So gibt es im Unternehmen sieben transparente Gehaltsstufen. Sozialleistungen, beispielsweise ein eigenes Kindergeld, nehmen ab, sobald man gehaltstechnisch aufsteigt. Besonderes Detail: 80 % des Gehalts werden zu Beginn des Monats gezahlt, um die laufenden Kosten zu decken, 20 % am Ende des Monats. Besonders eingängig arbeitet auch die Marke Teekampagne: Was als universitäreres Anschauungsprojekt durch Prof. Günter Faltin begann, hat sich seit 1985 zum deutschen Marktführer für grünen und schwarzen Darjeeling-Tee entwickelt. Einer der Grundsätze: Die Produkt-Kalkulation wird jedes Jahr wieder vollständig offengelegt.

Was bedeutet dies für eine „grüne" Kommunikation der Marke? Im Sinne der markensoziologischen Steuerung fungiert das Erfolgsprofil als Kompass und Überprüfungsfilter sämtlicher Maßnahmen: Die erarbeiteten Komponenten bilden das entscheidende Material für den gezielten Aufbau und die Stärkung des kollektiven Vertrauens in die Marke. Indem die realen Leistungen der Marke zunächst isoliert herausgearbeitet und im Anschluss in der Kommunikation eingesetzt werden, entwickelt sich das Unternehmen aus sich selbst heraus. Unangebundene Werbeinseln, die Orientierung an markenfremden Trends oder austauschbaren

Marketing-Moden entfallen. Für den gesteuerten kommunikativen Einsatz gilt es, die entscheidenden Leistungsbeweise herauszufiltern und als Kompositionsmaterial für Werbung und PR zu nutzen. Die spezifischen Inhalte können anschließend kreativ bearbeitet werden, allerdings sind sie – und nur sie – zu integrieren. Durch die Beschränkung auf unternehmensspezifische Realien koppelt sich die Kommunikation

- an die konkrete Performance des Unternehmens an und wirkt so rückkoppelnd: „Ich nehme wahr, was geleistet wird und die Kommunikation bestätigt es mir."
- verhindert „Visionsmarketing", das mit dem eigentlichen Unternehmen nichts zu tun hat (und im schlimmsten Fall „green washing" evoziert).

5.2 Grüne Marken beschränken sich auf das eigene Leistungsterritorium

▶ Um spezifisch zu sein, muss das Erfolgsprofil der Marke, ihr spezifischer genetischer Code, vorliegen. Nur auf dieser Basis kann sich eine Marke fokussieren und eindeutige Vorurteilsstrukturen aufbauen.

Ein Produkt wird zur Marke, wenn es ihr gelingt, spezifisch zu sein. In markensoziologischer Logik ist alles Erkennbare immer einmalig. Dabei geht es nicht darum, in allen Feldern eine originäre Leistung hervorzubringen, sondern in Bezug auf ein oder mehrere Details einen individuellen Lösungsansatz zu verfolgen. Ein Optimum ist erreicht, wenn eine möglichst große Gruppe an Menschen diese neue Lösung für praktikabel und gut hält und bereit ist, dafür zu zahlen. Ein rückkoppelndes Leistungssystem ist somit entstanden, eine natürliche Markenbildung hat stattgefunden.

Wenn also Besonderheit Grundbedingung für die Existenz von Marke ist, so ist es ebenso wichtig, diese besonderen Inhalte in den Fokus der Markendurchsetzung zu nehmen. Ein solches Vorgehen verhindert gestalthafte Beliebigkeit bzw. Austauschbarkeit, die es der Öffentlichkeit schwermacht, sich das „Besondere der Marke" einzuprägen. Entscheidend ist, sich als Marke nicht an Inhalten zu bedienen, die kein Bestandteil des eigenen Gestaltterritoriums sind. Zu oft wird das Wesen der Marke auf eine „gleichbleibende Produkt- oder Dienstleistungsqualität" gelenkt. Markenarbeit beginnt, wenn jede noch so kleine Besonderheit des Tagesgeschäfts recherchiert und definiert wird und als „Schatzkammer des Unternehmens" zur gezielten Auswahl und kontinuierlichen Verwendung vorliegt.

Wichtig ist es immer, das Gesamtsystem der Marke zu analysieren: Das Produkt oder die Dienstleistung ist nur eine Lebensäußerung der Marke, wenngleich zweifelsfrei die maßgebliche. Aber analytisch genauso wichtig sind sämtliche Bereiche, welche die Kundschaft wahrnehmen kann: Jede Marke ist immer eine Gesamtkomposition aus verschiedenen höchst individuellen Elementen. So war zweifelsohne bei der Marke wooden radio die hohe Verarbeitungsgüte von außerordentlicher Bedeutung für den Eintritt in den europäischen Markt und ist bis heute Geschäftsgrundlage. Um die qualitative Wertigkeit und Einmaligkeit des Radios für die Kundschaft konkret zu machen, ist der produkttechnisch irrelevante, aber für diese Wahrnehmung des Radios wichtige Aufdruck entscheidend, der im Batterieinnengehäuse platziert wurde und eine handschriftlich aufgebrachte Herstellungsnummer zeigt.

Gestaltäußerungen der Marke, die vielleicht nicht direkt mit der Produktqualität zu tun haben, gehören mitunter zum Gesamtkonzept einer Marke dazu. Der gepflegt auftretende Flugbegleiter hat faktisch keinerlei Auswirkungen auf den technischen Zustand des Fluggeräts. Ein unrasierter, im befleckten Sakko auftretender Flugbegleiter würde jedoch bei den Passagieren Zweifel an der Wahrnehmung der Fluggesellschaft als sicher aufkommen lassen.

5.3   Grüne Marken kommunizieren ausgewählte Aspekte der Wertschöpfungskette

▶   Eine grüne Marke muss ihrem Werbemuster selbstähnlich treu bleiben.

Werbung und Kommunikation funktionieren homolog zu allen anderen Stufen der Wertschöpfungstreppe einer Marke. Das Marketing hat einzig und allein die Aufgabe, die zuvor erbrachten Veredelungsschritte einer Marke resonanzstark zu verbreiten (dabei ist es unerheblich, ob man ein klassisches Produkt oder eine Dienstleistung kommunizieren möchte).

Die oberste werberische Aufgabe besteht darin, die technischen oder dienstleistungsorientierten Leistungen resonanzstark und damit massenwirksam zu übersetzen und kommunikative Hebel zu finden, um diese individuellen Inhalte einprägsam zu verankern. Die grüne Schuhmarke TOMS spendet unter dem Motto „One-for-One" für jedes verkaufte Paar Schuhe ein weiteres Paar an eine bedürftige Person.

Ein weiteres positives Beispiel ist das Hamburger Unternehmen lemonaid.

Beispiel

Einer der Kernwerte des Unternehmens lemonaid ist der faire Umgang mit Mensch und Natur. Eine herausragende lemonaid-Kommunikationslösung funktioniert folgendermaßen: Um konkret zu machen, dass ein Mensch anständig behandelt werden sollte – und zwar unabhängig vom Wohnort –, erdachten die Macher Pfandsammelboxen. Ihnen war aufgefallen, dass Obdachlose in den angesagten Partyvierteln der Metropolen mit bloßen Händen in schmutzigen Mülleimern nach Pfandflaschen suchten, während das junge Partyvolk unbekümmert feierte (und dabei reichlich Flaschen leerte). Die Unternehmensgründer erdachten eine Methode, um die Pfandkisten so zu präparieren, dass diese unterhalb von Mülltonnen angebracht werden konnten, und versahen sie mit einer Aufschrift: „Helft Pfandsammlern! Mülleimer zu durchsuchen ist gefährlich – und demütigend. Stellt Eure Pfandflaschen deshalb daneben. Oder in diese Kiste. Danke". Die Aktion wurde anschließend in Social-Media-Netzwerken verbreitet und fand großes Echo. Mit dieser „guten" Idee gelingt es einer Marke, ihre menschenfreundliche Verankerung pfiffig und interessant zu kommunizieren – auch dies ist nur möglich, wenn zuvor definiert wurde, welches die eigenen Erfolgsbausteine sind.◄

Die Berliner Bio Company oder auch die Münsterländer Molkerei Söbbeke werben mit eigenen Mitarbeitern oder verbundenen Landwirten, wobei das Unternehmen zwar seit mehr als 120 Jahren Milch produziert und verarbeitet, aber erst seit 20 Jahren „bio" agiert – auch um den Konsolidierungsprozessen und Preiskämpfen in der konventionellen Milchwirtschaft zu entgehen. Das spezifische Glas-Mehrwert-Konzept ab 1989 wurde schnell zu einem Differenzierungsmerkmal des Unternehmens. 1998 war man eines der ersten Unternehmen, das Joghurts ohne zusätzliche Aromastoffe verkaufte (bis dahin galt dies als unmöglich).

5.4 Grüne Marken verwenden Fakten, Kompetenzbeweise und Erläuterungsbeispiele

▶ Menschen konstruieren aus konkreten Sachverhalten abstrakte Urteile – niemals umgekehrt.

Viele gutgemeinte Durchsetzungsstrategien scheitern an einer gekonnten Umsetzung im Markt. Zahlreiche Menschen sind so dreist und reagieren einfach nicht auf die sorgsam erdachte (Werbe-) Botschaft. Vermeintlicher Ausweg: Noch mehr

Werbedruck. Viele Werbungen arbeiten auf der „Image-Ebene" und verlieren sich in abstrakten Gefühlswelten und zweifelhaften Emotionalisierungsstrategien. Die Schwierigkeit der Durchsetzung von Imagekampagnen wurde mehrfach behandelt. Markensoziologisch kann sich Werbung nur durchsetzen, wenn markenspezifische Leistungen eingängig in Szene gesetzt werden – mit Fakten oder Leistungsbeweisen. In diesem Sinn macht sich eine markensoziologisch orientierte Werbung typische Dynamiken der Vorurteilsbildung zunutze: Aus einzelnen Erfahrungen konstruiert der Mensch universelle Erkenntnisse. Ein gutes Beispiel bietet die ERGO-Versicherungsgruppe.

Beispiel

Im Bereich der hochkomplexen Versicherungswirtschaft differenziert sich ERGO durch eine dezidierte Veranschaulichung „grüner" Projekte auf seiner Website, weit über einen klassischen Nachhaltigkeitsbericht hinaus: Projektdarstellungen, Interviews und Tätigkeitsberichte machen das Unternehmen fassbar – bis hin zu einer persönlich gehaltenen Anzeige. Hier gelingt es der Marke, in den immer anonymer werdenden digitalen Versicherungsmärkten im wahrsten Sinne des Wortes „Gesicht zu zeigen". Gerade in einem Bereich, der Vor-Vertrauen erfordert (ob eine Versicherung wirksam wird, merkt man erst im Nachhinein), gilt es, über einen „realen Menschen" und nicht über eine entfernte Organisation Zugänglichkeit exemplarisch verdichtet zu verkörpern.◄

Die Integration dieser Vorurteilsdynamik in jede kommunikative Äußerung des Unternehmens ist die Herausforderung für das Marketing. Die Markensoziologie nutzt dafür vorhandene Denkmuster, die der einzelne Botschaftsempfänger unkontrolliert für die intendierten Schlussfolgerungen nutzt. Eine konkret angelegte Kommunikationsstrategie stützt sich nicht nur auf die Leistungstatsache an sich, sondern bettet sie ein in kollektive Denkregeln und Erfahrungen, Urteilsschemata, allgemein gültige Meinungen und Vorurteile.

5.5   Grüne Marken wahren ihr selbstähnliches Leistungs- und Werbemuster

▶   Selbstähnlichkeit ist das Erfolgsprinzip aller lebenden Systeme.

Die 90 Jahre alte schweizerische Marke Held ist bekannt für ökologische Wasch- und Reinigungsmittel. Der Markengründer Gottfried Held war ein Pionier in diesem Bereich. Das Unternehmen bietet heute keinesfalls die identischen Produkte vom Markenstart 1923 an. Seit dieser Zeit wurden Rezepturen beständig optimiert, Verpackung und Auftritt der Marke haben sich dem Stand der Forschung und dem ästhetischen Zeitgeist angepasst. Held wirbt nicht seit neun Jahrzehnten mit dem identischen Werbemotiv und doch steht die Marke heute schweizweit für eine bestimmte Form der Leistungserbringung und der öffentlichen Präsenz. In der Unternehmenspraxis zeigt sich, dass starke Marken selbstähnlich agieren, d. h. die Beibehaltung und Variation spezifischer Leistungs- und Gestaltungsmerkmale über die Zeit sicherstellen. Gerade bei kleineren Marken passiert dies oft intuitiv, denn markensoziologisches Vorgehen folgt dem gesunden Menschenverstand – und der ist bei vielen Unternehmern ausgesprochen gut ausgebildet.

Bestimmte Werbeformen können sogar selbst konstituierende Erfolgsbausteine einer Marke werden, sofern die werblichen Aktivitäten bedingend für die Wahrnehmung in der Öffentlichkeit werden. Zum Beispiel tritt Johannes Gutmann, Gründer und Chef der Sonnentor Kräuterhandels GmbH, in der Öffentlichkeit fast immer mit roter Brille, dem Sonnentorlogo-T-Shirt und einer 80 Jahre alten Lederhose auf. Er ist selbst zum lebenden Markenzeichen geworden und erhielt 2017 den Preis als Markenbotschafter beim Brand Life Award.

Die Verwendung von selbstähnlichen Werbemustern reduziert den inhaltlichen wie monetären Aufwand, um eine Botschaft zu verankern, weil es nur noch subtiler, „erlernter" Impulse bedarf, um beim Kunden – im besten Sinne – eingefahrene Vorstellungen und Erwartungen hervorzurufen. In Zeiten, in denen Aufmerksamkeit ein wertvolles Gut ist, beweist sich diese Form der Markenentwicklung als besonders durchsetzungsstark.

Um Besonderheiten bekannt zu machen, bedarf es einer langanhaltenden und eindeutigen Botschaft. Daher werden heute bevorzugt bereits populäre Marken aufgekauft, statt neue zu kreieren. Im besten Fall werden die bereits vorhandenen Positiven Vorurteile immer wieder werblich bestätigt. Die Selbstähnlichkeit der Werbung vollzieht sich in einer klaren Folge: Das Erfolgsmuster der Marke gibt die Inhalte für den Kommunikations- und/oder Werbecode der Marke vor, es bildet den gestalterischen Korridor für alle Werbeaktivitäten.

5.6   Grüne Marken knüpfen an kollektive Resonanzmuster an

▶   Resonanzmuster sind inhaltliche Brückenköpfe, die eine Marke automatisch mit erlernten kulturellen Erfahrungswerten ausstattet.

Kaum eine Methodik ist ähnlich durchsetzungsstark und schnell umsetzbar wie die Einbindung und Verknüpfung mit kollektiven Resonanzmustern. Marken sind Kulturkörper, die selbst bestimmte Vorstellungen und Erwartungshaltungen hervorrufen. Es gibt keine Produkte oder Dienstleistungen, die in einem kontextlosen Raum agieren. Im Gegenteil: Sobald ein Produkt als Produkt erkennbar ist, wird der Mensch versuchen, es „einzuordnen": Woher stammt es? Wer hat es produziert? Was ist seine Geschichte? Es gibt keine Produkte, die keine Vorstellungen hervorrufen (wollen). Selbst eine klassische „weiße" Handelsmarke ruft über ihre schiere Gestaltungsweise bestimmte Vorstellungen und Erwartungen hervor. Und sei es nur: Billig! Frei nach dem wissenschaftlichen wie literarischen Alleskönner Paul Watzlawick: Eine Ware kann nicht nicht kommunizieren.

Menschen komponieren aus bestimmten Herkünften bestimmte Bilder, die ihre Inhalte meist nicht aus individuellen Erfahrungen speisen, sondern kollektive Vorstellungswelten sind, die der einzelne Mensch übernimmt. Markenorientierte Kommunikation hat immer einen Bezug zu einem Resonanzmuster (siehe Abschn. 4.3). Mit den überall vorhandenen kollektiven Resonanzmustern stehen Marken kostenfreie Verknüpfungsenergien zur Verfügung. Gerade grüne Produkte – und jene, die von einer vermeintlichen grünen Welle profitieren möchten - arbeiten mit zahlreichen sozial durchgesetzten Elementen, die „auf den ersten Blick" Natürlichkeit vermitteln sollen.

Beispiel

Der Name Landliebe und eine naiv-opulente grafische Gestaltung evozieren, dass das Produkt wie der Inbegriff eines „grünen Produkts" wirkt. Im Jahr 1987 war Landliebe die erste Marke, die Milch in der nachhaltigen Mehrwegflasche angeboten hat. Dies war der nationale Durchbruch für das Unternehmen, „unterstützt" durch die Reaktorkatastrophe von Tschernobyl im selben Jahr, die einen Run auf die im Glas geschützte Milch zur Folge hatte. Ab 1992 gab es dann auch den Joghurt im Mehrweglas.

Selbstverständlich folgt die Marke auch mehreren nachhaltigen Initiativen. So gab man z. B. 2008 bekannt, dass Landliebe-Produkte in Zukunft ohne gentechnisch veränderte Pflanzen im Tierfutter produziert werden. Und dennoch ist es (auch) eine geschickte Marketinginszenierung des Konzerns. Die Hintergründe sind eindeutig: Über die Attribute „Landliebe" und „naive Gestaltung" werden Resonanzfelder aktiviert, die dem Kunden gezielt das Gefühl vermitteln, er habe ein „grünes Produkt" gekauft. Dies ist sicherlich ebenso über eine intensive Informations- und Werbearbeit möglich, allerdings wäre das Ergebnis erst nach weit längerer Zeit ablesbar.◄

Resonanzfelder entstehen nicht ad hoc, sie sind Resultat generationsübergreifender Erfahrungswerte, die für eine Marke instrumentiert werden können, weil sie in einer hochkomplexen und unübersichtlichen Welt erlernte emotionale Ankerpunkte bilden.

Literatur

Bosshard D (2011) The age of less. Murmann Verlag, Hamburg

Fazit und Ausblick: Marke statt Kapitalismus

In einer kommerzialisierten Welt bilden viele grüne Unternehmen eine tröstliche Ausnahme: Oft werden diese Akteure nicht ausschließlich von Profit- oder Wertschöpfungsinteressen geleitet und rücken aus Überzeugung den Menschen und seine Umwelt in das Zentrum ihres Wirtschaftens. Umso schwieriger ist es, wenn in diesem Kontext Elemente einfließen, die im allgemeinen Verständnis einer diametral gegenüberstehenden Sinngebung und Sphäre angehören: Marke, Marketing und Markenwerbung in ihren unterschiedlichen Spielarten, die dem Zweck dienen, Menschen für Dinge zu begeistern, die sie eventuell gar nicht benötigen – zur simplen Gewinnmaximierung.

Vor diesem Hintergrund ist die weit verbreitete kritische Haltung gegenüber derlei „Marketingaktivitäten" nachvollziehbar. Allerdings nur, sofern nicht die eigentliche Aufgabe einer versierten Werbeaktivität als Kommunikationsangebot beleuchtet wird. Erst wenn klar ist, dass sich Menschen seit jeher um besondere Leistungen gruppiert haben, wird erkennbar, dass auch „grüne Angebote" – wollen sie möglichst viele Interessierte erreichen und somit einen Gegenpol zur klassischen Ökonomie bilden – klaren kommunikativen Regeln und Begrenzungen unterliegen.

Dies ist allerdings nur möglich, wenn man Markengemeinschaften nicht ausschließlich als wirtschaftliche, sondern auch als soziale Akteure begreift. Auf Basis der Markensoziologie wurde erklärt, was eine Markengemeinschaft kennzeichnet und welchen sozialen Dynamiken sie unterliegt. Wann erreicht sie besonders viele Menschen, die ihr wohlwollend begegnen, und wann erzeugt sie Irritationen und Ablehnung? Die Wirkgesetze für eine erfolgreiche Kommunikation sind dabei universell – egal, ob es sich um einen Biobauernhof, eine

Sozialeinrichtung oder eine ökologisch achtsame Druckerei handelt. Die Markensoziologie entlehnt ihre wissenschaftliche Grundlage aus dem Wissen über die
gleichbleibenden Verhaltensmuster der einzelnen Menschen, aber vor allem des
menschlichen Miteinanders. Soziale Gesetzmäßigkeiten, die im Zeitalter sozialer
Medien und Netzwerke genauso Bestand haben wie bereits vor Hunderten von
Jahren. Die Werkezeuge wandeln sich, die Bediener strukturell nicht.

Gerade vor dem Hintergrund der neuen vielfältigen technischen Angebote und
Möglichkeiten, die sich zudem permanent verändern und das individuelle Verhalten im Netz, aber auch in der realen Welt bestimmen, ist es zwingend nötig,
zunächst den „Genetischen Code" des individuellen Leistungsangebots zu erar-
beiten und zu definieren, um einzigartig und besonders zu agieren. Nur so ist
es überhaupt möglich, unabhängig von neuen oder alten Kommunikationskanälen
und Medien die eigene Spezifik durchzusetzen.

Grüne Markenführung ist eine erfüllende Aufgabe, denn grüne Marken verkaufen ihre Moral unter ethischen Bedingungen. Was bedeutet das? Es bedeutet,
dass jede Marke ihre Form der Interpretation der Welt vorantreibt, egal, ob sie
einen Brotaufstrich mit besonderen Zutaten eines ebenso besonderen Bauernhofs
verwendet oder einen kraftstoffsparenden Motor entwickelt. Der unternehmerische Wunsch, die Welt durch eine spezifische Dienstleistung oder ein besonderes
Produkt zu bereichern, Probleme zu lösen, Bedürfnisse zu befreidigen, ist zutiefst
moralisch. Moral ist immer das Bekenntnis einer Gruppe. Ethik ist die Vorstellung
einer Welt, in der wir uns nicht als Konkurrenten oder Gegner begegnen, sondern
zunächst als gleichberechtigte Menschen, die im Grunde die identischen Wünsche
für sich und alle ihnen nahestehenden Menschen haben – und das ethische Recht
dazu. Die Ethik kennt keinen Feind, sie kennt nur Vernunft. Daher einigt man
sich hier über Verträge, nicht über Kriege.

Ein grünes Produkt ist immer eine Leistung, die die Welt an einem bescheidenen Punkt spezifisch interpretiert und mit klaren ethischen Vorstellungen
verknüpft, nämlich dem Anspruch, Menschen und unsere Umwelt so zu behan-
deln, dass wir im anderen auch immer uns selbst erkennen. Und das haben wir
nötig, zumindest, wenn man die allgemein durchgesetzte ungehemmte Orientierung am ökonomischen Größenwahn des „Immer mehr" betrachtet. Mit grünen
Marken besteht die Möglichkeit, Vernunftparameter mit einer langfristigen wirtschaftlich gesunden Perspektive – die Ursprungsidee des Markenartikels – erneut
in die wirtschaftlichen Kreisläufe einzubeziehen. Grüne Marken sind oftmals
Unternehmen, die den Leistungs- noch nicht durch den Performancegedanken im
Sinne eines aufmerksamkeitsstarken Auftritts ausgetauscht haben.

Erwartungseinlösung und eine geschärfte Sensorik für Mensch und Umwelt sind Komponenten der Ethik. Ethik ist nicht nur ein hübsches Thema für engagierte Reden und Lippenbekenntnisse pünktlich zum runden Firmenjubiläum. Im Gegenteil: Ethik entsteht im tagtäglichen Handeln des Unternehmens. Marken verkaufen Ethik unter moralischen Bedingungen. Oder: Marke statt Kapitalismus. Dürfen sich umwelt- und sozial engagierte Menschen mit Marken und Markenaufbau beschäftigen? Sie müssen. Denn nur die Kenntnis der scheinbar „unethischen Auswirkungen" der Marke und ihrer unentrinnbaren kollektiven Anziehungskräfte als Kulturphänomen erlaubt es grünen Unternehmen und ihren Entscheidern auf allen Ebenen, die Welt in ihrem Umfeld ein wenig besser zu machen. Mitleid und Aktionismus sind kein tragfähiges Geschäftskonzept und helfen dem Wunsch nach einer gerechteren und verantwortungsvolleren Welt nicht dauerhaft. Die Wahnidee und leider auch bestehende Wirklichkeit globaler Profitmaximierung kann nur durch das beispielhafte Funktionieren einer nachhaltigen Ökonomie ersetzt werden. Grundsätzlich gesprochen:

▶   Ideen können nur mit Ideen bekämpft werden.

Die grüne Konsumhaltung ist oftmals geprägt von dem Bedürfnis nach dem Einfachen, davon, den täglichen Kauf, die täglichen Dinge wieder kostbar zu machen. Das alltägliche Produkt wird zu einer Ausprägung von Achtsamkeit und handwerklichem Geschick. Im Zeitalter von Automation und Massenproduktion, die kaum oder gar keine Rückschlüsse mehr auf die Herkunft erlauben, verkörpert „die grüne Marke" Geschichte und Geschichten: Sie steht für Authentizität in einer Welt, in der sich viele nach Wahrhaftigkeit sehnen und erweckt dadurch soziales Vertrauen. Die grüne Marke realisiert in ihrer Idealform eine Welt, die wieder klein, überschaubar und kontrollierbar ist. Die uns vermittelt, nicht Zielgruppen, sondern Menschen zu sein. Eine äußerst erstrebenswerte Vorstellung.

Vertrauen wird heutzutage gern als Schlagwort genutzt. Es ist herrlich diffus und erlaubt deshalb einen universellen Einsatz. Nimmt man allerdings Vertrauensaufbau ernst, so basiert Vertrauen einzig und allein auf Zusageverlässlichkeit: Ein Unternehmen agiert so, dass auch zukünftig die erwartete Leistung erbracht wird. Als sich gegenseitig unterstützende Handlung ist diese Form des Austauschs – so wie es der Begründer der deutschen Soziologie nannte – bejahend und damit sozial. Vertrauen entsteht demnach nur, wenn ein Unternehmen normativ verlässlich und nicht „irgendwie gut oder freundlich" handelt.

▶   Wer Vertrauen will, agiert verpflichtet.

Die grüne Marke verlangt ein klares Bekenntnis und beinhaltet eine ebenso klare Aufgabe an die Markenverantwortlichen: Dinge herzustellen, die nicht Fassade sind, sondern die auf ehrlichen Leistungen beruhen, über Substanz verfügen. Alexander Deichsel nennt dies den „haltbaren Leistungskörper".

Die Arbeit an diesem Buch hat eben auch den Balanceakt zwischen dem Wunsch, die Lebensgrundlagen der Menschen zu sichern, und zum anderen die ökonomische Wertschöpfungskraft von Unternehmen zu stärken, offenbart. Unsere Empfindung dieses Zielkonfliktes mag darauf hinweisen, dass das Denken in beiden Sphären noch längst keine Normalität zu sein scheint. Die „grüne Ökonomie" ist im Vergleich zur Wirtschaftsgeschichte äußerst jung, und deshalb wird es noch Zeit benötigen, damit ein wirklicher Kulturwandel stattfindet – vielleicht mag die Epoche der Beschleunigung in diesem Zusammenhang auch ein Segen sein. Die fundamentale Veränderung der Lebensgewohnheiten sind längst nicht mehr freiwillige Appelle, da – ökologisch betrachtet – der Zeitpunkt der dringend nötigen „Umkehr" bereits vergangen ist. Unsere Generation hat immer noch nicht den wirklichen Ernst der Lage begriffen.

Es geht also darum, nicht nur die kleinen Systemsachverhalte zu erkennen und zu verbessern im Sinne eines privaten Anliegens, sondern auch darum, die ökologische Zerstörung als einen universellen Zusammenhang eines auf Wachstum basierenden Wirtschaftskonzepts zu begreifen. Klar ist aber auch, dass die neuen, modernen Unternehmen sich durchgängig eines psychologischen Kniffs bedienen: War in der „old economy" der legitime Zweck eines Unternehmens, mit seinen Produkten Geld zu verdienen (von denen alle in verschiedenen Graden profitierten), so schreibt sich heute die Avantgarde der globalisierten Wirtschaft die „Verbesserung der Welt" auf ihre imaginären Fahnen – liest man die Selbstbeschreibungen und Mission Statements von Unternehmen wie Alphabet, Amazon, Tesla, Airbnb oder Ebay. Diese vermeintliche ethische Haltung verdeckt aber, dass die wirtschaftliche Konzeptionen dieser Unternehmen in den untersten Stufen der Wertschöpfungskette darauf beruhen, Errungenschaften der vordigitalen Ära abzuschaffen: Jeder von uns weiß, dass Amazon seine Lagerarbeiter nicht ordentlich bezahlt, jeder weiß, dass Apple-Geräte unter zweifelhaften Bedingungen in chinesischen Fabriken gefertigt werden, und jedem ist klar, dass Google für seine Mitarbeiter zwar Obstteller bereitstellt und abenteuerliche Firmenausflüge organisiert, dass aber ein geregeltes Privatleben nicht möglich ist (deswegen arbeiten größtenteils ungebundene Mittzwanziger dort). Im Bereich der Lebens- und Genussmittel setzen wir auf eine fast lückenlose „Ethik-Kette des guten Gewissens" von Zertifizierungen und Umwelttests, machen uns ernsthaft Gedanken, ob der CO_2-Ausstoß beim Kauf eines Apfels aus nicht regionaler

Produktion vertretbar sei, aber im Bereich technisch-elektronischer Produkte tritt diese Konsumkultur fast vollständig in den Hintergrund.

Der Soziologe Harald Welzer ist folgender Auffassung: „Fast alles, was Sie in Ihrem Kleiderschrank, in Ihrem Kühlschrank, in Ihrem Auto, Haus oder Ferienhotel vorfinden, womit Sie kommunizieren, was Sie essen und trinken, kommt auf eine Weise zustande, die Sie nicht wissen wollen. Präziser gesagt: kommt Ihnen zu Preisen zugute, von denen Sie nicht wissen wollen, wie sie möglich sind" (Welzer 2016, S. 78). Man verkauft Produkte und Dienstleistungen, die selbst den Anspruch erheben, die Welt „voranzubringen", „sauber zu sein" und handelt nach innen strukturell wie zu Beginn der Industrialisierung. Dies tangiert uns wenig, weil wir die Folgen unserer (Kauf-)Entscheidungen in der „Festung Europa" nicht mitbekommen: Tausende von Kilometern entfernt im Hinterland von China, Vietnam oder Indonesien stehen die Fabriken, deren Existenz erst dann (kurzzeitig medial) sichtbar werden, wenn sie in sich zusammenfallen oder abbrennen. In der nicht abreißenden Kette von News-Updates bleiben diese Nachrichten aber nur Schlaglichter einer ohnehin hyper-konsumistischen Welt, die keine Aufmerksamkeitspausen mehr zu kennen scheint. Rasant aufeinander folgende Produktzyklen (ohne wirklich essenzielle Neuerfindungen) und elektronischen Hilfsmittel sämtlicher Art, Größe und Auflösung, die uns vom Nachttisch, über die Bushaltestelle bis hin zum Konzertbesuch bestimmen, konsumieren lassen und überwachen, katapultieren die Ich-Entfremdung gnadenlos voran. Dies, gepaart mit einem fast naiven Glauben, dass die Welt und die Gerechtigkeitsverhältnisse sich nicht grundlegend verändern müssten, sondern wir so weitermachen könnten wie bisher – nur grün. Diese Vorstellung ist nicht nur realitätsfern, sondern gefährlich, denn sie transferiert die Aktionsebene auf die Verantwortlichkeit des Einzelnen, der entweder sorgsam mit der Welt umgeht oder nicht, indem er entweder Biofleisch oder Eier aus Käfighaltung kauft. Die Handlungsebene ist aber struktureller Art: Ein Wirtschaftssystem, das auf Wachstum beruht, kann nicht die Umwelt, Menschen und Tiere bewahren.

Wissenschaftler weisen darauf hin, dass wahrscheinlich erst der ökologische Kollaps zu einem tiefgreifenden Neuaufbau der Sozialität führen kann. Es gilt die Botschaft, dass die simple Umstellung von konventionell zu grün noch nicht unser problematisches Konsumverhalten verändert: Der biofaire Latte Machiato im mitgebrachten Porzellanbecher, der dann im SUV getrunken wird, ist kein Zukunftsmodell. Das Beispiel macht deutlich, dass die Fragen der „grünen Markenführung" allererste Schritte auf einem sehr langen Weg sind.

Wenn sich Unternehmer und Wissenschaftler der Zukunft je die Mühe machen sollten, über die Entwicklung der grünen Konsumkultur und ihre Marktdurchsetzung zu recherchieren, so wird ihnen vieles wahrscheinlich sehr bemüht und inkonsequent vorkommen. Höflich wäre ein Kopfschütteln, wahrscheinlicher blankes Entsetzen. Es wird ihnen wahrscheinlich ebenso rätselhaft vorkommen, wie man sich angesichts der Herausforderungen und der spürbaren Zerstörungen an Mensch und Natur nicht auf ein durchgreifendes Handeln einigen konnte, sondern allenfalls an den Rändern „den richtigen" Weg wählte. Selbst für unsere Generation ist es schwer zu begreifen, wähnen wir uns doch klüger, aufgeklärter, sensibler, internationaler und rationaler als alle unsere Vorgänger auf diesem Planeten. Alle Informationen liegen statistisch aufbereitet vor, und jeder Gang durch einen rechtwinklig bestellten Wald demonstriert uns, dass es um uns herum krankt.

Und doch (mit dem Blick auf Verständnis beim Leser der Zukunft): Dass es überhaupt diese – noch viel zu wenig genutzte – grüne Spur gibt, verdanken wir denen, die schon damals die Zusammenhänge erahnten und bereit waren, Risiken für ein „irgendwie Besseres" zu suchen und einzugehen …

Literatur

Welzer H (2016) Die smarte Diktatur – Der Angriff auf unsere Freiheit. Fischer Verlag, Frankfurt

© Der/die Herausgeber bzw. der/die Autor(en), exklusiv lizenziert durch Springer Fachmedien Wiesbaden GmbH, ein Teil von Springer Nature 2021
O. Errichiello und A. Zschiesche, *Grüne Markenführung*,
https://doi.org/10.1007/978-3-658-33542-7

189

Stichwortverzeichnis

© Der/die Herausgeber bzw. der/die Autor(en), exklusiv lizenziert durch
Springer Fachmedien Wiesbaden GmbH, ein Teil von Springer Nature 2021
O. Errichiello und A. Zschiesche, *Grüne Markenführung*,
https://doi.org/10.1007/978-3-658-33542-7

The manufacturer's authorised representative in the EU is Springer
Nature Customer Service Centre GmbH, Europaplatz 3, 69115 Heidelberg,
Germany. If you have any concerns regarding our products, please
contact ProductSafety@springernature.com

Printed and bound by CPI Group (UK) Ltd, Croydon, CR0 4YY
24/04/2026
02096333-0001